检察技术信息化系列教材　　　　　总主编　张雪樵　执行主编　赵志刚

检察实务中的大数据

PROCURATORIAL
BIG DATA

马建刚　著

中国检察出版社

总　序

　　2017 年是全面深化改革的关键一年，是全面深化司法体制改革决战之年。在全面推进依法治国、全面深化改革的当下，在人民群众对公平正义的追求越来越迫切的今天，《检察技术与信息化系列教材》得以陆续出版，对于全面推进科技引领检察工作现代化，是一件很有意义的事情。

　　科技与法治，对当代中国而言，非常重要。实现中华民族伟大复兴是当前中华民族最伟大的梦想，习近平总书记指出"科技兴则民族兴，科技强则民族强"，科技越来越成为经济社会发展的主要力量。最近，习近平总书记又对司法体制改革作出重要指示，强调"把深化司法体制改革和现代科技应用结合起来，不断完善和发展中国特色社会主义司法制度"。检察技术信息工作的功能已非同日而语，随之，相应的教育培训、规范运用也日趋重要。《检察技术与信息化系列教材》不仅是研究交叉学科，更是探索科技与检察工作如何在实践中深度融合。科学有着对真理的求索，法治有着对公正的追求，这是科技与法治在价值上的契合；科技与法治都需要高度的客观理性，一个要符合自然规律，一个要符合社会规律，这是科技与法治在思维上的吻合。同时，科技与法治的差异也十分明显，联系是融合的基础，差异是碰撞出火花的前提。正是这种联系与差异，使得科技进步能够引领法治的进步，使得科技化可以促进检察工作的现代化。

为此，在世纪之初，最高人民检察院提出科技强检战略，编制这套教材也旨在通过科技手段加强检察工作。近年来，科技工作在检察工作中的战略性、基础性地位日益突出，核心战斗力作用得到充分发挥。最高人民检察院连续编制两个五年的科技强检规划，连续三年召开电子检务工程推进会，将科技强检战略摆到了前所未有的高度。曹建明检察长在第十四次全国检察工作会议和刚刚结束的大检察官研讨班上多次提到科技强检相关工作，要求在规划中重视、在实施中重视、在运用中重视，可以说重视程度是空前的。科学技术在检察机关应用的深度和广度不断提高，现代科技逐步融入各项检察工作，检察人员运用科技的意识和能力逐步加强，科技手段在强化司法办案、深化检务公开、提升司法公信力中的作用凸显。随着科技的进步，尤其是社会信息化的深入发展，以数字化、网络化、智能化为主要特征的创新浪潮席卷全球，新一代科学技术正在深刻改变着经济社会的发展模式和人民群众的生产生活方式，同时也对司法实践产生巨大影响，对旧有的证据规则、办案模式、公开方式等方方面面产生了巨大的冲击。指纹技术从发现到用诸于司法实践间隔了上千年，遗传理论从诞生到基因鉴定作为诉讼证据间隔了上百年，但计算机从诞生到信息化成果应用于检察办公办案，只用了几十年，由此可见科技发展之迅猛。

科学技术的进步会带动检察工作的进步，然而科学技术的进步，并不能自动地转化为检察工作的进步。科技强检战略的实施，不仅仅需要科技基础，更需要发挥主观能动性，需要全体检察工作者共同努力，实现科技与检察工作的融合。

《检察技术与信息化系列教材》在编制过程中格外重视科技与检察工作的结合，紧跟科技前沿发展，又深入探索思考科技在检察工作中的现实应用，这是这套教材的主旨所在、价值之处。整个系列可以分为三类：

一是偏重自然科学的研究，是整套教材的基础。检察技术与信息化发展的根本动力是科学技术的发展。这类教材站在了时代前沿，紧跟科技潮流，为新技术转化为司法成果作好准备，在科技应用于检察工作之前，将科学原理弄清楚、搞明白，指导实践，帮助读者在应用的各个环节，遵循自然科学的规律。

二是制度理论探索，是整套教材的核心。这类教材着重在科技应用层面上做功课、下工夫，强调科技与检察的深度融合，这也是检察技术与信息化工作的重点。当前，司法责任制改革、以审判为中心的诉讼制度改革，为科技应用提出了丰富复杂的应用场景和要求，相关配套措施的出台急需要制度层面的设计，也需要科技应用层面的创新。我们如何应用、消化丰富的科技资源，为检察工作提供科技支撑，值得我们每一位检察工作者深思。

三是对实务操作规范加以摸索，是整套教材的关键。只有当个人经验超脱平面，建立起有效连接，在体系中积累，在碰撞中比较，在争鸣中发展，经实践反复检验才能逐渐形成共识，不仅实务类的教材具有这样的特点，整套教材都源于实践，臻于实践，尤其是有大量宝贵的基层实践经验。这类教材几乎涵盖了检察技术与信息化的各个门类的实践经验，无论是从事法医、文检、司法会计、心理测试、同步录音录像，还是项目管理、视频系统、运维保障等，相信都能从中得到有益借鉴。

总的来说，《检察技术与信息化系列教材》，紧紧围绕科技强检这一主题，紧密联系检察工作实际，既有实务又有理论，既接地气又有高度，相信这一系列教材一定能发挥出指导学习方向，交流先进经验，探索重大理论的作用，与各位读者共同促进科技强检工作的进一步发展。丛书虽为教材，但一定还有纰漏之处需要完善，所幸教学相长，希望每位读者能够不吝意见，与编委会多多交流，同时也祝愿每位读者能够与《检察技术与信息化系列教材》一道，共同进步，共同成长。

最后我个人有一点期许，我希望能够借《检察技术与信息化系列教材》出版这一契机，不仅仅使得科技工作与检察工作深度融合，更使得科技思维与法治思维能够相得益彰，使得这种复合思维不仅在检察工作、司法工作中得以应用，也在公众之间广泛传播。

2017 年 9 月 1 日

序

　　随着社会信息化的深入发展，新一代信息技术尤其是大数据正在深刻改变着经济社会的发展模式和生产生活方式。党的十八届五中全会对实施国家大数据战略作了全面部署。《国民经济和社会发展第十三个五年规划纲要》提出了"推进国家治理体系和治理能力现代化"的总目标。大国治理需要大智慧，无数据不智慧，大智慧往往源于大数据。大数据作为信息时代的基础资源，为国家治理现代化提供基础数据和决策支撑。大数据的发展与应用，将对社会的组织结构、国家的治理模式等产生深刻影响，同时也深刻改变了信息化发展的技术环境条件。这对检察机关提高司法办案能力，提升司法为民的服务能力是一个挑战，同时也提供了难得的机遇。

　　最高人民检察院在《"十三五"时期科技强检规划纲要》中提出构建智慧检务体系，就是要在检察工作中加强应用大数据技术力度，促进检务智能化应用，实现精细管理、科学决策和智慧服务，推进现代科技与检察工作深度融合，促进检察工作提质增效，深化检务公开，从而更好地规范司法行为、提升司法能力、强化法律监督、维护司法公正。

　　建刚是我指导的博士后，他在做学问上一直是踏实努力的。记得在中国人民大学博士后进站面试时，提及他从中国科学院软件所计算机博士毕业跨专业来做法学博士后，需要加强法律方面的学习，他当即表示要考司法考试，半年后他兴奋地告诉我顺利通过了司法考试。2016 年 5 月他又以博士后研究内容为主申报成功了国家博士后科学基金。6 月中国人民大学博士后集中授课时，他说想把博士后在站期间的研究成果总结出来写成一本书，并拿了《检察实务中的大数据》的写作提纲给我看，我鼓励他抓紧完成。时至年底，他完成了书稿提交审阅。

目前，检察机关正在积极落实国家大数据战略，推动建设智慧检务体系，但是这方面系统性的研究还比较少，本书算是这方面的探索。本书从政策对策、技术理论和业务实践等角度来阐述大数据与智慧检务，探讨了大数据开放共享、隐私保护、大数据分析、知识库和"互联网＋"等热点问题，给出了大量国内外司法系统应用大数据的典型案例，并提出了我国检察机关的对策建议。

大数据时代既是充满无限生机的时代，也是一切都有可能的时代，希望广大检察干警在工作中不断强化对现代科学技术的运用，增强运用信息化手段的行动自觉，养成运用大数据分析、解决问题的思维习惯，努力提高检察工作智能化水平。

2016.12.22

目　　录

基础概念篇

政策对策篇

技术理论篇

业务实践篇

基础概念篇

第一章　智慧检务

　　继移动互联网、云计算后，大数据逐渐成为具有深远影响的技术变革。大数据（Big Data）是一场革命，将改变我们的生活、工作和思维方式［盛杨燕等，2013］。大数据在给各领域、各行业带来巨大变化的同时，也深刻改变了我们认识世界的方法，提升了我们改造世界的能力，成为促进国家治理变革的基础性力量。大数据是推进国家治理体系和治理能力现代化的重要抓手，将极大地提高社会治理的预见性、精准性、高效性。2015 年国务院发布了《促进大数据发展行动纲要》，这是我国发布的首个大数据国家行动计划，旨在全面推进我国大数据的发展和应用，提升社会治理水平，加快建设数据强国，标志着大数据已上升为国家战略。检察机关要抓住这一轮信息革命快速渗透带来的机遇，全面推进信息化与检察工作深度融合，开展智慧检务建设，推进检察工作现代化。应用云计算，检察机关不仅可以节省资源、减少重复建设，实现电子检务集约化发展，推动信息基础设施和共性应用的整合共享，而且可以加强信息资源汇集。应用大数据和人工智能技术，促进检务智能化应用，实现精细管理、科学决策和智慧服务。应用移动互联网技术发展移动检务，将为检察机关日常办公办案和公众服务提供随时随地的信息支持。本章首先分析了国内外的"智慧政务"和"智慧法院"研究建设现状，界定了智慧检务的科学内涵；其次提出了智慧检务的检察院对检察干警模式、检察院对个人模式、检察院对企业模式、检察院对党政机关模式和检察院对法院模式等五种服务模式，分析了智慧检察办公、智慧司法办案、智慧检务保障、智慧队伍管理、智慧决策支持和智慧检务公开办事服务等应用领域，接着给出了智慧检务的总体框架；最后提出了智慧检务的应对策略。

第一节　国内外的"智慧政务"和"智慧法院"建设

随着移动互联网、云计算和大数据等新一代信息技术的发展，各国电子政务建设正朝着数字化、智能化、人性化的方向发展，制定"智慧政府"建设战略规划并付诸实施。国内外政府已经依托智慧城市项目在"智慧政务"领域进行了大量的研究和探索实践［关静，2013］。2011 年 3 月，韩国公共行政与安全部制定了《智慧政府实施计划》，目标是在 2015 年建成智慧政府，其实施策略包括 4 个方面：开放、整合、协同和可持续的绿色增长。2011 年 11 月，美国加利福尼亚州为提高政府服务的绩效及服务度，提出了《智慧政府建设框架》，框架为社区、地区和国家解决棘手问题、保持可持续发展和繁荣提供了一系列治理原则。2014 年 6 月，新加坡政府公布了"智慧国家 2025"的 10 年计划，提出将构建"智慧国平台"，建设覆盖全岛数据收集、连接和分析的基础设施与操作系统，根据所获数据预测公民需求，提供更好的公共服务。2014 年 8 月，国家发展和改革委员会、工业和信息化部等八部委联合发布了《关于促进智慧城市健康发展的指导意见》，提出到 2020 年建成一批特色鲜明的智慧城市。国内地方政府纷纷依托"智慧城市"项目，探索开展了"智慧政务"建设。国内地方政府、学术界和产业界通过创新理论方法指导工程实践，总结探索了具有中国特色的"智慧政务"建设之路［王克照，2014］。

国内法院系统，最高人民法院 2015 年提出建设"智慧法院"。最高人民法院院长周强指出：要坚持需求导向，顺应大数据时代要求，积极运用互联网思维，不断加强和完善法律数据智能化开发与应用，加快"智慧法院"建设，服务法官办案、服务人民群众，为实现审判体系和审判能力现代化，促进司法为民、公正司法提供有力支持。在 2016 年 3 月全国"两会"上作的最高人民法院工作报告明确提出"继续深化司法公开，加快建设'智慧法院'。信息化是人民法院一场深刻的变革，要通过信息化实现审判执行全程留痕，规范司法行为，力争到 2017 年底建成全面覆盖、移动互联、透明便民、安全可靠的智能化信息系统。完善司法公开三大平台和数据集中管理平台，加强大数据分析，统一裁判尺度，促进类案同判和量刑规范化"。2016 年 7 月，中共中央办公厅、国务院办公厅印发的《国家信息化发展战略纲要》指出：建设"智慧法院"，提高案件受理、审判、执行、监督等各环节信息化水平，推动执法司法信息公开，促进司法公平正义。这表明智慧法院建设进一步提升了高度，已经进入了国家的信息化发展战略规划。

第二节　什么是"智慧检务"

最高人民检察院在 2015 年 7 月 3 日举办了"互联网＋检察工作"座谈会，曹建明检察长在会上讲话中指出，要把全国检察机关的电子检务工程打造成"智慧检务工程"。2016 年 12 月 15 日国务院印发的《"十三五"国家信息化规划》提出了实施"科技强检"战略，积极打造"智慧检务"。2017 年 1 月，曹建明检察长在全国检察长会议上做出"以大数据运用为引领，加快推进建设智慧检务"的部署要求。那么什么是智慧检务？"智慧检务"的内涵外延是什么？如何做才能把电子检务工程打造成为"智慧检务工程"？

笔者认为，智慧检务是依托大数据、云计算、移动互联网、人工智能等信息技术，提高检察机关的办公、办案、服务、决策的智能化水平，内部服务检察干警办案办公，外部服务人民群众，促进司法为民、司法便民、维护司法公正、提升司法能力、规范司法行为、深化司法公开、强化法律监督、提升司法公信力，推进检察工作现代化的一种全新检务运营模式。智慧检务是检察信息化建设发展到更高阶段的必然产物，是大数据时代电子检务发展的新方向，代表着电子检务未来的发展方向。

一、智慧检务的领域

智慧检务包括智慧检察办公、智慧司法办案、智慧检务保障、智慧队伍管理、智慧决策支持和智慧检务公开办事服务等领域。

(一) 智慧检察办公

在智慧检务中,采用大数据、人工智能、知识管理、移动互联网等手段,传统办公自动化(OA)系统将升级为智慧办公系统。智慧办公系统对检察干警的办公行为有记忆功能,能够根据检察干警的职责、偏好、使用频率等,对用户界面、系统功能等进行自动优化。智慧办公系统有自动提醒功能,如待办件提醒、邮件提醒、会议通知提醒等,检察干警不需要去查询就知道哪些事情需要处理。智慧办公系统可以对待办事项根据重要程度、紧急程度等进行排序。智慧办公系统具有移动办公功能,检察干警随时随地可以进行办公。智慧办公系统集成了检察行业知识库,方便查询法律法规、相关案件案例、办事流程等,分享他人的工作经验。

(二) 智慧司法办案

在智慧司法办案方面,软件系统可以智能地辅助检察干警办案,为案件承办人、审批人提供充分的相关信息并作出正确的选择判断。例如,给取保候审的犯罪嫌疑人带上智能手环,就可以追踪定位,如果不经许可离开所在的县区就自动报警提醒;办案人员起草的法律文书,智能辅助文书软件可以帮助其校对纠错,要上网公布的法律文书,可以通过软件自动地屏蔽敏感信息;智能化的办案系统可以自动比对两法衔接系统中的数据,及时提醒预警,发现行政执法机关有案不移、公安机关有案不立等行为;智能化的移动侦查办案系统可以根据侦查人员需求自动调取有关材料,辅助调查取证,完成侦查任务。

(三) 智慧检务保障

在检务保障方面,通过财务核算、资产管理、财务报表、计划预算、网上报销、装备管理、资产管理、政府采购管理、机关事务管理和审计管理等信息系统的建立，实现各级检察院预算执行信息、检务保障业务、管理过程全覆盖，有效提升检务保障综合能力，并以积累的海量数据做综合性的智能分析，提高检务保障的规范化、智能化和现代化水平。

（四）智慧队伍管理

在队伍管理方面，通过组织人事管理、机构管理、宣传管理、教育培训管理、机关绩效考核管理和党务管理等信息系统的建立，并以此为基础逐步建立全国检察机关的队伍管理信息资源库，可以做数据挖掘分析，比如和司法办案系统的办案信息库关联，自动化地完成对司法责任制下检察官的办案业绩考核，从而使检察干警考核方式实现由定性考核向定量考核转变，由静态考核向动态考核转变，由单一考核向综合考核转变。

（五）智慧决策支持

智慧检务能促进决策的科学化与民主化，使决策更为精准、更为智慧。大数据使检务决策的基础从少量的"样本数据"转变为海量的"全体数据"。检察院树立大数据意识，促进相关数据完全共享，更多地依赖数据进行决策，实现从以有限个案为基础向"用数据说话"转变的全新决策。通过大数据技术，整合检察机关内部信息系统数据资源和业务相关外部数据资源，以"看全、看快、看准"为目标，建设检务工作态势分析平台，构建检察信息全景视图，全方位、多维度呈现检察机关的工作状态和变化趋势，提高司法运行规律的洞察力，提供宏观态势全面掌握能力。采用数据仓库、数据挖掘、知识库系统等技术手段建立智慧决策系统，系统能够根据领导需要自动生成统计报表；开发用于辅助领导决策的"领导驾驶舱"系统，把案件办理情况、统计分析情况像"仪表盘"一样形象地呈现在领导面前，使他们可以像开汽车一样驾驭所赋予的职责。

（六）智慧检务公开办事服务

通过智慧公共服务平台建设，对公众服务更加智慧，服务方式个性化。智慧检务能够自动感知公民个性化的需求，判断这种需求的必要性和真实性，并且能够有效地响应这种需求，进而为公众提供个性化的服务。如行贿犯罪档案查询服务，一般是企业派人到检务大厅来取结果，如果公司在外地不便来取，就可以采用物流快递方式送达。服务注重参与和互动，服务对象可以对服务质量进行及时的评价反馈。检察门户网站为公众提供场景式服务，引导民众办理有关事项。

二、智慧检务的服务模式

智慧检务的服务对象包括五类，即个人、检察干警、企业、党政机关团体和法院。个人主要包括普通公众，具体案件相关的当事人、辩护人（主要指律师）、代理人、申诉人、赔偿请求人、控告举报人等，还有特定人员如人大代表、政协委员、人民监督员、特约检察员等。检察干警主要包括普通干警、部门负责人和院领导。党政机关团体主要指党委、政府、人大、政协等党政机关和人民团体。

因此，在服务模式方面，按照服务的对象可以分为五种：一是检察院对个人模式 P2C（Procuratorate to Citizen），服务的对象包括：第一类是公众，提供法律咨询、网上民意调查、司法解释及法律规范性文件意见网上征集、法律文书公开等检务公开服务；第二类是案件相关的当事人、辩护人、诉讼代理人、法定代理人、近亲属、申诉人、赔偿请求人、控告举报人，提供网上控告举报、网上申诉、远程视频接访预约、案件信息查询、律师阅卷预约等服务；第三类是人大代表、政协委员、人民监督员、特约检察员等特定人员，提供人大代表和政协委员联络、人民监督员案件监督等服务。二是检察院对企业模式 P2B（Procuratorate to Business），如面向企业的行贿犯罪档案查询。三是检察院对党政机关模式 P2G（Procuratorate to Government），如送法进机关的廉政宣讲预约、与行政执法机关的两法衔接。四是检察院对检察干警模式 P2P（Procuratorate to Procurator），如检察官提供司法办案服务、司法行政人员提供办公服务、为领导提供的决策支持服务。五是检察院对法院模式（Procuratorate to Court），如起诉后向法院移送电子卷宗、起诉书等材料。智慧检务阶段，系统服务的对象比以前更加广泛，提供的服务项目也更多。

第三节　智慧检务的总体框架

检察信息化的复杂性对总体框架设计提出了更高的要求，借鉴国内外电子政务向智慧政务转型发展的经验，同时综合考虑检察信息化建设中的各方面因素，包括现有体制机制、建设现状、管理制度、技术发展现状等条件，总结凝练出智慧检务的总体框架。如图1-1所示，此总体框架按照检察信息化总体布局要求，以信息安全和运维保障体系、信息化标准体系和信息化管理体系为保障，自下而上分为基础运行环境层、信息资源层、共享协同分析平台层、智慧应用层、智慧信息门户层等五层。

1. 基础运行环境层：运行环境是总体架构的基础，可分为统一的网络平台和基础软硬件平台两部分，网络平台主要包括检察涉密专网、检察工作网、互联网和移动网络安全接入平台，基础软硬件平台主要指检务云平台。

2. 信息资源层：信息资源层是整个总体框架的核心，在对检务信息资源进行统一分类、组织、存储和管理的基础上，通过共享协同分析平台为应用系统、信息门户的运行提供数据支撑。信息资源包括业务数据库、基础数据库、主题数据库和信息资源目录等。检察机关通过梳理统一的信息资源目录实现对各类信息的定位、发现和获取。业务数据是各业务部门根据职责依法开展业务活动产生的数据，业务数据按照业务规则，经过提取、清洗、比对、转换和组织形成主题数据和基础数据。

3. 共享协同分析平台层：共享协同分析平台是一个支撑检务应用智能化的开放性基础设施，在总体框架中起到承上启下、联系内外的作用，它通过向下兼容各类格式的数据，向上兼容各类应用

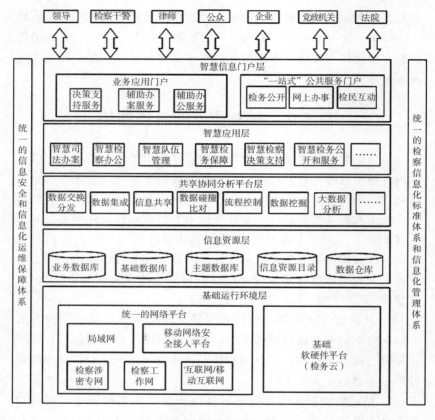

图 1-1 智慧检务的总体框架

的接口，实现检察机关部门之间和外单位之间的信息交换、共享与整合。根据部门之间、单位之间和上下级之间信息共享业务协同的需求，该平台层可提供数据交换、信息共享、基准数据、数据比对、流程控制等服务，这些服务为部门间的业务协同提供了多种模式的支撑。该平台层可以根据应用层各种应用的数据分析需求，提供大数据的挖掘分析服务。

4. 智慧应用层：智慧应用层是整个框架的关键，检察机关各个部门可通过共享协同分析平台和信息资源层所提供的各种服务和数据搭建应用，通过应用来实现部门业务管理的智能化，如智慧检察办公、智慧司法办案、智慧检务保障、智慧队伍管理、智慧决策支持和智慧检务公开办事服务等应用。这些应用从业务范围上可划分为部门内应用、纵向跨层级应用和横向跨部门和跨单位应用。

5. 智慧信息门户层：信息门户是应用系统的前台集中表现，包括业务应用门户和公共服务门户，通过门户整合各类接入的应用系统。业务应用门户为检察机关内部的检察干警、部门负责人和各级领导提供的统一、集成、个性化的访问窗口；公共服务门户为公众、企业、律师等用户提供网上"一站式"服务，让用户可以在一个界面上方便地使用各类服务。智慧信息门户通过对网民海量访问数据的深度挖掘与多维剖析，使网上公共服务供给更加准确、便捷，更加贴近公众需求，从而使检察机关网上服务能力得到有效提升，形成检民融合、互动的良性局面。智慧信息门户的服务模式是以用户需求为导向的。智慧信息门户的核心是感知与响应。智慧门户与传统网站的根本区别就在于能够全面感知用户的多样化需求，并在了解需求的基础上做出针对性响应，实现供需之间的良性互动有两个特点：一是基于实时数据分析，把以往的事后响应变成事中响应和事前预测，实现对网民需求的实时感知和提前预判；二是通过对网民需求的多维度、多层次细分，把从面上的需求判断变为对需求细节的感知，从而确保提供的网上服务更加精准、更具个性化。

6. 统一的信息安全和信息化运维保障体系：信息安全保障体系是整个框架的安全保障。需要以检察机关的涉密系统的分级保护管理要求和非涉密系统等级保护制度为核心，打造并提升科学实用的信息安全防护能力、安全风险监测能力、应急响应能力和灾难恢复能力。一个完整的信息安全保障体系，应包括物理安全、信息安全、网络信任、运行监控、应急恢复和安全管理等防御体系。建设运维保障体系，为智慧检务提供 IT 服务管理系统，支撑高效的维护管理和运行服务，保障智慧检务系统的安全、高效和可靠运行。

7. 统一的检察信息化标准体系和信息化管理体系：信息化管

理体系是检察信息化建设能够持续、有序、有效发展的保障，包括组织、规划、实施和评估四项工作。信息化标准体系是检察信息化工作的一项基础性工作，包括业务数据标准、应用接口标准和信息分类代码标准等。

智慧检务是一个完整的体系，它的建设将全面地整合信息数据资源，提供智慧办公、智慧办案、智慧决策、智慧检务保障和智慧检务公开等系统应用，为检察干警、公众和企业等提供服务，同时建立信息安全运维保障体系、信息化标准体系和信息化管理体系，提供全方位的保障服务。

第四节　智慧检务的应对策略及展望

一、应对策略

智慧检务建设是一项长期、复杂的系统工程，智慧检务的提出具有明显的实践先于理论的特点，它的建设具有自上而下推动的特点，各级检察机关都是在摸索中建设，在建设中探索。因此，在建设智慧检务的过程中，可以采用顶层规划与务实推进相结合的发展模式。

一是加强智慧检务的顶层设计。从长远来看，智慧检务的建设离不开顶层设计，即制定智慧检务发展战略。智慧检务的顶层设计至关重要。从韩国、美国等电子政务发展前沿国家的"智慧政务"的具体实践来看，"智慧政务"的建设更多的是一种自上而下的国家层面推动的行为，制定战略规划并付诸实施。因此，需要根据智慧检务的实际需求和发展规律，制定切实可行的智慧检务战略发展规划，以实现智慧检务有序和高效的发展。在智慧检务的顶层设计中，要把握以下几点：顶层设计的核心理念是以检务需求为核心，内部服务于检察干警司法办案，外部服务公众，这是智慧检务发展的客观需求；顶层设计的核心内容是建立全国检察机关智慧检务的整体性战略规划，其要点主要包括智慧检务基础设施建设的蓝图、智慧检务的具体行动路线图、移动检务的战略规划等；顶层设计的核心步骤是制定统一标准和实现系统整合，主要包括技术标准、数据标准、管理标准、基础设施标准和信息共享标准等，实现资源共享和业务协同，逐步实现系统整合，尽可能避免新的"信息烟囱"和"信息孤岛"的出现。

二是搭建智慧检务建设的信息基础设施，全面整合检务信息资源库。运用新一代信息技术如云计算、移动通信技术等，搭建全面互联、透彻感知的信息基础设施，建设检务云平台，实现基础设施资源共享和统一调度管理，为智慧检务打好坚实基础。全面整合检务信息资源库，为检务的创新应用和创新服务提供支撑。该信息资源库既包括统一业务应用系统办案信息库、办公信息库、队伍管理信息库、检务保障信息库、电子卷宗库、职务犯罪记录库等资源，又包括外部公共服务等资源。通过广泛采集和整合资源，逐步建设检察大数据中心。

三是采用数据挖掘、知识管理、人工智能和大数据等技术手段，构建大数据处理分析平台，建设决策分析系统，对数据资源进行全方位多维度分析。通过深入的知识挖掘，开发和整合相关应用系统，为用户提供个性化、针对性服务。根据需求自动生成统计报表和分析化报告，从宏观和微观方面客观反映司法办案情况，探索司法运行规律，科学预测，辅助领导分析决策。

四是选好智慧检务建设的切入点，进行先行先试后予以推广。各级检察机关、各个部门要因地制宜地选取"智慧检务"建设的切入点。如对于司法行政部门，可以选取智慧办公系统、检察行业知识管理系统作为切入点，自侦部门可以选取智慧侦查作为切入点，案管部门可以选取案件深度挖掘辅助决策分析系统作为切入点。各地检察机关要根据本地的社会经济发展和检察信息化建设水平等基础条件、比较优势和实际需要，充分借鉴国内外"智慧政务"的成功经验，围绕需求导向、用户中心等理念建设具有本地特色的智慧检务系统。

五是智慧检务建设要遵循司法规律，不能偏离司法活动的规律，这是不可逾越的"底线"。司法活动的终极目标是实现司法公正，即习近平总书记强调的"要努力让人民群众在每一个司法案件中感受到公平正义"。检察机关要围绕这个目标推进智慧检务建设，将"互联网＋"先进理念、大数据和人工智能技术综合运用于检察工作，重点解决影响司法公正和司法为民的深层次问题。人们对司法规律的认识会受到历史的局限，也需要与时俱进地不断深化；通过大数据分析和人工智能，我们也可以从海量的案件数据中发现新的司法规律。在推进智慧检务的建设过程中，正确认识、准确把握司法规律的任务会更加艰巨。

二、展望

智慧检务代表了电子检务发展的新方向。目前我们的检察信息化仍处于从数字化向智能化的转型过程中，智慧检务的发展尚处于"摸着石头过河"的探索阶段，还有很长一段路要走。这轮云计算和大数据的信息技术变革，给检察机关信息化建设实现弯道超越提供了机遇。最高人民检察院提出了"着力推动实现检察信息化由数字化向智能化跨越，构建'全面透彻感知、安全高效传输、知识支撑服务、新型智能应用、科学高效管理'五维一体的智慧检务体系，全面提升检察工作信息化水平"。只要我们以开放的心态，拥抱大数据时代，就一定会抓住机遇，迎来智慧检务发展的春天。

第二章 大数据是什么

随着互联网和信息技术的快速发展，来自各个领域的业务数据以及用户自身的数据都在快速的积累和增长，已经形成了极其庞大的数据规模。近十年来，数据增长最快的是网络上传播的各种非结构化或半结构化的数据。网络数据的背后是相互联系的各种人群。因此，"大数据"成为近几年来最为活跃的时尚概念之一。通常来说，大数据具有规模海量、多源异构、高噪声、强时效、社会化和突发涌现等特点。大数据处理研究核心问题就是对大量复杂类型的海量规模数据进行高效处理和分析，并从中萃取大价值。然而，在一定时间内采用常规的数据处理方法和软件工具已经无法对大数据的内容进行抓取、管理和处理分析。大数据战略在迎来新机遇的同时也面临新的挑战。大数据的潜在价值是真实而巨大的，为了充分挖掘大数据的价值，必须解决一系列技术问题和法律管理制度问题，这些问题包括数据采集、数据抽取和清理、数据交换分发、数据集成、数据分析、数据存储管理、数据可视化、数据共享开放、数据安全和隐私保护、大规模并行计算、流计算、云计算等多层面的信息技术和法律管理制度，本书的后续章节会分别阐述。本章从大数据的典型特征、数据生命周期等多个角度来诠释大数据，从理论、技术和实践来认知和解构大数据，最后介绍了大数据在国内外刑事司法领域的典型应用案例。

第一节 为什么需要大数据技术

大数据技术已经深刻地影响到社会、政治、经济、文化、司法等诸多领域。就学术界而言，《Nature》和《Science》在 2008 年和

2011 年分别以大数据为主题推出了相关专刊，充分阐述了大数据的相关科学研究问题。2012 年美国奥巴马政府发布了《大数据研究和发展倡议》，正式启动"大数据发展计划"，将"大数据战略"上升到国家战略的高度。自 2012 年以来，"大数据"已经逐渐成为 IT 业界非常受关注的流行词。美国麦肯锡全球研究院（MGI）于 2011 年 5 月发表的一篇名为 *"Big Data：The next frontier for innovation，competition and productivity"*（大数据：创新、竞争与生产力的下一个前沿）的研究报告中开始使用"大数据"这个词汇。同一些曾经在 IT 业界火了两三年然后销声匿迹的流行词比较而言，让人感觉完全可以固定下来的流行词，除了"云"（Cloud）以外，恐怕就非"大数据"莫属了。那么，为什么需要大数据技术？本节将试图从多个角度简要探讨这个问题。

我们需要大数据的一个很重要的原因就是为了获得相关的价值。大数据的数据规模是海量的，也包含各种各样复杂类型的数据，如关系数据库表示的结构化数据、非关系数据库数据、图片、音频、视频等不同类型的复杂数据。大数据的价值体现在分析使用和二次开发两个方面，对大数据进行分析能揭示隐藏其中的信息。大数据技术可以帮助企业能够从一堆海量的、类型多样的、乍一看似乎没什么相互关系的数据中洞悉这些数据背后的玄机，挖掘和萃取出新的高价值的信息，从而提升预测能力，使得在战略决策方面具有更好的前瞻性。信息技术发展到今天，大数据通常跨多个应用程序和数据中心，可能需要检查无数条可能在动态实时更新的交易记录。这时如果没有大数据技术和相关的分析技术，这几乎是不可能完成的。随着数据量的增长、业务的可用性和重要性的增加，大数据的定义可能会用来描述大多数数据库的应用。

从技术角度来说，大数据可以看作数据仓库的逻辑延伸。你可以将大数据看作一个大型的数据仓库。但是与传统数据库不同的是，大数据不用构建。在传统的数据库中，数据会被组织成标准的字段，并使用特定的密钥索引。例如，一个客户记录可以由姓氏、名字、地址和其他信息组成的有通用标签的字段组成。每个顾客记录样式都是相同的，这样可以通过使用基于数据库的关键词搜索技术进行检索，比如搜索所有姓王的客户信息。然而，如果还进一步需要客户的一些额外信息，如客户的图片、视频、音频等，就需要将数据库中的客户信息同对应客户的额外信息链接起来。考虑到客户的信息会经常地更新，如果出现与对应客户相关的其他新的信息还需要继续链接。将这么多不同的数据源互相影射和链接，一般的数据库当前还做不到。另外，考虑到需要链接的数据量是如此的巨大。如何有效地访问和组织这些"大数据"就是一个问题。大数据需要使用特殊的数据结构来组织和访问巨大数量的数据，可能达到 PB 甚至更高的数量级。一般情况下，这样的数据处理需求需要跨多个服务器和离散数据存储进行并行计算，而传统的小企业往往难以维持这种大数据的存储库。因此，大数据正逐渐成为云服务提供商能提供的一种服务。这种产业模式的发展会逐渐形成比较完整的大数据产业链，为创新型经济发展提供了良好的机遇。

第二节　大数据概念的内涵

"大数据"这个词目前还没有一个非常明确的标准定义。包括 MGI 在内的欧美 IT 业者通常认为，大数据就是用现有的一般技术难以管理的大量数据的集合。这里的"用现有的一般技术难以管理"是很难准确刻画，但是可以通过具体例子予以说明的。如用关系数据库无法进行管理的，数据结构复杂超出了关系数据库的表示能力，或者查询和处理的响应时间超出了可允许范围，等等。如果数据超过传统数据库系统处理能力，对数据规模和转输速度要求很高，或数据自身结构不适合传统的关系数据库系统，那么这些数据的数据集就可以看成是大数据。为了获取大数据中的价值，就必须选择另一种可行的方式来处理它。对于企业来说，它们的大数据中可能隐藏着极其具有商业价值的模式和信息，而传统意义上的一般技术以往需要相当的时间和成本才能提取这些信息。幸运的是，当前的相关技术和资源，如计算机硬件、云架构和开源软件都能够使大数据的处理更为方便和廉价。

维基百科中大数据的定义和欧美 IT 业者的看法类似，都指的是所涉及的资料数据量规模巨大和复杂到无法通过目前主流软件工具在合理时间内分析、撷取、搜索、共享、存储、传输、可视化和更新的数据集合。

Gartner's IT Glossary 给出了如下一个已被广泛使用的大数据的定义：大数据是指需要经济有效和创新处理模式才能具有更强的决策力、洞察发现力和流程优化能力的海量、高增长率和多样化的信息资产。

无论哪种定义，我们可以看出，大数据本身并不是一种新的产品也不是一种新的技术，只是数字化时代出现的一种现象。

大数据与海量数据在概念上存在很大的差别。大数据通常是海量的，而海量的数据如果现有的一般技术能够管理和处理，还不能称得上是大数据。从两者的英文翻译角度看，"big data" 翻译为 "大数据"，而 "massive data" "large‐scale data" 或 "vast data" 则可以翻译为 "海量数据"。从数据的组成分析，海量数据包括结构化和半结构化的交易数据，而大数据除此以外还包括非结构化数据和交互数据（主要得益于互联网的飞速发展）。正是因为大数据涵盖了包括交易和交互数据集在内的所有数据集，就其规模或复杂程度而言，采用常用技术已经无法捕捉、管理及处理这些数据集。因此，大数据由海量交易数据、海量交互数据和海量数据处理三大主要的技术趋势汇聚而成。

数据的存储方式由早期的应用程序直接管理的文件存储方式，到后来的基于关系数据模型的数据库数据存储技术，再到具有面向主题、集成性、时变性和非易失性特点的数据仓库的过程中，数据存储的方式逐渐变得复杂、多样化，可以支持数据分析和联机分析。随着互联网的普及和包括微博在内的 Web 2.0 网站的兴起，基于 Web 的数据库和非关系型数据库等数据存储技术应运而生，数据的类型更加复杂和多样化。加之智能手机和社交网络的广泛使用，多样化的各种类型的数据产生呈指数增长，渐渐超出了传统关系型数据库的处理能力，数据中隐藏的潜在关系和规则则逐渐越来越难以被发现。大数据技术很好地解决了这个难题，可以采用分布式技术框架对多样化的海量数据进行异质性处理，进而通过数据挖掘与分析，从大量化、多类别的数据中提取价值。毫无疑问，大数据技术将是 IT 领域一种新的技术与架构。

第三节　大数据的典型特征及价值链

一、大数据的典型特征

从"大数据"的字面来看，大的数据容量应该是大数据特征之一。然而，如果只拘泥于数据容量大的话，还无法深入理解大数据的深刻内涵，至少没有理解"用现有的一般技术难以管理"这样的内涵。到目前为止，从来自国内外很多相关资料的分析，大数据的特征可以用五个 V 开头的英文关键词来描述。

1. Volume（容量），也就是我们大多数人的第一印象所理解的数据量。大数据的数据容量很大，达到了用现有技术无法管理的数据量。随着信息技术的迅猛发展，数据的量级将会发生不断变化。从现状来看，大数据当前的数据量大概指的是从 TB（$1TB = 2^{10}$ GB）到 PB（$1PB = 2^{10}TB$）的数量级。但是，也许在短短几年以后只有 EB（$1EB = 2^{10}PB$）数量级的数据量才能够称得上是大数据了。来自互联网数据中心（IDC）的报告预测称，到 2020 年短短数年内，全球数据量将扩大 50 倍。据相关资料估计，截至目前，人类生产的所有印刷材料的数据量大约是 200PB，而历史上全人类说过的所有的话的数据量大约是 5EB。就计算机硬件存储设备而言，目前典型的个人计算机硬盘的容量为 TB 量级，而一些领先大企业的数据量已经接近 EB 量级。就数据源而言，大数据跟互联网的关系很紧密，两者既交叉也相对独立，比如 BAT（百度、阿里巴巴、腾讯）企业产生线上数据，政府和国企产生线下数据，两者的数据是基于不同应用场景的数据源。2014 年 2 月，据中云网统计，中国目前可存储数据容量在 8EB ~ 10EB，存储数据的大体分布为：媒体/互联网占现有容量的 1/3，政府部门/电信企业占 1/3，其他的金融、教育、制造、服务业合起来占 1/3。公开数据显示，百度 2013 年拥有的数据量接近 EB 级别，阿里、腾讯都声称自己存储的数据总量达到了上百 PB 量级。此外，电信、医疗、金融、公共安全、交通、气象等各领域保存的数据量也都达到数十或者上百 PB 量级。2014 年 3 月在杭州召开的"2014 西湖品学大数据峰会"上，阿里巴巴透露已积攒 100PB 数据。

2. Variety（多样性），数据的多样性是大数据的另一特征。除了传统关系数据库的结构化数据，所采集和分析的数据还包括非结构化的数据，如网站运营日志数据、呼叫中心通话记录、Twitter 和 Facebook 等社交媒体中的文本数据。一些需要分析的数据可能还包括智能手机的 GPS（全球定位系统）位置信息、实时生成的传感器数据，甚至还有图片和视频，等等。尤其是近年来以指数级爆发式增长的数据，如互联网上的文本数据、位置信息、传感器数据、视频等。这些多样化类型的数据如果采用当前主流的关系型数据库是很难存储的。而且，这些多样化类型的大数据并非只是存储起来就万事大吉了，我们真正需要的是对其进行分析，并从中获得有用的信息、萃取大价值。

3. Velocity（速度），指的是大数据产生、更新和处理的速度很快，是衡量大数据的一个重要特征。在当前基于高速网络的时代，通过实现软件性能优化的高速电脑处理器和服务器，创建实时数据流已成为流行趋势。企业不仅需要了解如何快速创建数据，还必须知道如何快速处理、分析并返回给用户，以满足他们的实时需求。根据 IMS Research 关于数据创建速度的调查报告显示，据预测到 2020 年全球将拥有 220 亿部互联网连接设备。Facebook 每天处理的数据超过 10TB，淘宝网每天的登录用户大约有 6000 万人，页面浏览量约 20 亿次，新浪微博每天上传的微博数超过 1 亿条。

4. Veracity（真实性），该特征是指大数据的真实性很难辨识。大数据所包含的数据内容都是与现实世界中发生的行为息息相关的。随着社交数据、企业交易数据、用户个性化数据与应用数据等新数据源的兴起，大数据的真实性很难辨识，即使最好的数据清理方法也难以消除数据的不可预测性，数据真伪难辨将会是大数据应用的最大挑战。

5. Value（价值），指的大数据价值密度低，需要从大数据所包含的大量的不相关的信息中，挖掘和萃取出大价值，帮助对未来趋势与模式做可预测分析。

二、面向数据生命周期的大数据价值链

大数据系统是一个复杂的、提供数据生命周期（从数据的产生到消亡）的不同阶段数据处理功能的系统。根据系统工程方法，典型的大数据系统可以分解为数据生成、数据采集、数据传输、数据预处理、数据存储和数据分析六个连续的阶段，如表 2 - 1 所示。

表 2 - 1　大数据生命周期

生命周期阶段	内容
数据生成阶段	关心数据如何产生，此时"大数据"意味着从多样的数据源产生的大量的、多样的和复杂的数据集。
数据采集阶段	由于数据来自不同的数据源，如格式文本、图像、音频和视频数据，数据采集是指从特定数据生产环境获得原始数据的专用数据采集技术。
数据传输阶段	数据采集完成后，需要高速的数据传输机制将数据传输到合适的存储系统，供不同类型的分析应用使用。
数据预处理阶段	数据集可能存在一些无意义的数据，将增加数据存储空间并影响后续的数据分析，必须对数据进行预处理，以实现数据的高效存储和挖掘。
数据存储阶段	解决的是大规模数据的持久存储和管理。数据存储系统可以分为两部分：硬件存储设施和数据管理软件。硬件存储设施由共享的存储资源池组成，资源池根据不同应用的即时需求，以弹性的方式组织而成。硬件存储设施应能够扩展，并能进行动态重配置以适应不同类型的应用环境。数据管理软件则部署在硬件基础设施之上用于维护大规模数据集。为了分析存储的数据及其数据交互，存储系统应提供功能接口、快速查询和其他编程模型。
数据分析阶段	利用分析方法或工具对数据进行检查、变换和建模并从中提取价值。许多应用领域利用领域相关的数据分析方法获得预期的结果。不同的领域虽然具有不同的需求和数据特性，但是它们可以使用一些相似的底层技术。当前的数据分析技术的研究可以分为六个重要方向：结构化数据分析、文本数据分析、多媒体数据分析、Web 数据分析、网络数据分析和移动数据分析。

第四节 从理论、技术和实践角度认知大数据

如果简单从大数据的特征去了解大数据，或者以谷歌和亚马逊的商业案例来了解大数据，抑或从大数据技术角度大谈分布式处理平台（如 Hadoop）和云计算技术，只是能够大概勾勒对大数据的整体认识，相对来说比较片面。对大数据的系统性的认知可以从三个相对独立又关联的层面着手，如图 2－1 所示。

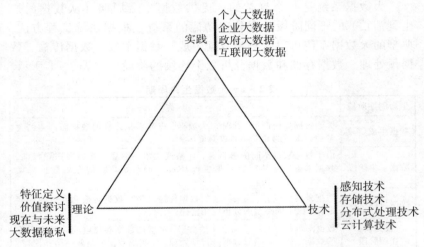

图 2－1 理论、技术和实践认知大数据

一、大数据的理论层面

可以从大数据的主要特征以及国际上相关的定义来理解行业对大数据的整体描绘和定性。通过对大数据的潜在价值的探讨既可以深入理解大数据的重要性，也可以着眼于大数据的现在和未来洞悉大数据的发展趋势，还可以探讨大数据因为数据开放的特性而导致的大数据隐私问题。前面已经提到了大数据的五个"V"的特征，总体说明大数据的数据体量巨大、数据类型繁多、处理速度快、价

值密度低但商业价值高、数据真实度高等特征。大数据的真正价值在于新的创造，体现在填补无数个还未实现过的空白。在投资者眼里大数据被看成资产。想当年 Facebook 上市时，评估机构对其评定的有效资产中大部分都是其社交网站上的数据。如果把大数据比作一种产业，那么这种产业实现盈利的关键，在于提高对数据的"加工能力"，通过"加工"实现数据的"增值"。

大数据将积极地拥抱未来，未来大数据的身影应该无处不在。只要信息技术不断进步，人类发展的脚步还在继续前进，大数据所产生的变革浪潮将很快淹没地球的每一个角落。大数据也可以在政府和司法机关实现市场经济调控、公共安全防控、灾难预警、社会舆论监督、犯罪预防、智慧交通、智慧检务、智慧法院、社会综合治理等方面提供有效的帮助。

大数据会带来一些负面的问题，如大数据隐私。用户隐私问题一直是大数据应用难以绕开的一个问题。当你在一个网站注册信息以后，就会一直莫名其妙地收到一些邮件、电话等让人不胜其烦。中国并没有专门的法律法规来界定用户隐私。但随着民众隐私意识的日益增强，相信在不久的将来合法合规地获取数据、分析数据和应用数据，会成为进行大数据分析时必须遵循的原则。

二、大数据的技术层面

大数据技术是实现大数据大价值的手段和基石。目前，大数据所依赖的技术有云计算技术、分布式处理技术、存储技术和感知技术，涵盖了大数据的采集、处理、存储到形成分析结果的整个过程。

目前，大数据技术涉及云计算技术、虚拟化技术、分布式处理技术、海量数据的存储和管理技术，NoSQL、实时流数据处理、自然语言处理等。

云计算作为大数据的技术架构的基础，可以提供更多基于海量业务数据的创新型服务，并通过云计算技术的不断发展降低大数据业务的创新成本。云计算是一个进阶的 IT 解决方案，属于 CIO 等关心的技术层。而大数据则改变了业务,是 CEO 关注的业务层的产品。

所谓的分布式处理技术是可以将不同地点的或具有不同功能的或拥有不同数据的多台计算机用通信网络连接起来,在控制系统的统一管理控制下,协调地完成信息处理任务。当前,比较流行的 Hadoop,是一个实现了 Map Reduce 模式的能够对海量数据进行分布式处理的软件框架,具有较高的可靠性、高效性和可伸缩性。

大数据的存储技术依赖于不断下降的存储器的成本。大数据存储致力于研发可以扩展至 PB 甚至 EB 级别的数据存储平台。因为存储器的成本每 18 ~ 24 个月就下降一半,所以不断下降成本也造就了大数据的可存储性。比如说,Google 目前大约管理着超过 50 万台服务器和 100 万块硬盘,而且其计算能力和存储能力还在不断地扩展。而大多数扩展都是在廉价服务器和普通存储硬盘的基础上进行的,大大降低了服务成本,可以将更多的资金投入到新技术的研发。

三、大数据的实践层面

从实践层面认识大数据的应用,这是大数据的最终价值体现。从大数据应用的角度看,可以分为三类:Web 数据、决策数据和科学数据。Web 数据是与 Web 相关的数据,也可称为互联网数据,包括网页、链接、日志等具体类型,门户网站、搜索引擎、社交网络、电子商务等以 Web 形式呈现或以 Web 为载体的新型信息服务系统产生的数据大多可以归纳为此类型。决策数据主要指由传统的数据库和数据仓库管理的数据(商务智能数据)。科学数据是指各种科学活动中所产生的数据。包括科学实验数据、科学观测数据、科学文献数据、设计数据等,天文学数据、高能物理数据〔如欧洲粒子物理研究所(CERN)每秒产生 40TB 的数据〕就是典型的例子。在当前社会中存在不同类型的大数据应用场景,如互联网大数据、政府大数据等。

互联网是大数据发展的前沿阵地,随着 Web 2.0 时代的发展,人们似乎都习惯了将自己的生活通过网络进行数据化，方便分享以及记录并回忆。互联网大数据每年增长 50%，每两年便将翻一番，而目前世界上 90% 以上的数据是最近几年才产生的。据 IDC 预测，到 2020 年全球将总共拥有 35ZB 的数据量。互联网大数据的典型代表性包括用户行为数据（精准广告投放、内容推荐、行为习惯和喜好分析、产品优化等）、用户消费数据（精准营销、信用记录分析、活动促销、理财等）、用户地理位置数据（推广、商家推荐、交友推荐等）、互联网金融数据（P2P、小额贷款、支付、信用、供应链金融等），以及用户社交等数据（趋势分析、流行元素分析、受欢迎程度分析、舆论监控分析、社会问题分析等）。

政府的大数据通常是政府部门的公共数据。一个国家拥有数据的规模、活性及解释运用的能力将成为综合国力的重要组成部分。未来对数据的占有和控制甚至将成为陆权、海权、空权之外的另一种国家核心资产。在国内，政府各个部门都握有构成社会基础的原始数据，涉及气象、金融、信用、电力、煤气、自来水、道路交通、客运、安全刑事案件、住房、海关、出入境、旅游、医疗、教育、环保等数据。如果政府将每个政府部门里看起来单一的、静态的数据关联起来，并对它们进行有效的关联分析和统一管理，那么这些数据必定将获得新生，其价值是无法估量的。具体来说，现在城市、政府、司法机关等的运作都在走向智能和智慧，如智能电网、智慧交通、智慧医疗、智慧环保、智慧城市、智慧法院、智慧检务等。这些都依托于大数据，可以说大数据是智慧的核心能源。

第五节　大数据在刑事司法领域的应用案例

随着大数据时代的到来，西方发达国家更是着力构建大数据驱动的犯罪侦查和控制体系。大数据驱动犯罪侦查和控制体系利用大数据帮助警方分析历史案件、发现犯罪趋势和犯罪模式；通过分析各种信息源的数据，预测犯罪；利用大数据，优化警力资源分配，从而提高社会和公众安全水平。大数据已使犯罪侦查和控制模式发生根本性变革，利用大数据提升犯罪侦查和控制能力是未来的发展方向。

一、国外将大数据用于犯罪刑侦案的应用案例

在法律执行方面，大数据是一个强有力的工具。美国国防部高级研究计划局的"记忆延伸"（Memex）计划下开发的高级网络工具已帮助联邦执法部门在查明美国人口贩运网络的工作上取得了实质性进展。这些工具不仅整理众所周知的"表层网络"（Surface Web）信息，还同时收集"深度网络"（Deep Web）下那些不被常用搜索引擎索引的公开信息。通过对网络站点的大范围搜索，这一工具能够发现原本难以获得或需要大量时间才能发现的信息。执法部门运用该工具能够锁定可能的人口贩卖团伙，进而协助警方确认人口贩卖与其他犯罪活动的联系，该工具已帮助侦查出一个起源于亚洲并蔓延至美国多个城市的人口贩卖网络。

大数据带来的预测技术为执法部门提升了更好的准备、干预或彻底阻止某些犯罪行为的潜力。犯罪预测机制是通过大数据和"幂律分布"分析，较为准确预报犯罪类型、犯罪时间、犯罪场所、犯罪趋势的手段、方式和过程。大数据预测的一般路径是通过对过去犯罪规律的描述建立模型并对模型优化，然后将现有数据输入模型进而从其结果中预测未来。大数据预测犯罪常用的分析工具有贝叶斯网络。贝叶斯网络是一种概率推理方法，它能从不完全、不精确和不确定的知识和信息中做出推理，可以处理不完整和带有噪声的数据集，从而解决了数据间不一致甚至相互独立的问题。以美国洛杉矶与孟菲斯警方所使用的程序为例，分析软件能够实施预测进而形成一个地区的"犯罪热点图"（hotspots），通过加强相应"热点"地区的巡逻警力，有效降低辖区内财产犯罪的数量；在美国的孟菲斯，犯罪预测系统"让当地的犯罪率下降了31%"［周昕，2014］。预测分析技术在美国已用于对某一独立个体的犯罪倾向分析。针对一场帮派火拼，芝加哥警方尝试将犯罪预测的侧重点由地理信息转移至身份信息。通过将警方数据与其他数据进行整

合，同时加以社会网络分析，芝加哥警方根据暴力犯罪的相关因素形成了一份涉及约 400 人的名单。据此，警方能够在已有的指控与犯罪记录证据之外，对一些特定个人提高防范。预测分析技术也被应用于刑事司法领域的其他方面。在美国费城，警方运用软件预测哪些假释犯在出狱后再次犯罪的可能性较大进而需要加强监督。该软件使用二十几类变量，包括年龄、犯罪史及地理位置等。

二、国内交通大数据用于公安破案的应用案例

2013 年 12 月，基于 Hadoop 大数据系统平台在辽宁丹东试用，满足了 30 亿条过车记录的检索和数据挖掘业务。在前端，1050 台图像采集设备中，有 700 多台内置算法的高清一体化智能卡口和电子警察抓拍单元，部署于市内、高速、收费站、国省干道，以光纤连接到中心设备，其中 1.5PB 容量的 IPSAN 存储可以将照片保存 6 个月，视频保存 15 ~ 30 天。而中心管理平台统一以地图作为窗口进行相应的功能和业务展示，单级平台能容纳百亿级数据量，查询和统计能在 3 秒内返回，提供基于大数据的各项性能展示，以及轨迹碰撞、拥堵分析等智能研判。该项目投入使用一个多月后，通过对上亿条数据的计算与分析，得到的数据价值有：

1. 查获假牌、套牌出租车 7 辆，报废车 2 辆。

2. 查获使用伪造、变造号牌车辆 31 辆，故意遮挡号牌车辆 18 辆。

3. 提供线索破获各类案件 16 起，其中杀人案 1 起、抢劫案 1 起、盗窃案 5 起、治安案件 4 起、交通事故逃逸案件 4 起，布控成功并查获刑事案件涉案车辆及人员 1 起。

4. 为群众找回失物 14 起，挽回直接经济损失 10 余万元，间接经济损失千万元。

5. 在一起恶性重大事故逃逸案中，犯罪嫌疑人换了七八辆车，最后抛车销毁，但因系统准确地从第一辆车就进行锁定和布控，因此仅 5 个小时就抓获了犯罪嫌疑人。

美国罗格斯大学熊辉教授等人利用公交一卡通的上下车数据采

用大数据挖掘方法，辅助抓小偷。其原理是：绝大多数乘客乘坐公交车或地铁出行时，会选择最优出行方案，要么用时最短，要么换乘次数最少；但有极少数人的乘车路线很奇怪，比如会绕行一大圈或者突然改变乘车路线，没有什么规律可言，如果某人的异常行为足够多，那么他有可能是小偷。研究人员指出，自动售检票系统收集了数百万名乘客的海量出行记录，其中只有很少部分人可能是小偷，在如此大规模的数据中识别出这么一小部分人无异于大海捞针。研究人员通过两个步骤分析了北京市 2014 年 4 月至 6 月约 16 亿次公交卡刷卡数据记录，共涉及约 600 万名乘客。第一步，他们把北京划分为居住、工作、教育、购物、娱乐、医疗等多个小功能区块，建立起包括 896 条公交路线、近 4.5 万个公交车站与 18 条地铁路线、320 个地铁站的公共交通网络数据集，通过数据建模从庞大的公交卡记录中过滤掉普通乘客；第二步，结合从警方报告和微博上收集到的失窃信息，通过机器学习算法从异常出行信息中挖掘出潜在的小偷。结果显示，如果以后来确认的小偷验证，按上述方法可以归为"行为异常"的准确率高达 92.7%；但是反过来的精度有点低，每筛选出 14 个"行为异常"的可疑者，只有 1 人后来被确认为小偷。

政策对策篇

第三章 大数据的国内外政策分析和检察机关对策

对于国家治理而言，大数据时代在带来机遇的同时也充满了挑战。面对海量、动态、多样的大数据，传统的思维方式和行为方式将面临巨大挑战，尤其是在公共服务领域，有效集成信息资源和应用大数据的能力将会为国家治理理念和治理模式的转变提供强大的技术支撑。西方发达国家近年来纷纷推出各自的大数据发展战略。我国也顺应时代发展趋势，契合推进国家治理能力现代化的时代要求，推动大数据发展，政府机关、企业和科研院所进行多方位布局，充分利用大数据提升国家治理能力。本章从国家治理、电子政务的视角来解读国内外的大数据政策，并给出了检察机关的大数据对策建议。

第一节 国外的大数据政策和典型应用

当前，越来越多的国家开始在政府治理领域融入大数据思维和技术，推进大数据的发展。

一、西方发达国家和国际组织的大数据战略

自 2012 年以来，欧、美、日、澳等发达国家已经先后不约而同地逐步开展大数据应用研究，并将其提升至国家战略的层面。美国 2012 年启动"大数据研究和发展计划"，联合国 2012 年推出"数据脉动"计划，日本 2012 年正式公布以大数据为核心的新 IT 国家战略，澳大利亚在 2013 年 8 月发布了《公共服务大数据战

略》，英国和法国等也出台了大数据方面的战略计划，详细情况如表 3 - 1 所示。

表 3 - 1　发达国家和国际组织的大数据战略

国家/国际组织	时间	战略名称	内容
美国	2012 年 3 月	大数据研究和发展计划	美国国家自然基金会、卫生健康总署、能源部、国防部等 6 部门联合投资 2 亿美元启动了大数据技术研发，大力推进大数据的收集、访问、组织和开发利用等相关技术的发展，进而大幅提高从海量复杂的数据中提炼信息和获取知识的能力与水平。
英国	2013 年 8 月	《英国农业技术战略》	明确指出今后要将农业技术的投资集中在大数据上。英国政府 2014 年投入 7300 万英镑进行大数据技术的开发，在 55 个政府数据分析项目中展开大数据技术的应用，并以高等学府为依托投资兴办大数据研究中心。
澳大利亚	2013 年 8 月	《公共服务大数据战略》	通过大数据分析系统提升公共服务质量，增加服务种类，并为公共服务提供更好的政策指导，使澳大利亚在大数据分析的运用、提高效率、与其他政策和技术协同以及为公共服务领域带来变革等方面处于全球领先水平。
联合国	2012 年 7 月	"数据脉动"计划，白皮书《大数据促发展：挑战与机遇》	总结了各国政府如何利用大数据响应社会需求，指导经济运行，更好地为人民服务，并建议成员国建立"脉搏实验室"，挖掘大数据的潜在价值。
日本	2012 年 7 月	《面向 2020 年的 ICT 综合战略》	大数据应用是其重点关注内容，聚焦与推动传统产业 IT 创新、新医疗技术开发、缓解交通拥堵等领域的大数据应用。
法国	2013 年 2 月	《数字化路线图》	明确将大数据作为将来要大力支持的战略性高新技术。开展一系列的投资计划，通过发展创新性解决方案及应用实践，推动法国在大数据领域的发展。

二、典型案例：美国警方的比较统计分析系统（CompStat）

从 1994 年开始，纽约市警察局实施了以地图为基础的统计分析系统（CompStat）。该系统的雏形来自纽约地铁警察杰克·梅普尔（Jack Maple）办公室内的地图墙，通过以圆点形式将案件标记在系统地图上的做法，点明了纽约 76 个警区的"绩效指示灯"，不同颜色代表不同类型的犯罪，特定的成串圆点表明发生了系列案件，使各辖区的治安情况、治理对策及警力调配中存在的问题一目了然。通过对地图上所有犯罪"圆点"的逐个研究并有针对性地进行根治，最终实现了犯罪率的大幅下降。CompStat 系统有两个特点：一是利用计算机对违法、犯罪和抓捕数据进行分析，制作统计数据和地图；二是在定期的、交互的犯罪预防战略会议上使用这些信息，而且管理者需要对他们辖区实施的犯罪预防措施负责。

纽约警察将在治安管理中摸索到的这套工作方法推行至其他领域，将越来越多的基础数据添加到地图上，当数据累积及 2006 年时，出人意料地发现终于显现。据地图显示，交通事故的高发地带，正是犯罪活动的高发地带。而交通事故的高发时间段，也正是犯罪活动的高发时间段。根据这一发现，美国国家高速公路交通安全管理局（NHTSA）、国家司法援助局（BJA）和国家司法研究所（NIJ）联合成立了"数据驱动的新方法：犯罪和交通安全工作组"，在马里兰、堪萨斯等州开展联合治理试点工作。重点针对犯罪活动和交通事故，为基层警队建立一套完整、严谨的数据整合及分析系统。通过确定共同的"黑点"，将交通警察和治安警察资源进行整合，在特定时间和地点开展联合治理，取得了非常显著的效果，试点区域的抢劫、盗窃等犯罪活动明显下降，同时违规驾驶的罚单明显增多。2008 年，为了在更多的地方政府推广这一模式，工作组在总结试点经验的基础上制定了项目实施的基本原则，其中最重要的一条就是"数据收集和分析必须成为基层警务部门的一种文化"，被学者们概括为"数据驱动的警务管理"。目前，Comp-

Stat 系统依然被美国警察部门以新的方式实施，并继续影响新的减少犯罪的警务方法，如预测警务、基于犯罪分析的巡逻和基于任务的警务。

第二节　国内的大数据政策和地方政府的探索实践

一、国家的大数据政策

我国大数据发展的宏观政策环境不断完善。2012 年以来，科技部、发改委、工信部等部委在科技和产业化专项陆续支持了一批大数据相关项目，在推进技术研发方面取得了积极成果。2015 年以后，国家的大数据政策力度加大，进一步深化完善。

国务院在 2015 年 8 月 31 日印发了《促进大数据发展行动纲要》（以下简称《纲要》）。《纲要》明确指出了大数据的重要意义，大数据成为推动经济转型发展的新动力、重塑国家竞争优势的新机遇、提升政府治理能力的新途径。《纲要》清晰地提出了大数据发展的主要任务：加快政府数据开放共享，推动资源整合，提升治理能力；推动产业创新发展，培育新兴业态，助力经济转型；强化安全保障，提高管理水平，促进健康发展。《纲要》还提出了组织、法规、市场、标准、财政、人才、国际交流等几方面的政策机制要求。在大数据提升政府治理能力方面，《纲要》明确指出："大数据成为提升政府治理能力的新途径。大数据应用能够揭示传统技术方式难以展现的关联关系，推动政府数据开放共享，促进社会事业数据融合和资源整合，将极大提升政府整体数据分析能力，为有效处理复杂社会问题提供新的手段。建立用数据说话、用数据决策、用数据管理、用数据创新的管理机制，实现基于数据的科学决策，将推动政府管理理念和社会治理模式进步。"《纲要》对大数据的发展起到了重要的推动作用，成为一个产业快速发展的催化剂和政策标杆。而各个地方政府也陆续出台了类似配套的政策，如河南省人民政府出台的《关于推进云计算大数据开放合作的指导意见》。在中央和地方的政策推动下，大数据产业发展势头迅猛。

2015年6月，国务院印发了《关于运用大数据加强对市场主体服务和监管的若干意见》，提出"以社会信用体系建设和政府信息公开、数据开放为抓手，充分运用大数据、云计算等现代信息技术，提高政府服务水平，加强事中事后监管，维护市场正常秩序，促进市场公平竞争，释放市场主体活力，进一步优化发展环境"。

2016年3月，全国人大审议通过了《国民经济和社会发展第十三个五年规划纲要》。国家"十三五"规划提出了"实施国家大数据战略。把大数据作为基础性战略资源，全面实施促进大数据发展行动，加快推动数据资源共享开放和开发应用，助力产业转型升级和社会治理创新"。至此，我国明确提出将大数据作为国家战略。大数据战略将助力和提升我国大数据产业的发展，也必将成为推动工业化和信息化深度融合，打造产业竞争新优势、抢占未来发展先机的有效途径。

2016年7月，《国家信息化发展战略纲要》提出了"完善部门信息共享机制，建立国家治理大数据中心"。

2016年12月，工业和信息化部印发了《大数据产业发展规划（2016—2020年）》，全面部署"十三五"时期大数据产业发展工作，加快建设数据强国，为实现制造强国和网络强国提供强大的产业支撑。该规划是深入贯彻国家大数据战略、落实《纲要》、协同推进制造强国和网络强国的重要抓手，对于提升政府治理能力，优化民生公共服务，推动创新创业、促进经济转型和创新发展有重大意义。该规划以大数据产业发展中的关键问题为出发点和落脚点，以强化大数据产业创新发展能力为核心，以推动促进数据开放与共享、加强技术产品研发、深化应用创新为重点，以完善发展环境和提升安全保障能力为支撑，打造数据、技术、应用与安全协同发展的自主产业生态体系，全面提升我国大数据的资源掌控能力、技术支撑能力和价值挖掘能力，在此基础上明确了"十三五"时期大数据产业发展的指导思想、发展目标、重点任务、重点工程及保障措施等内容，作为未来五年大数据产业发展的行动纲领。

二、国内地方大数据战略推进过程中的组织机构管理探索

国内部分地方政府为了落实大数据战略，出台了一些推进政府大数据管理的政策和制度，在组织机构管理方面做了大量探索，如成立大数据管理局，统筹推进政府部门的信息采集、整理、共享和大数据应用，消除信息孤岛，建立公共数据开放机制。广东省、广州市、沈阳市和成都市等先后成立了大数据管理局，具体职能如表3-2所示。大数据管理局的提法最早出现在 2014 年 1 月的中共广州市委十届五次全会上。这些地方政府成立的专门的大数据管理局，主要职能包括：研究拟定并组织实施大数据战略、规划和政策措施，引导和推动大数据研究和应用工作；组织制定大数据收集、管理、开放、应用的标准规范等相关工作。成立大数据管理局，旨在消除过去的部门数据壁垒，从全局上规划跨部门、跨行业的大数据整合、分析和综合使用，真正形成大数据的综合使用效果，进而探索新的大数据应用模式。各地的政策力度不一，其中沈阳市政府赋予了大数据管理局很高的数据管理"行政权限"。

大数据交易所通过建立数据交易平台，连接供需双方，让资源得到合理配置，并试图激发出新的价值，且能形成多个数据供应源，通过市场的手段形成公开公允的供需价格。大数据交易所的模式借鉴证券市场，背后依托政府和政策。2015 年是大数据交易所遍地开花的时代，首先是贵阳大数据交易所，其次是长江大数据交易所、华中大数据交易所。2016 年 4 月 1 日，上海数据交易中心成立，作为上海市大数据发展"交易机构 + 创新基地 + 产业基金 + 发展联盟 + 研究中心"五位一体规划布局内的重要功能性机构，承担着促进商业数据流通、跨区域的机构合作和数据互联、政府数据与商业数据融合应用等工作职能，其数据互联（交易）服务平台以面向应用场景的产业需求为导向，以完善的成员注册审核、去身份化元数据规制、自主挂牌控制、ID 标识匹配、

统一结算与清算等平台功能，实现商用数据衍生产品的在线连续聚合流通。这些探索在一定程度上证明，大数据战略的落实需要各级政府的强力推进。

三、典型案例：贵州大数据方面的探索（"云上贵州"）

（一）贵州省在大数据政策和立法方面的探索

贵州省在 2014 年出台了《贵州省大数据产业发展应用规划纲要（2014—2020 年）》，为了加快实施该纲要又出台了《贵州省关于加快大数据产业发展应用若干政策的意见》，这一纲领性计划构建了贵州大数据产业发展的高层发展设想，即要通过改革、开放、创新，挖掘数据资源价值，集聚大数据技术成果，形成大数据企业集群，全面提升大数据产业发展支撑能力、大数据技术创新能力和大数据安全保障能力，努力建成全国领先的大数据资源集聚地和大数据应用服务示范基地。2014 年 12 月 31 日，贵州省批准成立了国内第一家大数据交易所。2015 年 2 月，国家级"贵阳·贵安大数据产业发展集聚区"正式授牌。2015 年 9 月，贵阳市交通大数据孵化器正式开通，以国内首创的免费提供计算资源和数据资源的方式开放交通大数据，拉开了贵州省数据开放的序幕。

2016 年 1 月 15 日，贵州省人大常委会通过了《贵州省大数据发展应用促进条例》，标志着全国首部大数据地方法规诞生。该条例共 6 章 39 条，包括大数据发展应用、共享开放、安全管理等内容。条例紧扣贵州省大数据发展应用的现实需求和趋势，对数据采集、数据共享开发、数据权属、数据交易、数据安全以及"云上贵州"等基本问题作出了宣示性、原则性、概括性和指引性规定，把大数据产业在发展之初就纳入了法治轨道，以立法引领和推动大数据产业蓬勃发展。

2017 年 2 月 14 日，贵州省大数据标准化技术委员会正式成立，其主要职责有：分析大数据专业领域标准化的需求，研究提出贵州省大数据专业领域的标准发展规划、标准体系、标准制修订计划项目；提出大数据相关标准继续有效、修订或者废止的建议，承

担大数据领域地方标准复审工作；负责对大数据专业领域相关标准
的实施情况进行调查研究。2017 年，重点开展公共大数据关键共
性标准研究，建立大数据市场交易标准体系，建立标准试验验证与
符合性测试评估体系等工作。

表 3 - 2 地方政府的大数据管理机构探索实践

地区	时间	机构名称	职能
广东省	2014 年 2 月	广东省大数据管理局	统筹推进政府部门的信息采集、整理、共享和应用，打破信息壁垒，建立公开数据开放机制，逐步公开民生各项数据。其具体职责是：研究拟定并组织实施大数据战略、规划和政策措施，引导和推动大数据研究和应用工作；组织制定大数据收集、管理、开放、应用等标准规范；推动形成全社会大数据形成机制的建立和开发应用；承担企业情况综合工作，负责企业数据收集和存储；组织编制电子政务建设规划并组织实施；组织协调政务信息资源共享；组织协调省级重大电子政务项目建设，组织协调网上办事大厅等电子政务"一站式"服务建设；负责统筹政务信息网络系统、政务数据中心的建设、管理；统筹协调信息安全保障体系建设；承担信息安全等级保护、应急协调和数字认证相关工作。
广州	2015 年 5 月	广州市大数据管理局	广州市工信委直属行政单位，正处级。其主要职责包括：研究拟定并组织实施大数据战略、规划和政策措施，引导和推动大数据研究和应用工作；组织制定大数据收集、管理、开放、应用等标准规范；负责统筹规划建设工业大数据库，建立企业能耗、环保、安全生产监测指标等数据库，支撑两化融合公共信息平台的运行；组织建设两化融合公共信息平台和工业大数据平台，统筹协调城市管理智能化视频系统建设，推进视频资源整合共享和综合应用；承担广州超算和云计算技术平台的推广应用等 9 项职责。大数据管理局内设 3 个机构，即规划标准科、数据资源科（视频资源管理科）和信息系统建设科。

地区	时间	机构名称	职能
沈阳	2015 年 6 月	沈阳市大数据管理局	该局下设大数据产业处、标准与应用处和数据资源处。其主要职责是：负责组织制定智慧沈阳的总体规划和实施方案；研究制定大数据战略、规划和相关政策；组织制定大数据的标准体系和考核体系，统筹推动全社会大数据库建设，组织制定大数据采集、管理、开放、交易、应用等标准规范；指导大数据产业发展；研究制定全市电子政务建设的总体规划、实施方案并组织实施；组织协调政务信息资源共享；统筹协调信息安全保障体系建设等工作。
成都	2015 年 9 月	成都市大数据管理局	主要职能包括：负责拟定全市大数据战略、规划和政策措施并组织实施；推动信息数据收集、管理、开放、应用等标准规范，推动信息数据资源和基础设施建设的互联互通、资源共享；制定全市电子政务建设的总体规划并组织实施，牵头组织电子政务项目审核工作；推进电子政务外网现有信息系统整合，组织协调全市信息安全保障体系建设；承担市信息化工作领导小组办公室的日常工作。

（二）"云上贵州"系统平台的建设应用

"云上贵州"系统平台是贵州省委、省政府为推进政府数据资源整合、共享、开放和利用，推动大数据产业发展，自主搭建的云计算基础设施。平台依托贵州通信运营商 IDC 机房，购置国产服务器、交换机等设备，采用云计算技术构建弹性计算集群、开放存储集群、负载均衡集群、关系型数据库集群。

（三）贵阳市在大数据方面的探索实践

贵阳市围绕"数据从哪里来、数据放在哪里、数据谁来应用、数据如何使用"四个问题来具体展开。一是搭建系统平台，着力解决数据从哪里来的问题。目前，大量有价值的数据在政府手中，政府的数据又分散于各部门，部门间"数据壁垒"和"信息孤岛"现象普遍。为解决数据从哪里来的问题，贵阳市搭建大数据公共平台，实现政府、企业和社会数据的汇聚，并将各领域、各行业的"条数据"关联为符合问题导向的、多维度的、价值更高的数据。二是改善信息化基础设施，解决数据放在哪里的问题。贵阳市加快构建宽带、融合、安全、泛在的信息基础设施体系建设。中国三大电信运营商集团的数据基地齐聚贵州，规划建设的数据中心服务器规模超过 200 万台，贵州已成为中国南方数据中心和长江经济带数据中心。三是推广数据应用，着力解决数据谁来应用、如何使用的问题。贵阳市注重以大数据提升政府治理能力、以大数据服务社会民生、以大数据引领产业转型升级。在提升政府治理能力方面，贵阳市已经在 12 家政府部门实施了"数据铁笼"工程，用大数据编制制约权力的"笼子"，权力运行全程电子化、处处留"痕迹"，实现"人在干、云在算、天在看"。"数据铁笼"工程作为约束和规范政府权力运行的最佳结合点，是建设大数据综合创新试验区的重要内容。例如，贵阳市正在实施的大数据综合治税工程，就是依托政务数据共享交换平台，将全市 36 个单位和部门的涉税信息全部集中到社会综合治税信息平台，形成数据采集、处理、挖掘、展示为一体的"大数据治税"雏形。在服务社会民生方面，贵阳市正在实施"民生云""社会和（谐）云"和"医疗健康云"，以推进教育、医疗、社区等公共服务领域的应用示范，汇聚各类民生数据，促进民生数据的开发和利用。

四、贵州检察大数据应用情况

2016 年 9 月，贵州检察大数据应用中心建成投入使用。应用中心集大数据分析服务系统、大数据司法办案辅助系统、职务犯罪侦查信息系统、政法信息资源共享交换系统和检务公开、为民办事服务系统于一体，运用大数据提升检察监督的公信力。贵州检察机关坚持以应用为中心，努力推进大数据与检察工作深度融合、深度应用。一是创建大数据司法办案辅助系统，为司法办案提供智能服务。该系统运用"实体识别""数学建模"等大数据技术，通过绘制"犯罪构成知识"图谱，建立各罪名案件数学模型，为办案提供案件信息智能采集、"要素—证据"智能关联和风险预警、证据材料甄别，以及类案推送、量刑建议计算等智能化服务。二是创建案件智能研判系统，为案件监控提供数据分析。该系统全面、真实、客观地记录每个案件办案情况，进行数据量化分析，并按照"一人一档案"要求建立数字化司法业绩档案。贵州运用系统对全省检察机关近两年来办理的 14100 件故意伤害案件进行分析，发现其中存在要素偏离 2332 件、量刑偏离 2395 件、证据风险 674 件，由办案单位认真整改。结合网上案件质量评查系统，按照"一案一评查"要求评查各类案件 100352 件，发现和纠正实体性瑕疵 30 余个。三是创建大数据分析服务系统，为管理决策提供"智库意见"。该系统实时从核心数据、常规分析、专项分析、办案评价、人员管理等多个方面为管理决策提供"智库意见"，并重点围绕检察机关办理案件建立了 5 个维度、632 项具体指标的办案"评价体系"。目前，该系统已在省检察院和 9 个市（州）检察院试点运行，数据涵盖 10 余个业务条线，产生并分析数据 2594 万余条。

第三节　检察机关的大数据对策

我国已经明确提出了在"十三五"时期实施国家大数据战略，检察机关要勇于面对大数据时代带来的机遇和挑战，建立国家检察大数据中心。笔者提出如下几条对策建议：

1. 检察大数据的建设要规范有序。检察大数据依据各类数据标准与规范，通过数据交换、整合、导入、录入等手段，全方位收集检察机关办案、办公以及履行法律监督职责中使用的各种数据资料，并对这些资料进行规范化、标准化处理加工，形成体系完整、时间跨度长、覆盖全面、科学系统的检察信息资源体系，为检察机关的办公、办案和领导决策等提供强大的数据服务和信息共享支撑。建设流程大体分为五个步骤：一是检察信息资源标准规范建设，包括检察信息资源共建共享管理办法、信息资源共建共享技术规范、检察信息统一编码规则与编码方法、元数据库数据字典、基础数据库数据字典、数据转换与清洗规则以及其他相关的管理办法和技术规范等。二是检察信息资源目录建设，清点梳理数据业务过程中涉及的信息，进行科学编码和分类分级，划分资源责任单位，建立资源与业务的有机关联。三是检察基础数据平台建设，设计构建检察基础数据平台，收集整理检察行业元数据、标准基础数据并入库。四是数据交换共享平台建设，建设检察信息传输、交换、处理、共享和监管的统一平台。五是检察资源信息应用建设，基于整合处理后的数据进行分析和展示，为检察机关提供科学的辅助决策。

2. 尽快建立检察机关的各种信息资源库，积累数据，为大数据应用提供基础。做大数据必须要有数据源，这是立身之本。检察机关要实施大数据规划，必须有已经积累海量数据的各种各样的数据源作为基础。检察机关和公安机关相比较，这方面的积累还是比较薄弱的。公安机关通过两期金盾工程的实施，已经建立了多个全国性的信息资源库，包括人口基本信息资源库、在逃人员信息资源库、被盗抢汽车信息资源库、出入境人员/证件信息资源库、违法犯罪人员信息资源库、机动车/驾驶人信息资源库等。检察机关随着电子检务工程的推进实施，已经积累了一些数据，主要有统一业务应用系统从 2014 年 1 月上线以来的案件数据（已有各类案件1030 余万件、法律文书 1 亿余份）、电子卷宗系统的卷宗数据（电子卷宗 200 余万件）、原统计软件的案卡数据、行贿犯罪档案查询系统中的行贿犯罪记录数据等，但是数据源相对较少。随着下一步检务保障系统的全国推广上线应用，会积累财务、国有资产、装备等数据。预防部门建立的职务犯罪记录系统的下一步全国上线，会逐步积累职务犯罪记录数据。队伍管理上线以后，会逐步建立检察队伍信息资源库。检察机关当务之急要在依法有据的前提下尽快建立自己的信息资源库，比如可以通过两法衔接信息平台，建立行政执法信息资源库，为民事行政检察部门按照修改后《行政诉讼法》的要求对行政执法开展检察监督提供数据和信息服务支撑。

3. 采用众包数据采集的方式实现检察行业信息源的数据的快

速积累。数据共享使人们可以更加充分地利用已有数据资源，减少资料收集、数据采集等重复劳动和相应费用，实现全面的数据分析和智能化、个性化的应用系统开发。但是，由于共享数据具有多源异构等特点，其数据格式、内容、表示方式千差万别，使得传统的数据共享在实际应用中面临诸多问题，例如数据覆盖低、数据质量差、数据安全弱等。而基于众包的数据采集和共享是一种新型的数据采集与共享模式，它将数据采集、计算、识别等工作任务分配给非特定的大众处理。这种基于众包的数据共享通常由一定的奖励机制驱动，具有灵活性高、覆盖广、成本低等特点。近年来，众包数据采集已经成为常见的商业模式，在社会各行各业得到广泛应用。在互联网行业，UGC（用户生成内容）造就了维基百科、YouTube等公司。国内也出现了包括百度百科、优酷、微博在内的一批典型的 UGC 平台。百度、360 等企业也通过众包数据采集的方式提供了多种服务，例如手机、邮箱的黑名单等。随着众包模式理念的日益成熟和完善，众包数据采集和共享可以得到更为广泛的应用。检察机关可以在信息资源库的建立过程中探索采用众包的方式实现数据的采集，如在职务犯罪侦查信息平台、检察行业知识库建设中采用众包数据采集，并建立相应的奖励机制，从而达到快速、高质量的数据收集。

4. 通过大数据工程的实施，构建检察机关的"数据铁笼"。借鉴贵阳"数据铁笼"建设应用经验，用大数据编制制约权力的"笼子"，实现检察机关司法权力运行全程电子化、处处留"痕迹"，把制度的"软规范"形成软件的"硬约束"，实现"人在干、云在算、天在看"，从而规范司法行为，规范司法权力的运行。

5. 建议检察机关设置大数据管理的部门或岗位。检察机关在大数据的机构管理方面，也进行了大胆的探索。最高人民检察院检察技术信息研究中心设置了以数据应用为职能的处室，推进大数据应用工作。贵州省人民检察院为更好地落实最高人民检察院关于科技强检的总体部署和省委、省政府大数据战略行动总体要求，任命了该院的信息化建设和大数据运用首席技术官。大数据管理岗位主要在最高人民检察院和省级院层面，部分有条件的市级院也可以设置。

    6. 检察干警观念更新，提高大数据意识。各级领导要建立"循数管理"的意识，尽快统筹数据治理工作，加强对大数据体系的建设与保障。广大检察干警要建立用数据说话的科学意识，在工作中加强数据的采集和应用。检察机关要营造"用数据说话、用数据决策、用数据管理、用数据创新"的工作氛围。

第四章　大数据开放共享与检察机关对策

当今世界，各国竞争愈演愈烈，数据资源成为重要的竞争要素。如果说数据是土壤中的"水分"，那么，开放数据就会形成土壤上流淌的"河流"。就像流淌的河流孕育了传统的城市文明那样，开放数据将快速孕育新的智能文明。近年来，数据开放的经济、社会价值备受关注。数据开放已成为国家竞争力的重要组成部分。加快大数据开放共享的步伐，有效保障数据的开放、共享和流通，是提高国家治理现代化的重要举措。政府开放数据运动已在全球逐步兴起，在国家层面制定战略及政策法规，建设数据开放门户网站，逐步向公众开放免费的可机读数据集，促进社会创新发展成为大势所趋。一些国家共同签署了数据开放的协议，旨在团结协作共同推进数据开放进程。我国也陆续出台了数据开放和共享的政策，部分行业和地方政府展开了这方面的探索。检察机关要顺应形势，开展数据开放共享工作。

第一节　国外的数据开放共享现状

近年来，世界各国纷纷将数据开放纳入国家发展战略。截至2014年，全球已有63个国家加入开放政府联盟，并制定了开放政府数据的纲领。例如，2011年，巴西、印度尼西亚等8个国家就联合签署了《开放数据声明》，成为开放政府合作伙伴。

一、国外政府/国际组织数据开放方面的法规政策

面对数据开放的潮流，各国逐步建立符合国家现状的法律法规，将数据开放上升到法律层面。各国发布的一系列法律法规，针

对各国国情现状对数据开放进行了详细的阐述和规定，兼顾国家安全和公民隐私保护，以迎接数据开放带来的效益和挑战，典型国家政府/国际组织数据开放方面的政策如表4-1所示。

表4-1 典型国家政府/国际组织数据开放方面的政策

国家	时间	政策文件	核心内容
美国	2009年1月	《透明与公开政府备忘录》	提出透明、共享与协作的政府公开工作原则。
	2009年12月	《公开政府命令》	要求在互联网上开放政府数据，制度化开放政府文件，并且提出扫除政府数据开放的政策屏障。
	2010年11月	《13556号总统令》	强调政府实践的开放性和统一性，缩小政府数据保密范围，开放非涉密信息，不对大众进行过度隐瞒，使政府工作更加公开透明，公民能更好地了解政府工作，利用相关数据资源。
	2011年1月	《13563号总统令》	提出建立数据开放的交流环境，允许公民参与制度草案的修改，允许公民提建议，开放相关科学和技术发现，使之容易搜索和下载。
	2013年5月	《实现政府信息公开化和机器可读取化总统行政命令》	提出以开放化、机器可读化作为政府数据的基本形态，保证公民可以随时随地以任何设备查询、获取信息。
英国	2000年	《信息公开法》	公民享有数据权；设立信息专员与专门委员会；设定信息公开豁免范围。
	2011年	《国家数据开放行动方案》	提出集中开放数据。
	2012年	《数据公开白皮书》	公开财政支持的研究数据，提出使公共数据价值最大化。
	2013年	《开放政府合作伙伴2013—2015英国国家行动方案》	提出推动开放数据，提高政府诚信、财政透明度、公民授权等。
	2013年	《英国数据能力发展战略规划》	重视数据安全和隐私保护，完善开放数据相关法律和制度。
欧盟	2003年	《公共部门信息再利用指令》	欧盟各国开放政府数据的重要驱动力。
	2005年	《欧洲透明度倡议》	开放理念的继续与发展。
	2011年	欧盟开放数据战略	将公共部门收集和产生的原始数据，通过再利用成为ICT用户依赖的数据材料。

二、建立有利于政府数据开发利用的组织体制

西方国家的经验表明，开放政府数据战略的推进需要具有综合协调能力的实体管理机构来统筹政府数据开放工作的规划、方案制定与实施以及部门间的协调，实施政府数据的整体性治理，如表4－2所示。

表4－2　各国数据开放的组织机构与职能

国家	组织机构与职能
美国	2009年，美国总统奥巴马创设了联邦政府首席信息官和首席技术官。2010年，联邦政府通信委员会又率先设置了首席数据官，在信息化顶层设计、总体技术架构以及数据战略等方面向政府首脑负责。联邦政府管理与预算办公室（OMB）负责开放数据政策施行的协调和领导，并制定遵循规范、标准的合适的实际操作方案。
英国	设立了透明委员会，负责研究制定政府数据开放制度；成立了开放数据研究所，与企业协同开展研究，分析英国政府开放数据情况。
澳大利亚	2010年成立了信息委员会，还建立了政府信息管理办公室，两者都是澳大利亚开放政府数据的领导机构和政府信息管理的组织实施机构，负责将发达的信息通信技术应用到政府公共服务和公共管理之中，并为政府信息通信技术事项以及政府信息通信技术政策和计划的实施提供咨询。
法国	2011年，成立了开放数据办公室"Etalab"，负责制定法国开放数据路线图，组建际协调小组和专家网，组织各政府部门开展公共数据开放，并开展与欧盟、开放政府合作伙伴等公共平台的国际合作等。
加拿大	开放政府指导委员会（OGSC）负责制定开放政府政策，包括开放数据政策的总体布局和规划，并在政府各部门设置了首席信息官，全面推进各部门的政府数据开放。
新西兰	任命了政府首席信息官，负责领导政府信息通信技术的发展，促进数字综合服务的开展；专门设立了开放政府数据首席执行官治理小组，在国家层面引领新西兰开放政府数据和信息项目的组织实施。

三、世界主要国家政府数据开放平台

从世界各国的实践来看，建立统一的公共信息资源开放共享网站，集中开放可加工的数据集已经成为通行做法。如美国的 da-

ta. gov 网站、英国的 Data. gov. uk 网站等。世界主要国家政府数据
开放平台如表 4 - 3 所示。

表 4 - 3　世界主要国家政府数据开放平台

国家/地区	网址	建立时间	平台内容
美国	Data. gov	2009 年	平台分为农业、消费者、教育、能源、财政、地理空间、全球发展、健康、就业技能、公共安全、科研、天气、商业、城市、法律、制造业、海洋、州等 20 个主题，可根据相关性、热门程度、名称升降序、新增数据、更新时间等进行排序，并提供了标签、地理位置、发布机构、格式类型等筛选途径。不仅提供原始数据，还提供政府部门的应用程序接口。
英国	Data. gov. uk	2010 年	涉及环境、政府开支、社会、测绘、健康、政府、市县、教育、商业与经济、犯罪与司法等 10 个主题，可根据相关性、热门程度、标题、更新时间等进行排序，并提供发布机构、格式类型等限定指标。还提供了 323 项应用。
欧盟	PublicData. eu	2011 年	一个泛欧洲的数据平台，向欧洲范围内的公共机构提供开放、免费、可重复利用的数据集。平台上的数据均由欧盟收集、购买并免费提供给用户，用户可以直接在平台上下载数据用于分析、开发创新服务或应用等。现拥有 46709 项数据集，包括财政与预算、社会问题、环境、交通运输、农林渔业、教育与通信、人口、经济与产业、健康、就业、政治与透明、政府服务、地理、文化艺术等 14 个大类，可根据国家、标签、格式类型等途径进行筛选。
澳大利亚	data. gov. au	2010 年	现已发布了 127 个机构的 3375 个数据集，分布在社区服务、科学、商业支持及调控、环境、财政管理、体育及娱乐、医疗、交通、文化事务、通信 10 个主题下，可根据相关性、热门程度、标题、更新时间等进行排序，并提供标签、发布机构、管辖范围、格式类型、地理位置等筛选途径。
韩国	data. seoul. go. kr	2011 年	提出"智慧首尔 2015"计划，视公共数据为具有社会和经济价值的重要国家资产，努力打造的"首尔开放数据广场"涵盖了 33 个数据库、880 个数据集，可以为用户提供十大类的公共数据信息服务，促进了信息技术和公共服务产业的进步和发展，并能够促进私营企业创造多元化的商业模式和价值。

四、政府数据开放原则

开放政府工作组（Open Government Working Group）提出的政府数据开放 8 项原则，值得我们参考与借鉴，如表 4-4 所示。

表 4-4　数据开放原则

原则	内容
完整性	所有的政府数据都应该开放，除非涉及隐私、安全和特别限制。
一手性	数据从源头采集到，保持尽可能细的粒度，未经整合过或者修改过。
及时性	以尽可能快的速度发布数据以保证数据的价值。
可获取性	数据是可获得的，可提供给最广泛的用户、可提供最广泛的用途。
可机读性	数据拥有合理的结构，可由机器自动处理。
非歧视性	数据对所有人可用，不需要专门注册登记。
非私有性	数据的格式是开放的，没有任何实体拥有独占控制权。
无须授权使用	数据不受版权、专利、商标或贸易保密规则限制，除非涉及隐私、安全和特别限制。

开放政府工作组还提出了额外的 7 条原则：

1. 在线和免费：如果数据不在互联网上、不是免费的，就不是真正意义上的公开，此外，数据还应该容易被找到；

2. 永久性：数据应该在固定的互联网网站上，并且在尽可能长的时间内保持稳定的数据格式；

3. 可信的：应该采用数字签名保证数据发布的时间、数据的完整性和真实性；

4. 默认开放：数据的默认开放要通过法律法规来保证，通过数据目录等工具来实施；

5. 文件化：将数据格式和数据的含义文件化将促进数据的使用；

6. 安全性：开放的数据中不应该包括可执行代码，防止恶意代码（如计算机病毒、木马）传播；

7. 采纳公众意见：公众最明白哪种信息技术适合他们自己的

应用，采纳公众意见对开放数据的设计非常重要。

第二节　国内的大数据开放共享现状

随着数据治理理念的影响逐步渗透，我国公共数据开放共享进程开始逐渐加快。但是与发达国家还有较大的差距。近年来，我国在大数据开放方面也做了大量工作，国家制定了一系列政策，各地方政府、社会各行业积极响应，推动大数据的开放与共享。以下将从国家政策层面、地方和行业探索实践层面介绍我国大数据开放共享的现状。

一、国家政策

当前，我国的数据开放共享政策仍然处于起步阶段，近年来在中央层面越来越受到重视，国内数据开放共享政策发展情况如表4－5所示。尤其是自2015年以来，国家出台了《促进大数据行动纲要》，将2018年年底前建成国家政府数据统一开放平台作为目标，把加快政府数据开放共享、推动资源整合、提升治理能力作为主要任务之一，具体地阐述了数据开放共享的目标、任务、实现期限。2016年3月，国家《国民经济和社会发展第十三个五年规划纲要》明确提出了实施国家大数据战略，推进政府数据资源开放共享。2016年7月，中办和国办印发了《国家信息化发展战略纲要》，明确提出"建立公共信息资源开放目录，构建统一规范、互联互通、安全可控的国家数据开放体系，积极稳妥推进公共信息资源开放共享"。这都为加快我国的数据开放共享提供了重要的政策依据，影响深远。

但是我国具体的可操作的数据开放共享制度尚未建立起来，迫切需要建立这方面的制度，实现对数据资源采集、传输、存储、利用、开放的规范管理，促进数据在风险可控原则下最大限度的开放。一是需要制定政府信息资源管理办法，建立政府部门数据资源统筹管理和共享复用制度，统筹推进国家机关部门之间的数据共享。二是缺乏统一的数据标准，需要打破基于权力形成的各种利益固化的体制壁垒，统筹各方资源力量，对数据标准进行集中攻关，尽快建立科学的数据标准体系，解决内外融合难、上下对接难等问题。

表4－5　我国数据开放的相关政策

时间	政策文件	核心内容
2007年4月	《政府信息公开条例》	规定了行政机关、各级人民政府的信息公开范围。但是公民、法人或者其他组织申请获取未公开信息只能采用书面形式（包括数据电文形式），对于行政机关不能当场答复的，自收到申请之日起15个工作日内予以答复。
2011年8月	《关于深化政务公开加强政务服务的意见》	提出深化政务公开的总体要求，及各级政府政务公开的重点内容。逐步建立统一规范的公共资源交易平台，有条件的地方可探索公共资源交易平台与服务中心合并的一体化管理模式。
2013年	《国务院关于促进信息消费扩大内需的若干意见》	对"制定公共信息资源开放共享管理办法""加快启动政务信息共享国家示范省市建设"做出了工作部署，要求促进公共信息资源共享和开发利用，推动市政公用企事业单位、公共服务事业单位等机构开放信息资源。
2014年8月	《企业信息公示暂行条例》	促进工商部门、其他政府部门、企业的信息公示。该条例一方面可强化对企业的信用约束，另一方面也将有利于数据开发者对企业信息的再利用。被要求公示的企业信息包括企业从事生产经营活动过程中形成的信息，以及政府部门在履行职责过程中产生的能够反映企业状况的信息。
2015年1月	《关于促进云计算创新发展 培育信息产业新业态的意见》	开展公共数据开放利用改革试点，出台政府机构数据开放管理规定，在保障信息安全和个人隐私的前提下，积极探索地理、人口、知识产权及其他有关管理机构数据资源向社会开放，推动政府部门间数据共享，提升社会管理和公共服务能力。

续表

时间	政策文件	核心内容
2015 年 8 月	《促进大数据发展行动纲要》	强调要大力推动政府部门数据共享，稳步推动公共数据资源开放，统筹规划大数据基础设施建设，支持宏观调控科学化，推动政府治理精准化，推进商事服务便捷化，促进安全保障高效化，加快民生服务普惠化。2017 年年底前形成跨部门数据资源共享共用格局，2018 年年底前建成国家政府数据统一开放平台。
2015 年 6 月	《关于运用大数据加强对市场主体服务和监管的若干意见》	进一步加大政府信息公开和数据开放力度。除法律法规另有规定外，应将行政许可、行政处罚等信息自作出行政决定之日起 7 个工作日内上网公开，提高行政管理透明度和政府公信力。提高政府数据开放意识，有序开放政府数据，方便全社会开发利用。
2016 年 3 月	《国民经济和社会发展第十三个五年规划纲要》	依托政府数据统一共享交换平台，加快推进跨部门数据资源共享共用。加快建设国家政府数据统一开放平台，推动政府信息系统和公共数据互联开放共享。制定政府数据共享开放目录，依法推进数据资源向社会开放。研究制定数据开放、保护等法律法规，制定政府信息资源管理办法。
2016 年 7 月	《国家信息化发展战略纲要》	提高信息资源利用水平。建立公共信息资源开放目录，构建统一规范、互联互通、安全可控的国家数据开放体系，积极稳妥推进公共信息资源开放共享。发展信息资源市场，促进信息消费。引导和规范公共信息资源增值开发利用，支持市场主体利用全球信息资源开展业务创新。

二、国内行业和地方政府数据开放的探索

国内地方政府、社会各行业积极响应，在推动大数据的开放与共享方面做了积极探索。中央层面典型的平台有中国政府公开信息整合服务平台、国家统计局的"国家数据"。北京、上海等地方政

府先行进行了政府数据开放的探索。国内行业和政府数据开放共享平台如表4－6所示。

表4－6　国内行业和政府数据开放共享平台

网站名称	行业/地区	网址	特点
上海市政府数据服务网	上海	www. datashanghai. gov. cn	截至2015年5月底，开放内容已基本覆盖各部门主要业务领域，涵盖了经济建设、资源环境、教育科技、道路交通、社会发展、公共安全、文化休闲、卫生健康、民生服务、机构团体、城市建设等11个重点领域，累计开放数据资源逾480项。已经有55项数据应用和24项移动应用。
北京市政务数据资源网	北京	www. bjdata. gov. cn	网站已整合了36个政府部门，为社会提供了土地使用、教育、旅游、交通、文化、医疗等306类数据，通过原始数据（WPS、CSV）下载、带有地理坐标信息的空间数据（SHAPE）下载和在线调用API三种形式提供数据开放共享服务。
中国政府公开信息整合服务平台	国家图书馆	govinfo. nlc. gov. cn	以二次加工的信息为主，内容涵盖财政、金融、城乡建设、科技、教育多方领域共22个大类，建立了浙江、湖北、山东省特色资源数据库，并在31个行政区域设立子网站，免费对社会公众开放，且数据更新快、数量多。
国家数据	国家统计局	data. stats. gov. cn	涵盖了GDP、CPI、工业、房地产等16个专业270多个指标；包含年度数据和季度、月度等进度数据；并提供了"数据中国"移动客户端应用。

三、我国数据开放共享存在的主要问题

虽然我国在大数据的开放共享方面加大了探索力度，但总体而言，我国在大数据的开放共享方面仍有很长的道路要走，主要面临以下关键挑战：

一是数据开放意识有待提高。首先是不敢开放，由于缺乏相应的法律法规与技术标准，不清楚数据开放的范围和力度，尤其是担心数据可能涉密更加不敢开放；其次是不肯开放，政府数据资源的采集与处理往往委托第三方承担，数据的共享开放会直接影响相关人的利益，怕数据开放会影响部门的事权；最后是不愿开放，挡不住开放的趋势而必须开放，有的部门通过私有数据格式、公开处理过的数据、公开过时或部分数据、收费开放、需采用专门软件（甚至收费的商业软件）来读取等形式设置障碍。

二是数据开放共享的壁垒有待消除。目前，由于政府部门业务管理信息系统开发和建设的"部门化"，出现了一个个"信息烟囱"和"信息孤岛"，公共信息资源重复采集现象严重，形成了数据共享壁垒。

三是数据资源的深入挖掘分析不够。国家机关掌握着全社会最大量、最核心的数据，但数据资源的利用不充分，大量信息系统中的历史数据长期闲置，处于"沉睡"状态，被称为"死数据"。数据是大数据时代的"石油"，需要深入开采和挖掘分析。目前大数据分析利用对政府部门来讲，还停留在理念层面上，真正落地实际应用的并不多，比如领导决策仍然缺乏大数据分析的支撑。

四是开放的数据质量不高、再利用率不足。我国目前公开的政府信息主要是对公共数据的再加工，其再开发和再利用价值较之原始的公共数据较低。基础数据的质量决定了分析结果的可用程度。加快数据开放共享步伐的同时，必须提高基础数据的质量，并研究如何提高低质数据上计算和分析结果的准确性。这就需要国家建立信息采集的数据质量标准。

五是数据开放的可用度不高。统一的数据开放格式是指各政府

机构的数据以平台独立的、机器可读的和不受限制的格式，可供社会再利用。美国、英国、澳大利亚等国在公共数据开放网站上统一提供如 XML、CSV、TXT 等格式多样化的数据下载、检索功能，使用者可以不受操作平台等的限制进行二次开发。目前我国数据开放的可机读比例低，开放的多为静态数据，数据授权协议条款含糊，缺乏便捷的数据获取渠道，缺乏高质量的数据应用，造成了我国数据开放的可用度不高。

六是数据开放的法律法规尚未形成。需要研究制定政府数据开放的规范性文件，规范管理，推进国家数据开放进程。政府信息资源管理方面，仍需建立政府部门数据资源统筹管理和共享复用制度。需要研究制定个人信息保护法，尤其要考虑网络环境下如何界定个人信息采集应用的范围和方式，明确相关主体的权利、责任和义务，加强对数据滥用、侵犯个人隐私等行为的管理和惩戒。还需要研究制定信息资源跨境流动的管理办法，保障国家信息安全。

第三节　检察机关的数据开放与对策

大数据的开放共享，给检察机关带来了机遇和挑战。借鉴国内外数据开放的经验，下面我们提出检察机关数据开放共享的几点建议：

一是抓住数据开放的机遇，促进和其他部门的数据共享，为办案、法律监督提供服务。《促进大数据发展行动纲要》明确提出"依托政府数据统一共享交换平台，大力推进国家人口基础信息库、法人单位信息资源库、自然资源和空间地理基础信息库等国家基础数据资源，以及金税、金关、金财、金审、金盾、金宏、金保、金土、金农、金水、金质等信息系统跨部门、跨区域共享"，这为部门间的数据共享提供了政策依据。检察机关应顺势而为，加大协调力度，加快建立和相关部门的数据共享渠道，为办案、法律监督提供数据支撑服务。

二是制定检察系统的数据开发制度，稳步推动检察机关数据资源开放。开放数据战略是信息化推进中的必然产物，与业已实施的电子政务战略、信息化战略以及信息公开、信息再利用制度等有着天然的内在联系，需要结合实际，充分利用已有的信息化工作基础，统筹规划，在依法加强安全保障和隐私保护的前提下，稳步推动数据资源开放。先要摸清家底，建立检察机关的数据资源清单；按照"增量先行"的方式，向社会开放数据资源。应该说，人民检察案件信息公开网就是典型应用，它充分利用了全国检察机关统一业务应用系统的法律文书和案卡等数据资源，构建了案件法律文书网上公开、重要案件信息发布、程序性信息查询、辩护与代理预约申请四大平台。我们可以考虑把数据开放纳入检务公开的范畴，统筹考虑，制定数据开放计划，落实数据开放和维护责任，推进数据资源统一汇聚和集中向社会开放。在实现策略上，可以依托人民检察案件信息公开网，进行功能上的拓展，在风险可控的前提下，以数据集的形式开放，并提供相应的 APP 应用，为公众提供数据下载、应用等多项服务。

三是适度开放部分检察数据。在数据开放过程中，借鉴欧美等发达国家的经验做法，采取"分对象开放、分领域开放、分阶段开放"的"三分"原则。根据不同开放对象，将涉及国家秘密和个人隐私的数据先在国家机关内部适度开放共享，将与公共利益相关的、不涉及国家秘密的数据向社会公众适度开放。公共数据开放不可能一步到位，可将数据划分为立即开放、短期内开放、计划开放和暂时无法开放四类，对于公众迫切需要的、再利用值高的公共数据立即或在短期内开放。

四是建立公检法司的"数据花园"，促进政法机关的数据开放共享。数据花园是大数据专家委员会对我国近年来承办重大会议、活动等所采用模式的一种形象比喻，其寓意为"扎起篱笆，让篱笆内的数据能够真正开放共享，有效整合"。这主要是解决上面提到的不敢开放、不肯开放和不愿开放问题。参考我国举办过的重大国际赛事、博览会采用的方式，如 2008 年北京奥运会中，交通、商业、气象、警卫安保、卫生医疗等行业和部门在信息上有效整合，推动赛事有序进行。这就是"数据花园"模式，即希望在"花园"内部可以充分进行数据的开放、共享，实现内部数据无障碍使用，消除数据不敢开放、不肯开放和不愿开放的现状；同时，对进入"花园"使用数据的部门或个人进行法律、法规、制度上的约束，并通过各种信息技术手段予以保障。公安、检察院、法院、司法行政机关同属政法机关，在刑事诉讼中各司其职，分别行使侦查权、检察权、审判权、执行权，相互配合、相互制约，它们之间有大量的业务往来，伴随而来有大量的信息交换共享需求，我们可以建立公、检、法、司的"数据花园"，实现政法机关内部数据的无障碍使用。

五是采用数据的前置机模式实现与其他政府部门数据开放共享。数据的前置机模式是政府部门和企业将数据开放给特定部门、企业等的一种特殊模式，它实现的主要功能有数据抽取、网络通信、数据格式转换等。前置机模式可以限定使用数据。数据提供方通常在意开放数据的范围，介意开放哪些数据，希望数据使用方通过特定的前置机和前置接口来访问被共享的数据。目前我国政府部门之间往往通过这种方式来开放和共享数据。实践中，职务犯罪侦查信息查询平台、两法衔接信息共享平台、公检法案件信息共享平台都可以采用前置机方式，实现部门间的数据开放共享。

六是注意数据开放过程中的隐私保护。隐私保护与数据开放流通在一定的意义上是相悖的，怎样在防范隐私泄露风险的情况下做到最大化数据开放共享，成为一个紧迫的命题。在大数据开放的前提下保护用户隐私问题可以从以下几方面着手：从数据开放方式和管理的角度来说，需要加强对数据开放的审核工作，提供匿名化策略处理过滤掉敏感信息的数据经审核后才能发布，如检察机关法律文书网上公开，上网前要进行审核，而且要对敏感信息进行匿名化处理。从数据隐私保护的技术层面来说，采用适用于大数据开放与共享环境下的隐私保护机制，例如改进同态加密技术，以及基于关联分析的隐私安全评价体系，使一方面数据隐私能够被有效保护，另一方面多源异构数据能够在一定性能保证的前提下参与应用处理与计算。

第五章　大数据隐私保护与检察机关对策

　　随着大数据时代的到来，个人隐私保护问题又有了新特点。欧美国家既注重大数据技术及应用发展，又注意加强隐私保护。我国对大数据技术与应用的相关领域尚处于探索阶段，个人信息保护的法律法规尚不完善。我们应该积极地利用大数据的优势解决我国当前遇到的问题，规避其可能带来的信息安全风险。本章首先介绍了大数据隐私问题与类别，其次对常用的大数据隐私保护技术进行了分析，再次介绍欧盟和美国制定隐私保护法律法规的经验做法，复次对我国个人隐私保护的法律法规和行业规范进行了归纳，最后提出了检察机关对公民大数据隐私保护的对策建议。

第一节　大数据隐私问题与类别

　　大数据时代，个人的隐私保护问题面临极大风险。数据资源极为丰富，通过个人移动的轨迹数据，可以推断出用户的工作单位、家庭地址，掌握用户的位置信息甚至出行规律；通过社交网络数据，可以了解用户的交友和社会关系，进而根据文本信息推断其真实姓名和喜好；医疗数据的开放可能暴露用户的病患等隐私；电商平台留有用户的购物数据；此外，通过收集到的各种业务数据知道用户的手机、邮箱等敏感信息。通过关联分析将网络上的上述虚拟信息直接关联到同一用户，得到用户的住址、工作地址、收入水平、健康状况、社交关系等敏感信息的完整链条，进一步准确地刻画用户的身份、性格、偏好，这些隐私信息如果泄露，对用户安全的威胁不言而喻，显然，这将给用户的隐私保护带来极大的挑战。

　　2013～2017 年，中国计算机学会大数据专家委员会做的每次数据发展趋势预测，均把大数据安全与隐私列入十大趋势。这表明了人们对于大数据所带来的安全与隐私问题的深刻忧虑。安全和隐私几乎成为现在阻碍大数据发展的唯一制约因素［CCF大数据专家委员会，2017］。对于安全和隐私的担忧使数据的开放步伐放慢，使得大家认为对大数据的深度应用可能会带来意想不到的负面影响。第一，大数据的安全问题十分严峻。这里指当大数据技术、系统和应用聚集了大量有价值的信息的时候，必将成为被攻击的目标。虽然影响巨大的针对大数据的攻击还没有见诸报端，但是可以预见，这样的攻击必将出现。第二，大数据的过度滥用所带来的问题和副作用，最典型的就是个人隐私泄露。在传统采集分析模式下，很多隐私在大数据分析能力下变成了"裸奔"。类似的问题还包括，大数据分析能力带来的商业秘密泄露和国家机密泄露。第三，心理和意识上的安全问题，包括两个极端，一个是忽视安全问题的盲目乐观，另一个是过度担忧所带来的对大数据应用发展的掣肘。例如，大数据分析对隐私保护的副作用，促使我们必须对隐私保护的接受程度有一个新的认识和调整。大数据受到的威胁、大数据的过度滥用所带来的副作用、对大数据的极端心理，都会阻碍和破坏大数据的发展。

个人隐私保护是一个复杂的社会问题，不但需要先进的隐私保护技术，而且需要结合国家制定的相关政策法规以及行业间形成的行业规范来保护个人隐私，确保个人免遭人身安全的威胁以及财产损失。2013年6月发生的"棱镜门"事件提醒人们如果数据的隐私没有得到充分保护，将会带来非常严重的后果。当前，许多研究机构认识到大数据的隐私问题，并积极关注讨论大数据隐私问题。2014年3月美国白宫科学与技术政策办公室联合麻省理工学院，纽约大学与加州伯克利大学举办了大数据隐私保护研讨会，主要研讨了大数据带来的机遇和风险。2014年5月美国白宫发布了《大数据与隐私保护：一种技术视角》白皮书，主要探讨个人隐私存在的风险与保护技术。

隐私的提出要追溯到Warren等人在1890年发表的《隐私权》，

它成为美国传统法律的开创性著作。Warren 和 Brandeis 提出个人隐私权是一项独特的权利,应该受到保护,免遭他人对个人生活中想保守秘密细节的无根据发布。隐私权是自然人享有的对其个人的,与公共利益、群体利益无关的个人信息、私人活动和私有领域进行支配的人格权。

Banisar 等人把个人隐私分为信息隐私、通信隐私、空间隐私和身体隐私四类〔Banisar and Davies,1999〕,如表 5 - 1 所示。

表 5 - 1　个人隐私分类

类型	含义	示例
信息隐私	个人数据的管理和使用。	包括身份证号、银行账号、收入和财产状况、婚姻和家庭成员、医疗档案、消费和需求信息(如购物、买房、车、保险)、网络活动踪迹(如 IP 地址、浏览踪迹、活动内容)等。
通信隐私	个人使用各种通信方式和其他人的交流。	包括电话、QQ、E - mail、微信等。
空间隐私	个人出入的特定空间或区域。	包括家庭住址、工作单位以及个人出入的公共场所。
身体隐私	保护个人身体的完整性,防止侵入性操作。	如药物测试。

普遍的观点认为,隐私具有三种特征:隐私的主体是人、隐私的客体是个人事务与个人信息、隐私的内容是主体不愿意泄露的事实或者行为。

根据来源的不同,大数据的隐私类别大致分为监视带来的隐私、披露带来的隐私和歧视带来的隐私三类〔孟小峰等,2015〕,如表 5 - 2 所示。

表 5 - 2   按来源的大数据的隐私类别

隐私类别	特点	保护手段
监视带来的隐私	监视是指通过非法的手段跟踪、收集个人或者团体的敏感信息。例如，网站利用 Cookie 技术跟踪用户的搜索记录、利用视频监视系统窥视他人的行为等。	这类隐私常利用问责系统或者法律手段来保护。
披露带来的隐私	数据披露是指故意或无意中向不可信的第三方透露或遗失数据。	该类隐私通常利用匿名化、差分隐私、加密、访问控制等技术来保护。
歧视带来的隐私	这里的歧视是指由于大数据处理技术的不透明性，普通人无法感知和应用，会在有意或无意中产生歧视结果，进而泄露个人或者团体的隐私。	该类隐私通常利用法律法规手段来保护。

本章所指的个人隐私是公民个人生活中不愿为他人公开或知悉的个人信息，如用户的身份、轨迹、位置等敏感信息。隐私的范围包括私人信息、私人活动和私人空间。

第二节　大数据隐私保护技术

数据中蕴含了大量的用户隐私信息，这些敏感信息、用户行为习惯等不被非法获取和利用是信息系统建设的基本要求。人们采取了一些手段来保护隐私信息。由于大数据隐私本身的特殊意义，传统的隐私保护理论和技术已经无法涵盖其内涵。目前没有一个万能的方法能够解决所有的隐私问题，每一种方法均有自己的优缺点。文献［孟小峰等，2015］把大数据隐私保护关键技术分为匿名化技术、数据加密技术、差分隐私技术和问责系统等。下面对隐私保护技术进行分析比较，具体如表 5 - 3 所示。

表 5 - 3 常用隐私保护技术

隐私保护技术名称	具体技术、特点和问题
匿名化技术	匿名化是指隐藏或者模糊数据以及数据源。该技术一般采用抑制、泛化、剖析、切片、分离等操作匿名数据。大数据中多源数据之间的集成融合以及相关性分析使上述那些针对小数据的被动式保护方法失效。
数据加密技术	同态加密、功能加密、安全多方计算等是常用的加密方法。大数据隐私管理通常以云平台为依托，在云平台下实现隐私管理的首要问题是存储、加密数据上的计算以及通信的安全性，数据加密技术正好满足这一需求。
差分隐私技术	差分隐私的模型是一种由数学理论支撑的、新型的、强健的隐私保护技术。该方法不关心攻击者所具有的背景知识，即使攻击者已经掌握除某一条记录之外的所有记录的信息，该记录的隐私也无法被披露，这一特点使差分隐私技术具有很好的扩展性。
问责系统	问责是指当一个实体（例如项目负责人）的行为违反了某一策略和规则，则该实体应当受到惩罚。问责系统是隐私管理技术体系与法律法规体系之间的桥梁，与隐私管理技术体系是相辅相成的。问责系统在整个隐私管理框架中起到的作用犹如法律法规在社会中起到的作用一样，对违反操作策略和规定的人起到追究其责任的作用。隐私管理技术通过模糊化或加密来控制数据的访问，并且在特定的攻击模型下才能生效。当隐私管理技术不能生效时，问责系统起着问责和追究责任的作用。问责系统结合计算机技术、社会科学与法律法规对整个大数据操作起到监管作用，其功能应包含 3 点：具有标记不妥当操作的能力；利用策略语言标准检验是否违反了策略与规定的能力；给出相应惩罚的能力。实施问责系统需要数据溯源、策略违反检测、隐私审计等技术的支持。问责系统在大数据环境中管理隐私存在的缺陷包括：缺乏底层风险监测与评估的支持；缺乏可靠的法律法规制度确保问责系统的执行。

数据访问控制的个人隐私保护，现在一些运营社交网站的企业提供了一些数据访问控制机制，使个人可以控制自己的敏感信息是否对外发布或者对哪些人发布，用户可以编辑许可约束限制权或指

定条件才能访问他的数据，如表 5-4 所示。

表 5-4　常用的社交网络网站的数据访问控制

社交网络网站	数据访问控制权限
新浪微博	发布信息时，可以选择哪些用户能见到发布的信息，主要权限有"密友圈""仅自己可见""分组可见"（可以选择你的分组），如果都不选择则默认是公开发布，所有人都可见。
新浪博客	在发表时设置查看权限，有"公开""博友""私人"，根据自己发表博文的内容选择可见的用户。
QQ 通信	权限设置包括"所有人可见""仅好友可见""仅自己可见"，根据你的公布每项个人信息的意愿，选择访问权限。
Facebook	有 5 种权限设置："私人""指定人""仅朋友""朋友的朋友""每个人"，默认设置是"每个人"。

第三节　隐私保护法律法规和行业规范

　　大数据隐私保护不但是个技术问题，而且还涉及法律法规、监管模式、宗教等。因此，在大数据隐私保护方面，仅仅依靠技术是不够的，纯技术代替不了法律和社会道德对侵害隐私的制裁和约束，需要学术界、企业界、政府、立法机关和司法机关的共同努力才能实现。

　　法律法规是隐私保护技术之外的重要隐私保障手段。在保护大数据隐私方面，现有的法律法规主要面临着三个方面的挑战：（1）现有的法律以保护"个人可识别信息"为主，而在大数据环境中，个人可识别信息的界限越来越难界定；（2）以往的隐私保护制度，如"操作目的明确，征得个人事先同意、限制信息使用范围"等，越来越难控制；（3）虽然一些国家制定了隐私保护法，但是没有足够的监督和实施机制，法律并没有起到隐私保护的效力，在其他一些国家，法律的制定和实施跟不上技术的发展，在个人隐私保护上出现了严重的脱节。因此，法律和行业规范的制定与实施应该和技术保持同步，相互补充，企业对个人隐私数据的存储、使用和发布也必须严格地按照法律和行业规定执行，构建良好的大数据环境，这样才能更好地保护好个人隐私。在大数据隐私管理过程中，立法机关、政府应制定、改进和完善相应的隐私保护法律法规，行业制定行业规范，从法律法规和行业规范多角度为用户提供强大的隐私保护屏障。

一、欧盟和美国的隐私保护相关法律法规

虽然我国目前尚无针对隐私保护及网络隐私保护的专门法律，但国际上已经有一些国家和地区先行建立了较为先进的保护模式，可供我国参考借鉴。下面重点分析欧盟和美国的隐私保护相关法律法规。

对于网络隐私的立法保护，欧盟是该模式的创立者、倡导者和有力执行者。欧盟先后通过发布各种法律指令，建立了隐私数据保护的法律框架，如表 5 - 5 所示。欧盟组织内的成员国都必须在国内立法贯彻指令精神。除欧盟委员会、欧盟理事会和欧盟议会承担保护数据安全的责任外，欧盟还成立了数据保护的专门机构，如"第 29 条工作委员会"及欧盟数据保护署。各成员国也都在本国建立了全国性的隐私数据保护机构。欧盟对于数据保护的立法是世界上第一个采用综合方法给隐私和数据保护提供全面保护的法律制度，这是其最大的特色。

美国则在保护隐私问题上走了一条法律和行业自律相结合的道路。1973 年，美国卫生、教育与福利部发布了一份题为《录音、计算机与公民权利》（*Records*, *Computers*, *and Rights of Citizens*）的报告，报告分析了"自动化个人数据系统可能导致的不良后果"并建议建立信息使用的保障措施。这些措施，也就是如今广为人知的"公平信息实务法则"（FIPPs），成为当今数据保护制度的奠基石。尽管这些法则在法律与国际公约中都有不同的表现形式，但本质上，"公平信息实务法则"清楚地表达了处理个人信息时的基本保护措施。它规定个人有权知道他人收集了哪些关于他的信息，以及这些信息是如何被使用的。进一步来说，个人有权拒绝某些信息

使用并更正不准确的信息。信息收集组织有义务保证信息的可靠性并保护信息安全。这些法则成为 1974 年《联邦隐私权法》的基础，这一法案规范了联邦政府在个人信息的维护、收集、使用与传播等方面的行为；后来随着电信、网络的出现，又出台了专门的法案和行业自律规定，如表 5－5 所示。

表 5－5　欧盟和美国隐私保护的法律法规

国家/国际组织	法律法规	主要内容
欧盟	《欧盟数据保护指令》（以下简称《一般指令》）（1995 年）	目的在于允许数据在欧盟范围内自由流通，禁止组织成员国以数据保护为借口阻碍数据在欧盟内部的流通，并为全欧盟范围内实现数据保护设定了最低限度制度。
	《隐私与电子通信指令》	主要规定了无线电通信、传真、电子邮件、互联网及其他类似服务中数据保护的问题。
	《欧盟数据留存指令》	该指令协调各国关于公共电子通信服务提供商处理和留存数据的义务性规范，实现在尊重当事人隐私和数据保护权的同时，保证数据能够用于对严重刑事犯罪活动的调查、侦查或起诉。
	《Internet 上个人隐私权保护的一般原则》《信息公路上个人数据收集、处理过程中个人权利保护指南》	为网络用户和网络服务商们提供了可以遵循的隐私权保护原则。
	《通用数据保护条例》（GDPR）将在 2018 年 5 月 25 日正式生效	将废止和取代现行的《一般指令》，强化个人的权利和企业的责任。提出了"遗忘权"、隐私默认机制、明确同意、数据泄露通告、数据保护影响评估、数据保护官、数据可携带和行政处罚等规则和措施。
美国	《联邦隐私权法》（1974 年）	规范了联邦政府在个人信息的维护、收集、使用与传播等方面的行为。
	1986 年通过《电子通信隐私法》	扩展了联邦有线窃听法隐私保护的范围，将电子邮件和电子通信等新的形式纳入其中。
	《电话消费者保护法》（1991 年）	解决自动拨号和垃圾传真问题。
	1998 年出台了《儿童网上隐私保护法》	第一部关于未成年上网隐私的法律，涉及针对 13 岁以下儿童的网站的隐私政策。
	《金融服务现代化法》（1999 年）	该法限制金融机构披露"非公开的个人信息"。

二、我国个人隐私保护的法律法规

目前我国隐私保护制度尚不健全，网络用户的隐私信息被侵犯的现象时有发生，立法保护方面存在的问题有侵权行为的边界得不到确认，保护范围及目的尚不明确，事后的赔偿救济措施尚未出台等；行业自律方面存在的问题是自律规范的实施效力有限，审计监督机制匮乏，专门的网络隐私自律组织有待建立。我国必须加快完善公民信息隐私保护制度。

我国有着不同于世界其他国家的独特文化背景与历史背景。我国长期以来受传统法律文化的影响，对隐私权的保护重视不够，要实现观念上的转变，需经历一个循序渐进的过程。因此，在个人数据隐私权保护方面，应该结合我国文化基础、法律现状、具体国情，借鉴欧美成功经验和做法，平衡行业各参与方利益，在保护大数据隐私权的同时，促进信息产业的平稳发展。如果仅仅单纯依靠法律规制，以严格立法的形式对个人数据隐私权进行保护，很可能会打击相关行业发展的积极性，使其受到严格限制，失去发展良机；而过度依赖行业自律，则会造成利益团体的各自为战，对大数据行业的发展极为不利。因此我国应将立法保护与行业自律相结合，发挥二者的合力作用，倡导全社会树立保护公民信息隐私的观念，尽快建立起符合我国国情的、完善的网络隐私保护制度。

到目前为止，我国还没有专门的个人信息保护法，但是许多法律法规里面有保护个人信息的规定，比如《未成年人保护法》（如规定"不得披露未成年人的隐私"）、《刑法修正案（七）》《刑法修正案（九）》和《网络安全法》；针对互联网给个人信息保护带来的新问题，国家部委出台了一些新的规章，具体情况如表5-6所示。

为了保护网络信息安全，保障公民、法人和其他组织的合法权益，维护国家安全和社会公共利益，2012年12月全国人民代表大会常务委员会通过了《关于加强网络信息保护的决定》（以下简称《决定》），规定了"国家保护能够识别公民个人身份和涉及公民个人隐私的电子信息。任何组织和个人不得窃取或者以其他非法方式获取公民个人电子信息，不得出售或者非法向他人提供公民个人电子信息。网络服务提供者和其他企业事业单位在业务活动中收集、使用公民个人电子信息，应当遵循合法、正当、必要的原则，明示收集、使用信息的目的、方式和范围，并经被收集者同意，不得违反法律法规的规定和双方的约定收集、使用信息。网络服务提供者和其他企业事业单位收集、使用公民个人电子信息，应当公开其收集、使用规则"等。这一《决定》初步形成了我国个人信息保护的总体框架，确定了我国网络个人信息保护的原则及个人信息保护收集、使用、转移等规则。

2013 年 6 月，工信部根据《决定》发布了《电信和互联网用户个人信息保护规定》，该规定是《决定》的进一步细化落实，为互联网个人信息的收集、使用提供了部门规章保障。

2015 年 8 月 29 日，第十二届全国人民代表大会常务委员会第十六次会议通过了《刑法修正案（九）》，将《刑法》第 253 条之一修改为："违反国家有关规定，向他人出售或者提供公民个人信息，情节严重的，处三年以下有期徒刑或者拘役，并处或者单处罚金；情节特别严重的，处三年以上七年以下有期徒刑，并处罚金。违反国家有关规定，将在履行职责或者提供服务过程中获得的公民个人信息，出售或者提供给他人的，依照前款的规定从重处罚。窃取或者以其他方法非法获取公民个人信息的，依照第一款的规定处罚。单位犯前三款罪的，对单位判处罚金，并对其直接负责的主管人员和其他直接责任人员，依照各该款的规定处罚。"此外，在《刑法》第 286 条后增加 1 条，作为第 286 条之一："网络服务提供者不履行法律、行政法规规定的信息网络安全管理义务，经监管部门责令采取改正措施而拒不改正，有下列情形之一的，处三年以下有期徒刑、拘役或者管制，并处或者单处罚金：（一）致使违法信息大量传播的；（二）致使用户信息泄露，造成严重后果的；（三）致使刑事案件证据灭失，情节严重的；（四）有其他严重情节的。单位犯前款罪的，对单位判处罚金，并对其直接负责的主管人员和其他直接责任人员，依照前款的规定处罚。有前两款行为，同时构成其他犯罪的，依照处罚较重的规定定罪处罚。"

为了应对移动互联网尤其是移动应用服务迅猛发展带来的新问题，2016 年 7 月国家网信办出台了《移动互联网应用程序信息服务管理规定》，侧重维护网民的个人信息与合法权益的保护，本着为民、便民、惠民的宗旨，比如普通网民防不胜防的诱导式安装、过度收集用户信息、过度获取功能权限，甚至可能遭遇的恶意扣费和被盗等安全问题，都给出了明确规定，加强了 APP 信息服务规范管理，充分保护了消费者的知情权、选择权、自由交易权和隐私权等权利。

2016 年 3 月，全国人大审议通过了《国民经济和社会发展第十三个五年规划纲要》，国家"十三五"规划提出了"个人数据保护，严厉打击非法泄露和出卖个人数据行为"。

2016 年 7 月，《国家信息化发展战略纲要》提出了"加强网络用户权利保护，研究制定个人信息保护法、未成年人网络保护条例"。这表明了个人信息保护法的制定已经列入了国家的战略规划。

2016 年 11 月 7 日，全国人大常委会三读通过了《网络安全法》并正式发布，将于 2017 年 6 月 1 日正式生效。《网络安全法》除总则、附则外的 61 个条款中，直接涉及网络用户个人信息保护的条款共有 12 个。《网络安全法》进一步明确了各类主体收集、使用用户数据的有关规则，如针对普通网络运营者，明确其收集和使用用户个人信息的相关原则，包括事前的明示同意原则，事中的公开、必要、合法合规合约原则，事后的妥善处理保管原则；针对任何个人和组织，明确禁止非法获取、非法提供个人信息原则；针对相关监管部门及其工作人员，明确其保密原则；针对个人信息的相对方，明确其拥有要求网络运行者删除和更正的权利。《网络安全法》开创性地新设了相关制度，包括对网络产品服务提供者，新增了信息泄露、毁损、丢失时的告知和报告制度，针对关键信息基础设施运营者，明确了信息境内留存原则及安全评估原则。同时完善了对应的处罚机制，对不同主体违反相关义务，分别规定了具体的罚则。

表 5-6　国内涉及个人信息保护的法律法规

机关	时间	法律法规名称	主要内容
全国人大常委会	2009 年 2 月颁布	《刑法修正案（七）》	增设了"出售、非法提供公民个人信息罪"和"非法获取公民个人信息罪"，这是首次将公民个人信息纳入《刑法》保护范围，明确了泄密、泄露和出售、收买隐私信息的法律责任。
全国人大常委会	2012 年 12 月 28 日通过	《全国人民代表大会常务委员会关于加强网络信息保护的决定》	对网购行为中涉及个人信息的相关行为作出明确规定，出售个人信息的行为将有法可依。
全国人大常委会	2013 年 10 月 25 日通过	《消费者权益保护法》	共 12 条，国家保护能够识别公民个人身份和涉及公民个人隐私的电子信息。
全国人大常委会	2017 年 6 月 1 日正式生效	《网络安全法》	明确了各类主体收集、使用用户数据的有关规则，完善了对应的处罚机制。
工信部	2013 年 6 月	《电信和互联网用户个人信息保护规定》	进一步界定了个人信息的范围，提出了个人信息的收集和使用规则、安全保障等要求。
国家网信办	2016 年 8 月 1 日施行	《移动互联网应用程序信息服务管理规定》	建立健全用户信息安全保护机制，收集、使用用户个人信息应当遵循合法、正当、必要的原则，明示收集使用信息的目的、方式和范围，并经用户同意。依法保障用户在安装或使用过程中的知情权和选择权，未向用户明示并经用户同意，不得开启收集地理位置、读取通讯录、使用摄像头、启用录音等功能，不得开启与服务无关的功能，不得捆绑安装无关应用程序。

三、我国个人隐私保护的行业自律规范

随着信息社会的发展，隐私权客体范围在不断扩展，过于严格的立法势必影响大数据产业的发展，行业自律则能够激发相关企业的积极性。行业自律不仅是大数据时代对发展网络经济的优先考

虑，也是基于对隐私权保护的道德约束。通过行业协会来保护数据隐私权是法律法规的有益补充。大数据的行业自律应当鼓励、支持企业开展合法、公平、有序的行业竞争，反对采用不正当手段进行行业竞争；自觉维护大数据用户的合法权益，保守用户信息秘密，承诺不利用用户提供的信息从事任何与向用户做出的承诺无关的活动，不利用技术或其他优势侵犯用户的合法权益。

近几年，中国互联网协会发布了一些行业自律规范，对网络服务中的搜索引擎、终端软件等服务领域均出台了针对性的自律准则，以规范互联网行业中的各项服务行为。一些产业联盟也先后出台了大数据交易、数据中心领域的行业规范，具体情况如表 5 - 7 所示。

表 5 - 7　行业自律规范

行业协会	时间	行业规范	内容
中国互联网协会	2002 年 3 月	《中国互联网行业自律公约》	第八条规定：自觉维护消费者的合法权益，保守用户信息秘密；不利用用户提供的信息从事任何与向用户作出的承诺无关的活动，不利用技术或其他优势侵犯消费者或用户的合法权益。
中国互联网协会	2012 年 11 月	《互联网搜索引擎服务自律公约》	第十条规定：搜索引擎服务提供者有义务协助保护用户隐私和个人信息安全，收到权利人符合法律规定的通知后，应及时删除、断开侵权内容链接。
中国互联网协会	2013 年 12 月	《互联网终端安全服务自律公约》	《公约》共六章，二十七条，倡导遵纪守法、诚实守信、公平竞争、自主创新、优化服务五项原则，以保障用户的知情权、选择权、个人信息安全等为出发点开展安全服务，并明确赋予安全软件对互联网行业公认的病毒、木马、蠕虫等恶意程序的直接处置权，以切实保障互联网用户的上网安全。
中关村大数据交易产业联盟	2014 年 6 月	大数据交易行业规范	旨在推动行业自律，打造完善、健康、有序的大数据交易产业链条，从交易平台、交易主体、交易对象三个方面规范交易市场行为，对交易市场内的在线数据交易、离线数据交易、托管数据交易等三种数据交易模式进行规范。
中国数据中心产业发展联盟	2015 年 1 月	《中国数据中心行业自律公约》	规范我国数据中心行业从业者行为，促进和保障数据中心行业健康发展而制定的首部自律性公约。

以上行业自律规范虽然不具有法律效力，但从商业道德方面对行业企业进行了规范，以约束其行为自律。

第四节　检察机关对公民大数据隐私的保护对策

大数据技术为检察机关提供了有效的工具，但大数据技术的合理运用也是个难题。整合多种数据源能够让我们更全面地了解犯罪嫌疑人在作案期间的相关活动，行为模式分析可以揭示犯罪组织的组成或用以预测未来可能发生的犯罪行为，广泛收集数据能够帮助抓捕罪犯，但同时也可能会读取到非调查对象的详细个人信息。具体到法律执行过程中，检察机关必须谨慎行事，确保大数据技术在用于保护社会公共安全、公正执法的同时，防止权力的滥用，兼顾对公民合法隐私权的保护。我们可以探讨从技术和制度相结合的方法研究解决检务公开、侦查信息平台的隐私保护问题，如从信息的匿名化处理、信息的分类分级、系统中数据信息的保存与销毁、应用中的审批授权、数据审计、问责技术和问责制度的结合等方面来统筹考虑。

一是探索建立信息按隐私程度分类分级制度。将信息按其隐私程度划分为公开信息、有限公开信息和个人隐私信息。公开信息是指那些公民主动公开或者默认公开的信息，比如公民自己发布到网站、论坛、贴吧、社交网络上的信息等。有限公开信息是指为公民明确或默认了其使用范围的信息，如社交网站上"仅好友可见"的信息，公民提供给银行、税务部门、房产管理部门、公安机关等的信息。个人隐私信息是指公民明确或默认其不得公开的信息，比如个人通讯设备中的信息、个人电脑里存放的敏感信息。侦查信息平台采集各类信息资源时，需要根据信息资源的来源将信息按隐私程度进行分级。对不同隐私级别的信息在采集、使用与销毁上采用不同的管理制度，信息采集方面，对于公开信息，可以自由采集，无需任何审批手续及通知；对于有限公开信息，应当按照法定程序通知信息管理机构或者公民个人；对于隐私信息，应当经过法定程序的审批或者取得公民个人的同意。信息的应用方面，如果需要查询、分析的对象已经被立案，那么就可以全面查询与其有关的所有信息，包括公开的、有限公开的以及隐私信息，立案文书是对全面查询、分析犯罪嫌疑人的概括性授权；如果需要查询、分析的对象没有被立案，公开的信息仍然可以自由查询与分析，但有限公开的信息、隐私信息就需要经过再次独立的审批与许可。

二是检务公开过程中注意保护公民隐私。例如，法律文书在上网公布前应当进行必要的技术处理，包括对部分案件诉讼参与人的匿名化处理和对当事人个人信息的删除处理。依法应当进行技术处理的当事人和其他诉讼参与人的姓名，通过替代的方式进行匿名化处理。涉及当事人家庭住址、通讯方式、身份证号码、银行账号、健康状况等足以识别个人身份的信息、商业秘密等，应当进行删除处理。

三是职务犯罪侦查信息平台的数据保存期限与销毁问题。如果没有人工干预，各种数据资源有可能被永久保存。欧盟刚通过的《通用数据保护条例》规定了个人信息的"遗忘权"。"法律经济学"理论提到：侦查机关大规模采集储存公民个人信息的出发点是为保护公共利益与侦查效率的考虑，超过必要时间期限后的信息资源在给打击犯罪、保护公共利益所能带来的价值将大为减少，但侵犯公民隐私的风险会大大增加。因此永久保存是不必要的，应当根据实际情况，对相应信息资源设定保存期限。侦查信息平台中被明确认定为"虚假"的信息，以及保存期限届满的信息，应当依据管理权限，经过一定的审批流程销毁。

四是建立职务犯罪侦查信息平台的数据审计和问责制度。采用问责技术和制度结合的方法，能够记录用户的数据是如何管理的、哪些人访问过数据、数据什么时候被修改和误用过等，并建立策略违反检测机制，规范平台使用。用户使用日志全程留痕记录。案件办理结束或者其他定期审计节点，对相关办理过程进行审计跟踪，通过查阅查询人员的操作日志，与相关案件办理对比，确保查询数据用于办案。建立倒查功能，通过被查询数据项的日志记录，倒查信息被查询使用情况。

第六章　"互联网＋"检察工作

　　互联网尤其是移动互联网的迅猛发展普及深刻影响着经济、社会、政治、文化、司法等各个领域。中国互联网络信息中心发布的第 38 次《中国互联网络发展状况统计报告》显示，截至 2016 年 6 月，中国网民规模达 7.10 亿，互联网普及率达到 51.7%，超过全球平均水平 3.1 个百分点，半数中国人已接入互联网。同时，移动互联网塑造的社会生活形态进一步加强，"互联网＋"行动计划推动政企服务多元化、移动化发展。"互联网＋"时代具有跨界融合、创新驱动、重塑结构、尊重人性、开放生态和连接一切等特征。在移动互联网时代，检察机关顺应"互联网＋"的发展趋势，探索构建"互联网＋检察工作"模式，推动互联网与检察工作的深度融合，为人民群众提供高效、便捷、全天候的服务，实现司法为民、司法便民。

第一节　"互联网＋"概念的内涵

　　腾讯的马化腾提出"互联网＋"是以互联网平台为基础，利用信息通信技术，与各行业的跨界融合，推动产业转型升级，并不断创造出新产品、新业务与新模式，构建连接一切的新生态［马化腾等，2015］。阿里研究院认为："互联网＋"指以互联网为主的一整套信息技术（包括移动互联网、云计算、大数据技术等）在经济、社会生活等各部门的扩散应用过程中，并不断释放出数据流动性的过程［阿里研究院，2016］。国家《关于积极推进"互联网＋"行动的指导意见》给出了官方版的解释："互联网＋"是把互联网的创新成果与经济社会各领域深度融合，推动技术进步、效率提升和组织变革，提升实体经济创新力和生产力，形成更广泛的以互联网为基础设施和创新要素的经济社会发展新形态。上述三个定义表述不同，但是均强调了互联网要和行业部门融合，在经济和社会生活中发挥基础性作用。

有一种看法认为，"互联网＋"是一种工具。但实际上，它已经突破了工具的限制，不仅仅局限于产业内部、经济层面，而是通过终端互联、数据交换、产业变革等方面，潜移默化地改变了人们基本的活动模式和思维观念，从社会管理、国家治理、日常消费、生活场景等各个方面对经济、政治、社会和生活的方方面面产生了直接的、革命性的影响。"互联网＋"不仅是一种技术革命，也是一种意义深远的生产、生活方式革命和工作方式革命，更是人类思维方式的深刻变革。它代表的是一种能力和一种"信息能源"，促使互联网与各行各业不断融合，推动着社会的转型和发展，形成了一种新的生态。从这个意义上讲，"互联网＋检察工作"就是互联网和检察行业的跨界深度融合。

第二节　关于"互联网＋"的国家政策

习近平总书记在第二次世界互联网大会发表主旨演讲时指出："十三五"时期，中国将大力实施网络强国战略、国家大数据战略、"互联网＋"行动计划，发展积极向上的网络文化，拓展网络经济空间，促进互联网和经济社会融合发展。国务院李克强总理在2015年3月5日全国两会上所作的政府工作报告中提出"制定'互联网＋'行动计划，推动移动互联网、云计算、大数据、物联网等与现代制造业结合，促进电子商务、工业互联网和互联网金融健康发展，引导互联网企业拓展国际市场"，并指出要"大力推行'互联网＋政务服务'，实现部门间数据共享，让居民和企业少跑腿、好办事、不添堵。简除烦苛，禁察非法，使人民群众有更平等的机会和更大的创造空间"。

2015年7月国务院发布了《关于积极推进"互联网＋"行动

的指导意见》(以下简称《指导意见》)，"互联网＋"已经上升为国家发展战略之一。《指导意见》在"互联网＋"益民服务部分提出要创新政府服务模式，提升政府科学决策能力和管理水平，具体包括：加快互联网与政府公共服务体系的深度融合，推动公共数据资源开放，促进公共服务创新供给和服务资源整合，构建面向公众的一体化在线公共服务体系；积极探索公众参与的网络化社会管理服务新模式，充分利用互联网、移动互联网应用平台等，加快推进政务新媒体发展建设，加强政府与公众的沟通交流，提高政府公共管理、公共服务和公共政策制定的响应速度，提升政府科学决策能力和社会治理水平，促进政府职能转变和简政放权。

我国的在线政务服务也存在网上服务事项不全、信息共享程度低、可办理率不高、企业和群众办事仍然不便等问题，同时还有不少地方和部门尚未开展此项工作。为加快推进"互联网＋政务服务"工作，切实提高政务服务质量与实效，国务院在2016年9月出台了《关于加快推进"互联网＋政务服务"工作的指导意见》。2016年11月，公安部贯彻落实出台了《关于进一步推进"互联网＋公安政务服务"工作的实施意见》(以下简称《意见》)，指出：紧紧抓住直接面向社会公众提供的具体办事服务事项，充分运用"互联网＋"思维优化再造公安政务服务流程，创新丰富服务内容服务方式，着力提升公安政务服务的标准化、网络化、智慧化水平，努力为促进经济社会发展、方便群众办事创业提供更加优质高效的服务。《意见》提出要重点推进"互联网＋"治安管理服务、"互联网＋"边防出入境管理服务、"互联网＋"消防管理服务、"互联网＋"网络安全管理服务、"互联网＋"交通管理服务。

2016年12月，国务院办公厅印发了《"互联网＋政务服务"技术体系建设指南》，通过加强顶层设计，对各地区各部门网上政务服务平台建设进行规范，优化政务服务流程，推动构建统一、规范、多级联动的全国一体化"互联网＋政务服务"技术和服务体系。

2016年3月，全国人大审议通过了《国民经济和社会发展第十三个五年规划纲要》。国家"十三五"规划在"互联网＋"行动计划方面提出了"互联网＋便民司法"，检察机关作为国家的司法机关，这应该成为"互联网＋检察工作"重要的着力点。

最高人民检察院曹建明检察长指出：顺应"互联网＋"的发展趋势，探索构建"互联网＋检察工作"的模式，推动互联网与检察工作的深度融合，不仅是检察机关贯彻落实党和国家推进"互联网＋"战略的实际行动，也是在信息化条件和网络社会的不断演进中，加强和改进检察工作、推动检察事业深入健康发展的必然要求。

第三节 国内外通过移动互联网开展政务服务的情况

一、国外的移动政务战略

当前，公众通过移动通信、社交媒体等多种渠道，随时随地、更便利地获取更多公共信息和服务的愿望越来越强烈。政府部门广泛应用移动通信技术和社交媒体，创新公共服务手段和方式已经成为大势所趋，英国、美国和新加坡等国家纷纷推出移动政务战略，如下表所示。

表6－1 国外发达国家的移动政务战略

国家	时间	内容
英国	2005 年	首相办公室就提出了旨在推动无线、移动信息技术在政府部门应用，支持移动办公的英国"游牧项目"。
美国	2012 年	联邦政府将 2012 年定为"移动政务元年"，2012 年 1 月，发布了《联邦移动政务策略》，制定了 6 条发展目标用以协调、统筹和推动美国移动政务的发展和建设。2012 年 5 月，美国发布《数字政府战略：创建 21 世纪的平台更好地为美国人民服务》将面向用户的移动政务服务置于优先地位。
新加坡	2011 年	《电子政务总体规划（2011—2015）》将移动互联网技术作为电子政务的重要内容，提出"一站式"的政府移动网站建设，目前汇集了 300 多项移动服务，同时将移动媒体作为政府民意征集、新闻发布、公民参与政务的重要途径和渠道。

《联合国2014年电子政务调查报告》显示，2012～2014年，使用移动应用程序和移动门户网站的国家数量增加了一倍，移动技术已经被广泛应用于农业、应急救险、教育、社区服务、医疗卫生等领域，显著提高了政府的工作效率，方便了政府与公众的沟通以及公众参与政府决策，为公民提供了更优质、高效和便捷的服务。脸谱（Facebook）、推特（Twitter）等社交网络媒体成为新的网上政务服务方式。《联合国2014年电子政务调查报告》显示：使用社交网络媒体的国家数量从2010年到2012年增加了两倍多，2014年又增加了50%，有118个国家使用社交媒体进行在线咨询，70%的国家将其用来开展电子政务。

二、国内的"互联网+政务服务"开展情况

互联网作为政务服务的工具，服务内容向多元化发展。一方面，政府出台政策支持在线政务发展。2016年3月，李克强总理在"政府工作报告"中提出"大力推行'互联网+政务服务'，实现部门间数据共享"。另一方面，发挥互联网和信息化技术的载体作用，以及互联网的交互性和共享优势，实现跨部门、跨区域层级政务信息共享，是当前"互联网+政务服务"的工作重点。此外，政企合作进一步提升政务服务平台全国性覆盖，如政务微信公众号等，推动在线政务服务用户规模不断扩大。政府网站与微博、微信、客户端的结合，充分发挥互联网和信息化技术载体作用的结合，优化了政务服务的用户体验。截至2016年6月，我国使用在线政务服务的用户规模达到了1.76亿，占总体网民的24.8%，其中，通过政务微信公众号获得服务的使用率为14.6%，为网民使用最多的在线政务服方式，政务微博为6.7%，政务手机端应用以及微信办事的使用率均为5.8%。

移动端成为在线政务服务主要发展方向。随着我国互联网的进一步普及，以及上网设备向移动端集中。用户对政务服务的移动化、服务化和一体化要求进步加强。依托政务微博、微信公众号和政务客户端等新媒体，各地积极开展在线政务方面的探索和完善，

实现预约、预审、办理、查询等业务的一体化服务，增强移动端服务满足用户需求。

典型案例：广州微信"一站式城市服务"。广州的"城市服务"是以微信为连接器，将政府服务与老百姓连接起来。广州的城市服务平台，与广州市卫生局、公安局、民政局、交警队等政务机构系统连通，实质上链接的是上述机构的服务系统。城市管理者可通过城市服务管理端进行公众账号统一授权管理、接口权限管理、舆情监控、群发消息管理、城市人流热点以及运营数据监控。还可以推出全市统一的微信市民卡，建立用户的虚拟 ID，并集成交通卡、社保卡等多样化的城市生活服务内容，进一步提升公共服务水平。广州市是首个开通微信"城市服务"入口的城市，目前该入口包含医疗、交管、交通、公安户政、出入境、缴费、教育、公积金等 17 项业务，已经服务 91 万名广州市民。从"城市服务"办理业务的分布来看，"医院挂号"是广州市民最爱使用的功能，占比高达 19%；紧随其后的分别是"港澳再签注"（13%）、"路况实拍"（12%）和"违章办理"（11%）。

第四节 检察机关探索开展"互联网 + 检察工作"的情况

全国各级检察机关开始了"互联网 + 检察工作"探索，主要是通过互联网门户网站、官方微博、微信公众号和手机客户端，开展检察宣传、检务公开和司法便民服务等工作。

一、全国检察机关互联网站和"两微一端"建设应用情况

截至 2015 年 10 月，最高人民检察院已全面开通"两微一端"，发布信息 5 万余条，粉丝数量达 3000 多万；全国检察机关共开通微博 3960 多个、微信 2640 多个、新闻客户端 1500 多个；北京等 7 个省市实现三级院微博全覆盖，福建等 5 个省份实现三级院

微博、微信全覆盖，山东等 5 个省份实现三级院微博、微信、客户端全覆盖；全国检察新媒体总粉丝数达 8000 多万，发布信息 300 余万条。据统计，截至 2015 年 6 月，全国 2481 个检察院建有互联网站，占 69.4%，省级院 30 个（除新疆生产建设兵团检察院和西藏自治区院），地市级院 314 个，县区级院 2136 个。

二、典型应用案例

近年来，湖北检察机关积极适应互联网普及应用态势，以打造"鄂检网阵"新媒体平台体系为主要抓手，探索互联网与检察工作的结合途径，取得明显效果。全省 130 个检察院于 2014 年 6 月全部开通了官方微博、微信，于 2015 年 6 月集体入驻"今日头条"手机新闻客户端，实现了"两微一端"的全覆盖。在多平台整合方面，实现了各类检察新媒体平台融合发展、集群运行。一是推进全省检察门户网站于 2014 年 12 月全部完成升级改版，形成了一体化网站群。二是推进微博、微信"全关注"和"全推介"，要求全省检察人员全部关注检察微博、微信，向社会各界推介检察微博、微信，省院在腾讯网、新浪网建设了微博、微信发布厅，将 130 个检察院的官方微博、微信整合在一个平台上，实现了集群化运行。三是推进检察新媒体形成矩阵。将全省检察门户网站群、博客群、微博群、微信群、客户端群整合在"鄂检网阵"之下，三级院联通、一动全动、信息共享，网民可通过其中一个平台进入全省检察机关其他新媒体平台，实现了矩阵式运行。

湖北探索开展"互联网＋检察工作"的主要包括检察宣传、检务公开和便民服务三个方面：

（一）立体化传播，提升宣传效能

一方面，强化正面宣传。依托"鄂检网阵"，壮大检察主流思想舆论，策划好重大主题宣传活动，讲好检察故事，把重点工作、感人事迹及时传递到社会；坚持全媒体"发声"、多媒体发布，运用动漫视频、图解新闻、H5 网页、话题专栏等方式宣传检察职能和工作成效，使检察好声音"够量""够响"。另一方面，强化舆情应对。借助"鄂检网阵"关注社会舆论，建立起全省的网络新媒体管理员、网评员队伍，运用涉检舆情监测系统进行 24 小时全网巡查，健全了监测联网、预警联合、导控联手、处置联动的涉检舆情收集、分析和导控联动机制，对社会关注的重大敏感案事件，及时有效发声，引导网民理解支持检察工作。

（二）全方位公开，深化"阳光检务"

运用人民检察院案件信息公开网，依托"鄂检网阵"设置的权威发布、鄂检直播、公示公告等检务公开栏目，不断拓展检务公开广度和深度。一是促进从一般性事务公开向案件信息公开的转变。及时权威发布职务犯罪案件信息 400 余条，有力地宣传了检察工作，充分展示了反腐败成效。二是促进从司法依据和结果的静态公开向办案过程的动态公开转变。共发布案件程序性信息 2 万余条、法律文书 3000 余份。三是促进从单向宣告的公开向双向互动的公开转变。在公开的同时，加强与网民的互动，对网民提出的意见、建议和诉求，做到件件有回复、事事有回音。一位微博网友针对某检察院没有及时公布检察长接待日提出了质疑，省院官方微博管理员快速反应，督促该检察院将《检察长接待来访日程表》迅速上网公开。

（三）多平台沟通，强化便民服务

坚持"服务为本"理念，将新媒体建设与应用纳入检察机关群众工作体系，借鉴 O2O 运行模式，使互联网成为检察服务的渠道和平台，自主研发了网上受理中心、约见检察官等 10 多个服务平台，开发出 17 项检察业务查询与办事功能，将"鄂检网阵"打造成通达社情民意、提供便民服务的新平台。一是民意吸纳功能。在网上开辟"检察长信箱""部门直通车""征求意见"等检民互动栏目，广泛收集和听取民意。二是综合性受理功能。将检察机关综合性受理接待中心的各项窗口服务功能整合到官方网站、微信等平台中，打造出网上的"12309"平台，具有报案、举报、控告、申诉、投诉、咨询、查询等"七合一"功能，实现了接访、信函、电话、网络、视频、案件受理的"六整合"，提供网上网下"一站式"服务。三是诉讼指引功能。点击"湖北检察"微信服务号，可以进行办案期限查询、律师阅卷预约；进入"约见检察官"窗口，网民可预约与检察官会谈；点开"检察地图"窗口，可以查看全省各地检察院方位。四是答疑咨询功能。基于官方微信"湖北检察"服务号开发"微社区"，提供法律咨询，开展案件讨论，进行释法说理，截至 2015 年 6 月，登记用户 1736 人，发布互动主题 1251 个，湖北省院微博、微信管理员解答网民法律咨询、解决相关诉求 15000 余次。

第五节 检察机关开展"互联网+检察工作"的对策及展望

一、对策

"互联网+检察工作"，应该更加重视互联网应用在检察机关的不断拓展，实现互联网和检察工作的深度融合。在探索推进"互联网+检察工作"过程中，我们提出如下几点对策建议：

一是检察干警要提升互联网思维。检察干警尤其是领导干部要通过对以互联网为代表的现代信息技术的学习，逐步树立"民主、开放、参与"的互联网思维，更加注重基于互联网的特征来创新和改进工作，克服消极防范心态和本领恐慌，推动互联网技术与检察工作的深度融合。

二是"互联网+检察工作"要线上线下相融合。开展"互联网+检察工作"，要采用线上线下相融合（Online to Offline，O2O）的方式，线上系统要和检察院的检务公开大厅、控申举报接待室及其他业务职能部门相结合，实现线上线下的优势互补。网上的检务公开系统要和检察统一业务应用系统衔接，包括数据的衔接和流程的衔接，形成信息反馈的闭环。如行贿犯罪档案查询系统，查询人在互联网上申请，检察院工作人员依申请在内网的全国行贿犯罪档案库进行网络查询，查询结果加盖电子印章，结果文件可通过电子邮件、微信等形式回复查询人，也可通过物流方式快递给查询人；招标代理机构、招标办公室等具有审核义务的单位收到查询结果文件后，可依文件编号至平台辨别真伪；整个系统线上线下相结合，形成了完整的闭环，实现让数据多跑路，群众少跑腿。

三是"互联网＋检察工作"要充分利用互联网新媒体平台。互联网新媒体具有信息传播快、覆盖广、影响大、社会动员能力强等特点。根据各个新媒体平台的不同特点，采取不同的服务方式；如官方微博相当于"广场喇叭"，同时又具有即时互动的功能，主要进行检察宣传和舆情引导；官方微信具有"圈子传播"的明显特点，有利于促进点对点的精准投放，其中订阅号侧重于检察信息发布，服务号侧重于检民互动、便民服务；检察手机报则针对人大代表、政协委员、人民监督员等重点人群，实现对象化传播和服务；从而形成系统化的"检察网阵"。

四是以用户需求为中心，实现高效便捷的"一站式"服务。"互联网＋"时代以用户为中心、以人为本的用户体验理念和文化越来越得到重视。为更加方便公众办事，检察机关梳理司法为民、便民服务事项，将这些事项所涉及的业务部门及工作流程进行重点梳理和整合优化，后台各个职能部门间紧密协作，有效确保前台公众访问网站时享受"一站式"、无缝的服务，提升用户体验。

五是"互联网＋检察工作"的软件系统平台要向移动端迁移。检察机关丰富用户移动需求的场景化应用，提升用户认同感和参与感，是网上司法便民服务的发展方向。目前我国手机网民规模达6.56亿人，网民中使用手机上网的人群占比达到92.5%，网民上网设备进一步向移动端集中。随着手机终端的大屏化和手机应用体验的不断提升，手机上网主导地位强化。"互联网＋检察工作"的软件系统平台要顺应移动互联网的发展趋势，要向移动端迁移；同时要充分考虑移动环境应用和终端的特点，如考虑移动终端屏的局限，在输入方式上要简洁，可以考虑采用语音、图像（拍照）输入。目前一些检察院的移动 APP 应用由于对移动环境认知不足，以及对移动端认知缺失，按照传统的技术特点去开发移动业务应用，导致移动应用存在缺陷，体验不佳。

六是"互联网＋检察工作"系统建设运维模式要转变。检察院传统的信息化建设运维模式是自己购置服务器、存储、网络和安全等设备，搭建软硬件平台，部署应用并由自己或者外包运维，这种方式系统建设投资大、周期长、后期运维压力大。在"互联网＋"时代，要摒弃传统信息化建设包办一切、为我所有的思想，要有"不求为我所有、但求为我所用"的意识，充分利用社会资源，依托外部的政务云计算平台来建设，这样可以缩短系统建设周期、获得后期更专业的运维服务，而且这些大型的云计算平台一般都建有异地的容灾备份中心，在网络安全方面采取的技术手段和应急机制更全面有效。最高人民检察院建设的全国检察机关案件信息公开系统就采用了该模式，租用了云计算平台，效果明显。

七是"互联网＋检察工作"系统的建设模式向集约化转变。为加强信息资源整合，避免重复投资，实现规模效应，保障技术安全，需要优化系统平台的结构布局，技术平台应当向最高人民检察院和省级院集中，实现集约化建设和管理。平台建设、安全保障、运维管理等主要由最高人民检察院和省级院承担，地市级院和县区级院主要任务是使用平台，为群众办事和提供服务。

二、展望

互联网时代，尤其是迅猛发展的移动互联网已经将检察机关推到了"互联网＋"的风口。"互联网＋检察工作"的实现不是一蹴而就的，可以说是一个凤凰涅槃的过程。检察机关需要分阶段实施，首先要从观念上以开放包容的心态，与互联网主动融入、相向而行，逐步建立适应互联网尤其是移动互联网的工作机制，提高检察人员应用互联网的能力和素质，这个阶段可以说是"互联网＋检察工作"；然后以此为基础，在检察工作的痛点和关注点上寻求突破，比如网上检务公开、司法便民服务，逐步实现互联网与检察工作的深度融合，进入"互联网＋检察工作"深化应用阶段。"互联网＋检察工作"是新兴事物，尚有许多问题需要深入探讨。

第七章　电子政务视野下的云计算国内外政策和检察机关对策

云计算是推动信息技术能力实现按需供给、促进信息技术和数据资源充分利用的全新业态，是信息化发展的重大变革和必然趋势。国外发达国家纷纷推出各自的云计算发展战略，大力推进云计算在电子政务领域的应用；国内一些地方政府和行业也在云计算方面进行了大胆的探索。本章主要从电子政务的角度对国内外云计算政策进行分析，然后介绍国内地方政府在云计算发展方面的探索，最后对云计算和检察机关的电子检务结合，构建检务云平台，提出了相应的对策建议。

第一节　国外发达国家的云计算发展战略和特征

随着云计算的成功案例逐渐累积，技术应用越发成熟，从2009 年起，各国政府开始高度重视云计算技术，通过颁布相关战略计划加速部署应用，积极推动云计算产业发展和应用，以期在全球经济与竞争格局深刻变革之中占据最大优势。目前，美国、欧盟、德国、日本、韩国、澳大利亚等电子政务领先者均通过战略、政策和具体行动明确了云计算的优先应用策略，如表 7 - 1 所示。上述国家或区域均制定了战略规划，我们从电子政务的角度来分析各国的云计算战略，具有以下三点特征：

一是政府率先垂范、开展云计算应用示范项目，通过政府采购和使用云计算资源和服务，激发云计算需求，扩大云计算市场规模。近年来很多国家制定的云计算发展战略中都强调，在电子政务中率先引入公共云服务，促进社会和企业对云服务的了解和认同，进而促进云计算产业的整体发展。2011年2月，美国发布《联邦云计算战略》白皮书，规定在所有联邦政府项目中云计算优先，预计在美国联邦政府年度800亿美元的IT项目预算中有25%可以采用云计算，并规定每个联邦机构至少拿出三项应用向云计算迁移。从2013年的统计来看，美国联邦政府的IT支出较2010年减少了57亿美元，其中云计算贡献显著。英国的"政府云计算战略"（G-CLOUD）提出投资6000万英镑建立公共云服务网络；英国财务部预计英国政府每年160亿英镑的IT预算中将有32亿英镑采用云计算；提出计划到2015年中央政府新增IT支出中50%用于采购公共云服务，预计可节省开支3.4亿英镑。2013年5月，澳大利亚发布《澳大利亚云计算战略》，提出使政府成为云服务使用方面的领先者。另外，韩国的《云计算全面振兴计划》也提出政府率先引进并提供云计算服务，为云计算开创国内初期需求。

表7-1　国外主要国家/区域的云计算发展战略

国家	时间	战略名称	主要内容
美国	2011年2月	《联邦政府云计算战略》	①云优先采用；②节约政府财政预算；③借助云计算提升政府公众服务能力。
德国	2010年10月	《云计算行动计划》	①利用云计算开拓市场空间和潜力；②建立安全可靠的法律框架和标准；③为开展国际合作建立统一的云计算服务标准和框架；④借助使用指南、网络、教育等各种渠道提供指导信息，引导云计算发展方向。
欧盟	2012年10月	《云计算发展战略及三大关键行动建议》	三大关键行动为：①规范和简化的云计算标准；②云计算安全和公平的合同条款及条件；③建立欧盟云计算伙伴关系，驱动创新和增长。
日本	2009年7月	"i-Japan战略2015"计划行动项目	建设"霞关云"大规模云计算基础设施，以支持政府运作所需的所有信息系统。
	2010年8月	《云计算与日本竞争力研究》	从完善基础设施建设、改善制度、鼓励创新等三方面推进日本的云计算发展。

续表

国家	时间	战略名称	主要内容
韩国	2009 年 12 月	《云计算全面振兴计划》	政府率先引进并提供云计算服务，为云计算开创国内初期需求。
	2012 年	《泛政府云计算促进信息化战略》	提出从 2013 年开始，中央政府部门重新制作或更换信息系统时，应全面使用云计算技术，以合理分配 IT 资源，节省系统构建和运营费用。
澳大利亚	2013 年 5 月	《政府云计算政策：最大化云计算的价值》	对政府部门使用云计算服务提供相关法律、财政支持、安全规范等方面的指导，提出使政府成为云服务使用方面的领先者。

二是建立了适应云计算发展需求的管理架构。美国在不同政府级别上设立了多个云计算管理机构，共同处理联邦政府云计算事务：如联邦首席信息官（CIO）委员会下设云计算执行委员会（ESC），负责联邦云计算计划（FCCI）的制定及管理；总务管理局（GSA）设立了联邦云计算项目管理办公室（PMO），为 ESC 提供云计算技术和管理支撑，监管和支持 FCCI 的执行，并定期向联邦 CIO 汇报。

三是制定支撑政府采购云服务的制度和法律法规。各国通过建立制定标准、规范合同、采购管控、评估认证等制度环境进一步提高云计算服务的安全水平和服务质量，保障政务应用的安全性和可靠性，也为其他国家提供了有益的参考。美国、日本、欧盟等发达国家和地区在数据隐私保护法的基础上，通过政府云计算战略、信息安全管理法规等文件对政府采购云服务的相关规则做出了规定，对云计算服务提出安全规范，提高云计算服务和产品的质量，提升社会对云计算的认可度。美国根据政府采购需求，由 NIST 组织主要厂商制定一系列云计算标准，并依据联邦信息安全管理法案（FISMA）开展对服务商及其产品的认证工作，另外，针对云计算启动了联邦风险和认证管理项目（FedRAMP），利用第三方机构开展专业认证，以保证政府采购云计算服务的安全性。欧盟委员会于 2011 年 5 月开展了云计算公众咨询活动，向社会各界征求有关意见和建议，咨询重点包括数据保护及其责任、影响欧洲云计算发展的法律和技术障碍、标准化和协作方案以及促进云计算研发的方法等。德国相关的行业协会正在研究和推行云计算相关的安全和服务等认证工作。政府采购云服务的制度体系包括建立标准、规范合同、评估认证、采购管控、管理制度等多个环节，美国、英国和日本在制度建设方面已经做了大量工作，如表 7-2 所示。

表 7-2　部分发达国家政府采购云服务的制度

建立标准	美国 NIST 编制了标准《800-53 REV3，Information Security》，英国编制了标准《HMG Information Standards No. 1 & 2.》，以上标准对云服务的安全和服务质量等方面提出了具体要求。
规范合同	英国建议在与服务提供商的合同中应包括服务器地点等与云计算环境安全相关的条款；日本规定应将云服务的安全特性、服务水平等方面的要求事项等写入协议书。
评估认证	美国 FISMA 法案规定为政府提供云服务的提供商必须通过测试。
认证	美国医疗行业要求第三方机构对云服务提供商进行监督审查。
采购管控	英国建立政府云服务采购机制，所有的公共 ICT 服务的采购和续用都必须经过 G-Cloud 委员会的审查；日本规定云设备采购要通过信息安全委员会的安全审查。
管理制度	美国建立了较为完善的政府采购云管理制度，包括开展周期性评估，SLA 监控，服务质量的管理等。

第二节　国内的云计算发展政策

我国政府近年来高度重视对云计算的发展，随着云计算技术的不断成熟，政策上也呈现出不断深化的过程，如表 7-3 所示。2010 年《国务院关于加快培育和发展战略性新兴产业的决定》把云计算列为重点发展的战略性新兴产业。为配合与落实国务院的这一决定，2010 年 10 月，工信部与国家发改委联合下发《关于做好云计算服务创新发展试点示范工作的通知》，确定北京、上海、杭州、深圳和无锡五城市先行开展云计算服务创新发展试点示范工作，并于 2011 年 10 月陆续下拨 6.6 亿元的云计算专项扶植资金。2012 年 2 月，工信部《电子信息制造业"十二五"发展规划》中提出：以云计算应用需求为牵引，重点突破虚拟化、负载均衡、云存储以及绿色节能等云计算核心技术，支持适于云计算的服务器产品、网络设备、存储系统、云服务终端等关键产品的研发及产业化，建立配套完整的云计算相关产业链，为云计算规模化示范应用提供完整的设备解决方案，完善云计算公共服务体系。2012 年 5 月，《"十二五"国家政务信息化工程建设规划》提出云计算在相关领域开展政务信息化试点示范工程建设。2013 年 2 月，工信部推出了《基于云计算的电子政务公共平台顶层设计指南》，从顶层设计角度，对基于云计算深化电子政务应用，全面提升电子政务服务能力和水平提出了具体要求。2015 年 1 月，国务院颁布的《关于促进云计算创新发展　培育信息产业新业态的意见》，提出探索电子政务云计算发展新模式。2016 年 7 月，《国家信息化发展战略纲要》进一步提出电子政务建设应用中"鼓励应用云计算技术，整合改造已建应用系统"。这些政策为党政机关中推广应用云计算起到了很大的推动作用。

表 7－3　国家关于云计算方面的相关政策

时间	政策文件	电子政务相关内容
2010 年 10 月 10 日	《国务院关于加快培育和发展战略性新兴产业的决定》	提出"促进物联网、云计算的研发和示范应用"。
2010 年 10 月 18 日	《关于做好云计算服务创新发展试点示范工作的通知》	确定北京、上海、杭州、深圳和无锡五城市先行开展云计算服务创新发展试点示范工作。针对政府、大中小企业和个人等不同用户需求，研究推进 SaaS（软件即服务）、PaaS（平台即服务）和 IaaS（基础设施即服务）等服务模式创新发展。
2012 年 2 月	《电子信息制造业"十二五"发展规划》	提出：以云计算应用需求为牵引，重点突破虚拟化、负载均衡、云存储以及绿色节能等云计算核心技术，支持适于云计算的服务器产品、网络设备、存储系统、云服务终端等关键产品的研发及产业化，建立配套完整的云计算相关产业链，为云计算规模化示范应用提供完整的设备解决方案，完善云计算公共服务体系。

时间	政策文件	电子政务相关内容
2012 年 5 月	《"十二五"国家政务信息化工程建设规划》	鼓励采用物联网、云计算、下一代互联网、绿色节能、模拟仿真等新技术，以促进信息基础设施和信息资源共享，培育多元化公共服务为重点，在相关领域开展政务信息化试点示范工程建设。
2013 年 2 月	基于云计算的电子政务公共平台顶层设计指南	开展基于云计算的电子政务公共平台顶层设计，继续深化电子政务应用，全面提升电子政务服务能力和水平。
2015 年 1 月	《关于促进云计算创新发展 培育信息产业新业态的意见》	探索电子政务云计算发展新模式。鼓励应用云计算技术整合改造现有电子政务信息系统，实现各领域政务信息系统整体部署和共建共用，大幅减少政府自建数据中心的数量。新建电子政务系统须经严格论证并按程序进行审批。政府部门要加大采购云计算服务的力度，积极开展试点示范，探索基于云计算的政务信息化建设运行新机制，推动政务信息资源共享和业务协同，促进简政放权，加强事中事后监管，为云计算创造更大市场空间，带动云计算产业快速发展。
2016 年 7 月	《国家信息化发展战略纲要》	在"深化电子政务，推进国家治理现代化"部分提出"鼓励应用云计算技术，整合改造已建应用系统"。

　　但是我国具体的便于实践层面上操作的政府采购云计算服务的制度尚未建立起来，政府采购云计算服务的制度体系包括建立标准、规范合同、评估认证、采购管控、安全、管理制度等，均需要建立相应的实施细则，这都需要国家从制度层面上建立完善，出台党政机关采购使用云计算服务相关规定，明确相关管理部门和云计算服务企业的安全管理责任，规范云计算服务商与用户的责权利关系。另外，需要加快推进云计算标准体系建设，制定云计算服务质量、安全、计量、互操作、应用迁移，云计算数据中心建设与评估，以及虚拟化、数据存储和管理、弹性计算、平台接口等方面标准，研究制定基于云计算平台的业务和数据安全、涉密信息系统保密技术防护和管理、违法信息技术管控等标准。

第三节　云计算标准

云计算的应用需要标准的大力支持，在此方面，我国一方面积极参与并推动国际标准的编制，另一方面也大力开展国标的编制工作。2012 年全国信息技术标准化委员会云计算标准工作组成立了云计算标准工作组，主要负责云计算领域的标准化工作，包括云计算领域的基础、技术、产品、测评、服务、安全、系统和装备等国家标准的制定和修订工作，云计算标准工作组的组织分工如表 7 - 4 所示。

表 7 - 4　云计算标准工作组的组织分工

序号	名称	工作
1	基础专题组	主要负责对云计算领域基础共性的标准进行制定，建议包括云计算术语、云计算基本参考模型、云计算标准化指南以及云计算在应用领域中的标准制定工作等。
2	软件技术和产品专题组	主要负责云计算软件技术和产品等标准的制定。
3	设备和系统专题组	主要负责云计算相关的硬件设备、产品和系统，以及数据中心基础标准等标准的制定。
4	服务专题组	主要负责云计算服务质量、服务平台等方面的标准制定。

在云计算技术迅速发展的同时，国际上有许多标准组织涉足云计算领域标准，中国的企业和组织也在不断提高在国际标准制定领域的参与度。一方面，在研究梳理国际云计算标准的基础上，调研中国国内云计算应用及标准化的需求，基于此研究梳理我国的云计算标准体系和产业急需的产业标准，积极开展我国的云计算标准框架的研究工作；另一方面，以我们国内的标准积极参与和推动云计算国际标准的相关工作，促进国内云计算标准工作和国际标准的协调发展。

第四节 国内地方政府云计算的发展探索

按照国家云计算技术发展总体要求，我国各级政府积极抓住云计算的发展机遇，切合各自实际开展电子政务云建设和应用试点，我们撷取几个试点先行的省市政务云建设模式进行分析，如北京市的"祥云工程"、上海市的"云海计划"和广州市的"天云计划"，具体情况见表7-5。

对于云计算，公安机关非常重视：2011年时任公安部部长孟建柱同志就提出了"要积极适应互联网'云计算'技术的发展要求，加强技术装备建设和科技研发应用，加快接轨现代信息技术，进一步提高信息中心运算处理能力、存储能力和资源使用率"。部分省、市公安机关在云计算领域已经进行了实践探索，如山东省的"警务云"和湖北省的"公安云"，具体情况见表7-5。

表7-5 地方政府和行业的云计算规划和项目

地区	云计算计划名称	内容
北京市	"祥云工程"	通过建设中国云计算中心服务于电子政务，在"云计算"的三类典型服务——基础设施服务、平台服务及软件服务形成500亿元产业规模，在电子政务、重点行业应用、互联网服务、电子商务等主要应用方向上实施一批不同层次和功能的云计算重大工程。
上海市	"云海计划"	致力于打造"亚太云计算中心"，行动方案中提到五项重点发展，即突破虚拟化核心技术、研发云计算管理平台、建设云计算基础设施、鼓励云计算行业应用、构建云计算安全环境。
广州市	"天云计划"	实施"六个一"工程；一是建设一批国际先进的云计算基础设施；二是发展一批高水平的云计算服务；三是推广一批需求驱动的云计算示范试点，重点推进电子政务、安全服务、城市安防、医疗、教育等五大云计算服务试点；四是突破一批自主知识产权的云计算关键技术；五是构建一条优势突出的云计算产业链；六是布局建设一批各具特色的云计算产业基地。

续表

地区	云计算计划名称	内容
山东省公安厅	省级"警务云"	山东"警务云"遵循统一规划、统一领导、统一标准、统一管理、统一建设的原则,将全省17个地市的上千个警务应用系统统一纳入"警务云"平台。目标是大幅提升部、省、市、县(区)、派出所五级数据共享及信息联动的运转效率,公安机关在视频监控、智能交通、情报分析、警务指挥及打访管控等方面工作效能。
湖北省公安厅	"公安云"项目	利用虚拟化技术对现有的服务器、存储及网络等基础设施资源进行整合,建立了虚拟资源池,实现了"基础设施服务"(IaaS);对操作系统、数据库、中间件等基础软件进行整合,建立了相应的软件平台,实现了"平台服务"(PaaS);对全省内外部的海量数据资源进行整合,提供面向不同层次需求的"数据服务"(DaaS);通过应用整合,开发统一服务接口和公共软件应用,为公安机关内部各部门提供服务,实现了"软件服务"(SaaS)。云计算项目的建设,深化了公安信息资源整合与综合应用,为公安机关侦查办案及服务社会提供了强有力的技术支撑。

第五节　检察机关的云计算发展对策

一、检察机关采用"检务云"模式的必要性

(一)"检务云"模式是集中集约建设可持续发展的需要

首先我们分析一下"检务云"建设与传统建设模式的区别,下面以省院集中建设的,以私有云方式供全省三级院统一使用的"检务云"模式与各地各自建设的传统模式相比较,如表7-6所示。

表7-6　检务云和传统模式对比

内容	检务云模式	传统模式
服务器、网络设备、安全设备、存储等硬件资源	省院建设,形成计算、网络和存储资源池,全省共用,按需分配。	自建自用。
数据库、操作系统、中间件等系统软件	省院建设,全省共用。	自购自用。

内容	检务云模式	传统模式
软硬件的系统运维	云服务商负责。	自行负责。
业务应用系统建设	基于云平台统一技术架构，利于信息共享、业务协同。	独立建设，技术架构差别大，信息共享业务协同难。
安全和管理方面	统一建设和管理、云服务商负责、第三方监管。	自建自用自负责、分散，风险隐患增加，管理难度大。
计算、网络、存储等资源的利用率	资源利用率高。	资源利用率低。
绿色环保	总体消耗能源少，更低碳、绿色、环保。	总体消耗能源多，不环保。
投资	相比较总体投资小。	总投资大。

总之，检务云模式是集中集约建设，传统模式是分散重复建设；检务云模式是共享共用，传统模式是自建独享独用；检务云模式利于信息共享，业务协同，传统模式实现信息共享，业务协同难；检务云模式安全管理统一集中，传统模式安全管理方面，各自分散管理，风险隐患增加，管理难度大。电子检务基础设施分散建设导致重复建设严重，与中央倡导的厉行节约作风，而且消耗能源更多，与建设资源节约型、环境友好型社会和国家倡导的绿色发展理念严重相悖。目前传统的电子检务建设中采购的服务器大多采用Intel架构的服务器，大部分服务器的利用率在10%～15%，通过虚拟化技术整合架构后，服务器的平均利用率可达到60%～80%。综上所述，云计算这一新技术为解决这一难题提供了契机，是检察机关信息化集约可持续发展的必由之路。

（二）检务云是应用大数据技术的重要支撑平台

云计算平台为各级检察机关提供了统一规范的计算、存储和网络硬件资源以及操作系统、数据库、中间件等软件资源。这样我们的应用系统、数据格式和数据标准才能统一，便于实现部门间数据共享，为数据和应用的打通打下基础，进一步为大数据业务分析、领导决策分析系统提供重要的支撑平台。

二、检察机关建设"检务云"的几点考虑

一是注重"检务云"平台的统一规划和建设。云计算的底层是统一的云基础设施，在此之上，电子检务需要根据不同部门的应用需求、不同层面的业务要求，整合应用层面信息资源，建设统一的自上而下的云平台，将各个部门的各类业务系统整合建设，避免各自为政、分头建设，从顶层设计上要加强统一规划。实践中注重建设具有标杆性的典型案例，形成示范引领效应，并加以推广应用，这会成为基于云环境的电子检务实践应用探索方面的重点。

二是电子检务建设"公有云"和"私有云"的考虑。检务云平台建设可分为"公有云"和"私有云"。检察机关可以从业务特点、资源共享范围、安全性等多方面来综合考虑选择使用"公有云"和"私有云"模式。"私有云"部署检察机关内部办公、办案等应用；"公有云"部署面向社会提供公众服务的应用，如检务公开、行贿犯罪档案查询预约、律师服务等。

三是检务云部署模式的考虑。为了适应日益加速的信息系统运行发展需要，根据检察涉密网络、检察工作网、互联网不同运行需求，考虑到云计算平台的规模效应，检务云平台在最高人民检察院、省级院两级建设部署，最高人民检察院的检务云平台为全国检察机关提供服务，省级院的检务云平台为本省检察机关提供服务。根据业务需要，具备条件的市级院经过审批后可以建立检务云平台。建立基于云环境的运行支撑平台，逐步将现有应用系统向检务云迁移，为信息系统提供更加安全、高效、弹性的支撑服务。

四是检察机关互联网上的应用可以部署在"公有云"上，以购买云服务的方式来实现，转变电子检务建设和服务模式，促进电子检务建设运行维护走市场化、专业化道路，提升技术服务能力，降低检察信息化建设和运维成本。

技术理论篇

第八章　大数据处理与可视化技术

大数据时代，要占领先机、赢得优势，不仅要看获取数据多少，更要看数据处理能力强弱。大数据应用的核心，就在于通过对数据的智能化处理，实现对数据价值的挖掘，揭示以往人们难以认识到的事物内在关联性。大数据中蕴含的宝贵价值是人们存储和处理大数据的最大的驱动力。在已经到来的大数据时代，大数据处理与传统的数据处理方式在理念上有三大转变：大数据处理需要全体数据而不是抽样数据，要考虑数据处理的效率而不追求处理结果的绝对精确，要关注数据之间的相关关系而不需要知道相关关系发生的原因。大数据中海量数据的处理对于当前现有的技术来说构成了极大的挑战。大数据的大价值是通过对大数据进行内容上的挖掘、分析与计算实现的，而可视化分析技术则是数据分析以及分析结果呈现的必不可少的关键技术。

第一节　大数据处理

通过不同数据源获取的数据，由于其数据结构存在很大的差异，如结构化数据、半结构化数据和非结构化数据，因此需要用特殊方法进行数据处理和集成。而后采用合适的数据分析方法进行处理分析，并将分析的结果利用可视化等技术展现给用户。

目前，人们对大数据的处理形式主要是对静态数据的批量处理，对在线数据的实时处理，以及对图数据的综合处理；其中，在线数据的实时处理又包括对流式数据的处理和实时交互计算两种［程学旗等，2014］。下面就四种数据处理方式及其相应的典型应用和代表性系统进行阐述。

一、批量数据处理

大数据的批量处理适用于对数据进行先存储、后计算、实时性要求不高、但是对数据的准确性和综合性要求比较高的应用场景。在分析批量数据的存储方式和存储模型的基础上，选择合适的数据挖掘模式，从批量数据中得到重要的、有价值的隐含信息含义，进而制定合理的决策、采用有效的应对措施实现业务目标。

批量大数据包括三个方面的典型特征：

1. 体量大。批量数据的体量从 TB 级别跃升到 PB 级别，数据的存储方式以静态的硬盘存储为主要方式，数据更新的频度低，存储的时间相对长，数据的重复利用率高。但随之带来的问题也很明显，海量的批处理引起静态的存储方式决定了数据移动性和备份相对比较困难。

2. 精确度高。批量数据的来源往往是通过企业应用日积月累沉淀下来的数据，这些数据往往反映了企业的销售、业绩等实际的运行数据，因此数据精度相对较高。批量大数据是企业非常宝贵的无形资产。而其他类型的大数据因为其数据来源多样化、数据更新频度高和数据成分极其复杂等原因，导致数据的真实性很难辨别。

3. 价值密度低。批量大数据在连续不断的数据采集过程中，可能有用的数据仅仅是其中很小很小的一部分，都统一进行静态的存储。因此，为了从批量数据中挖掘和发现有价值的信息，需要对数据挖掘的算法进行合理的选取和甄别。而且，因为通常涉及磁盘的访问，批量数据处理通常比较耗时。另外，批量大数据处理不提供有效的用户与系统的交互手段，如果发现处理结果偏离预期，或者与以往的处理结果差异较大时无法进行有效干预，会浪费很多时间。总体来说，批量数据处理适合大型的相对比较成熟的作业处理。

批量大数据处理的适用应用场景相对较多，得益于物联网、云计算、互联网以及车联网等这些大数据的重要来源。互联网领域的批量大数据处理相对更为普遍。批量大数据的典型案例来自以人为核心的社交网络、电子商务等领域。

一些著名的社交网络，如 Facebook、新浪微博、微信等，都是以人为核心的。海量的用户在社交网络中扮演核心的作用。据资料显示，2016 年年初 Facebook 的用户量已经突破 10 亿大关，据估计到 2030 年达到 50 亿的用户量。因为海量用户的参与，社交网络产生了大量的文本、图片、音视频等不同形式的数据。通过对这些数据的批量处理和对社交网络进行分析，可以发现人与人之间隐含的关系，发现用户群体中存在的社区，给朋友推荐最相关的主题，提升用户体验等。

电子商务中也会产生大量的购买历史记录、用户针对购买商品的评价、商品页面的浏览访问次数和驻留时间等相关数据。为了提升商品销量，可以通过对这些批量数据进行分析，为每个商铺精准地推荐热卖商品。从而这些数据还能够分析出用户的消费行为，为客户推荐相关商品，以提升优质客户数量。

针对批量大数据处理的代表性的处理系统是 Hadoop。Hadoop 基于谷歌公司谷歌文件系统 GFS 和 MapReduce 编程模型，以其 Web 环境下批量处理大规模海量数据的特有魅力，成为了典型的大数据批量处理架构。Hadoop 为大规模并行数据处理算法提供运行环境，其工作原理为：采用分治的思想将作业分解成更小的任务，将数据进行分区，每一个任务实例处理一个不同的分区，任务实例并行执行［Rasooli and Down，2014］。Hadoop 把 MapReduce 作业分解成顺序执行的 Map 阶段和 Reduce 阶段，Map/Reduce 阶段包含一个 Map/Reduce 任务，Map/Reduce 任务的实例（以下简称实例）部署到 Map/Reduce 节点并行执行，当所有 Map/Reduce 实例执行结束后 Map/Reduce 阶段才结束。一个 MapReduce 程序仅包含两个函数，即 Map 函数和 Reduce 函数，它们定义了用户处理"键值对数据"的 Map 任务和 Reduce 任务。程序的输入数据集位于分布式文件系统中，采用"迁移运算而非迁移数据"的方式，Map/Reduce 任务被下载到每个数据节点并执行，输出结果仍保存在分布式文件系统中［Karun and Chitharanjan，2013］。Hadoop 所实现的两个强有力的开源产品 HDFS 和 MapReduce。前者负责静态数据的存储，后者则将计算逻辑分配到各数据节点进行数据计算和价值发现。由于 Hadoop 顺应了现代主流 IT 公司的一致需求，目前很多项目都以 HDFS 和 MapReduce 为基础建立，形成了一个规模庞大的 Hadoop 生态圈。Hadoop 采用大规模具有良好的性价比和可伸缩性的集群系统，为大规模海量数据平台的构建创造了条件。加之其使用模型简单、易于理解和使用，不仅用于处理大规模数据，还能通过自动并行化、负载均衡和灾备管理等机制将很多烦琐的细节隐藏起来，极大地简化了程序员的开发工作。更为重要的是，目前，包括机器学习和数据挖掘在内的很多数据处理算法，也可以通过使用 MapReduce 编程模型实现，能够提供很好的数据处理性能。

二、流式大数据处理

大数据的批量处理因为其性能问题不适合处理实时数据。实时大数据处理又可以分成流式大数据处理和交互式大数据处理。流式数据是一个无穷的数据序列，形成一条源源不断的数据流。数据流中包含来源各异的数据元素。数据元素本身可能包含不同的格式，也携带时间戳。因此，流式数据具有时序性。流式数据中每一个元素的特征可以用一组属性刻画，每一个具体的元素则是包含具体属性值的元组。流式数据因其不同的应用场景往往体现出不同的特征，如流速大小（单位时间内出现的流式数据元素的多少）、数据元素特征数量（刻画流式数据元素特征的属性元组的维度）、数据元素模式（数据元素之间的复杂逻辑组合关系）等。在智能电网环境下，来自电网系统实时出现的传感数据会通过传输网络源源不断地汇集到控制中心，就是典型的流数据。

通用的流式数据处理系统具有如下一些共同的特征：

1. 流式数据元素的元组通常带有表示序列的属性特征，如时间戳等。一般情况下，来自相同传输通道的流式数据往往是按序处理的。然而，实时数据传输过程中因为网络延迟等诸多原因可能会导致数据实时发生的物理顺序并不一定与其到达的逻辑顺序保持一致。

2. 流式数据的流速大小在不同的时间阶段内可能差异很大。数据源因为特定的业务模式或不可预知的环境动态变化等原因，所产生的流式数据体量往往波动很大。因此需要流式大数据处理系统具有很好的可伸缩性，能够动态适应数据流速波动很大的情形，且具有很强的流式大数据处理能力。

3. 流式数据的数据格式多样，可以是结构化、半结构化甚至无结构化的数据，因此流式大数据处理系统需要对数据进行数据清洗、格式预处理等功能。加之数据元素的属性元组值不完整性，极有可能存在错误元素以及存在相互冲突的元素信息等原因，流式大数据处理系统需要有很好的异构数据处理与分析能力以及较强的容错性。

4. 流式大数据具有很强的时效性。处理系统需要在特定时间内对数据进行处理，已经经过处理和分析的流式数据可以丢弃。这也意味着流式大数据处理系统需要能够保存在一个给定时间间隔内所接受到的局部流式数据的动态属性并进行计算和处理，以便通过流式查询接口实时地返回当前结果。

流式大数据处理最典型的应用是实时数据采集。通过动态获取海量的实时数据，及时地从中挖掘出有价值的信息。具体应用场景包括实时采集日志信息、物联网的海量传感信息以及 Web 数据，等等。企业运行平台通常会持续不断产生大量日志信息，通过流式挖掘日志信息，可以实现动态提醒与预警功能。而对物联网中采集到的传感信息器可以进行实时分析并提供动态的信息展示，已经成功应用于智能交通、灾害预警等场景中。Web 数据采集系统往往利用网络爬虫程序动态抓取万维网上的内容（结构化、半结构化、更多的是无结构化的内容），通过诸多的预处理和分类等工作后，从中分析并挖掘有价值信息。另外，在金融银行领域的日常运营过程中也会产生大量流式数据，通过对这些大数据的流式计算发现隐含的内在特征，以实现金融银行在瞬息万变的场景下的实时决策，如股票期货市场的实时决策。

针对流式大数据处理的代表性的处理系统是 Storm 和 Heron 等。Storm 是一套分布式、可靠、可容错的流式数据处理系统，其流式处理作业可以被分发至不同类型的组件，每个组件负责一项简单的、特定的处理任务。Storm 令持续不断的流计算变得容易，弥补了 Hadoop 批处理所不能满足的实时要求。Storm 主要分为两种组件 Nimbus 和 Supervisor。Zookeeper 是 Storm 重点依赖的外部资源，相关任务状态和心跳信息等保存在 Zookeeper 上，提交的代码资源在本地机器的硬盘上。Nimbus 负责在 Storm 集群里面发送代码，分配工作给机器，并且监控状态，且全局只有一个。Supervisor 会监听已分配机器上的作业，根据需要启动或关闭作业进程 Worker。Storm 提交运行的程序称为 Topology，由 Spout 和 Bolt 构成。Topology 处理的最小的消息单位是一个 Tuple。Spout 组件负责整个流式大数据的输入流，进而将数据传递给 Bolt 组件。Bolt 组件将以指定的方式处理这些数据，另外 Bolt 也可以将处理任务转发给其他的 Bolt 组件进行处理。Storm 具有编程模型简单、容错性强、拥有良好的水平扩展能力（其流式计算过程是在多个线程、进程和服务器之间并行进行）以及快速可靠（采用 ZeroMQ 消息队列）等特点。

Heron 通过把 Storm 的基于线程的计算模型替换为基于进程的模型，以克服 Storm 在性能、可靠性和其他方面的一些缺陷。同时又保留了与 Storm 的数据模型和拓扑 API 的完全兼容。目前，Twitter 已经用 Heron 替换了 Storm。相关统计显示，替换后的吞吐量最高提升了 14 倍，单词计数拓扑时间延迟最低降至原来的 1/10，所需的硬件也相应地减少了 2/3。

三、交互式大数据处理

在大数据环境下，数据量是急剧膨胀的，因此也是交互式数据处理系统面临的首要问题。与非交互式数据处理相比，交互式大数据处理的共同特征是，交互式数据处理通过可视化、人机对话等方式可以灵活、直观地控制数据处理、输入及输出过程。

操作人员可以通过人机对话方式向交互式数据处理系统提出请求并输入数据，系统便会提供相应的数据或提示信息，而且会引导操作人员逐步完成所需的操作，直至最后以可视化方式展示处理结果。采用这种方式，存储在系统中的数据文件能够被及时处理和修改，同时处理结果可以立刻被用于下一次的交互或结果最后的输出。交互式数据处理方式可以保证输入的信息得到及时处理，使交互方式继续进行下去，同时通过可视化数据减少用户的认知负荷，从而减轻用户压力，引导用户关注他们所感兴趣的信息量相对较小的领域。

在信息处理系统领域中，通过人机间的交互，利用联机事务处理（OLTP）方式，可以处理以关系型数据库管理系统（DBMS）为主的数据处理，如来自政府、医疗等领域的海量关系型数据，或者对操作序列有严格要求的工业控制领域。除了 OLTP 之外的另一种传统的交互式数据方式，即联机分析处理（OLAP），主要基于数据仓库系统（data warehouse）技术，可以广泛用于数据分析、商业智能（BI）等领域。如数据钻取，对数据进行切片和多粒度的聚合，可以从多维分析实现数据钻取。

较传统的交互式大数据处理而言，互联网领域的数据处理更侧重体现人际间的交互。简单按需响应的人机互动实际上已不能满足用户的需求，用户之间的交互成为核心内容。用户之间的交互侧重用户之间信息的交换、存储和处理，以及基于整体用户的数据分析，因此数据处理方式更为复杂。目前互联网中诞生了很多的交互式数据处理平台，如搜索引擎、微信、微博、博客以及电子商务等，用户可以通过些平台获取和分享各种信息。另外，也出现了一些交互式问答平台，如百度的知道、新浪的爱问以及 Yahoo！的知识堂，等等。由于用户与平台之间的交互变得方便、简单、快捷、频繁，这就对数据实时处理提出了更高的要求。然而，平台中数据类型的存在多样性，比如，结构化的用户信息数据，非结构化的文本数据，用户的视频、音频和图片数据，等等。这导致传统的关系数据库根本无法满足交互式数据处理的实时性需求。因此，非关系数据库目前在交互式数据处理中扮演着很重要的作用。各大平台通常使用 NoSQL 类型的数据库进行交互式大数据处理，以增加数据操作的实时性，如 HBase、MongoDB 等。

针对交互式大数据处理的代表性的处理系统有 Spark 和 Dremel 等。通过 Dremel 可以组建成规模上千的集群，处理 PB 级别的数据。MapReduce 处理数据，通常需要分钟级的时间，而 Dremel 可以将处理时间缩短到秒级。Dremel 作为谷歌 BigQuery 的 report 引擎，获得了很大的成功。Dremel 系统有下面几个主要的特点：第一，Dremel 是一个大规模系统。在一个 PB 级别的数据集上面，将任务缩短到秒级，无疑需要大量的磁盘并发读写操作。虽然说谷歌一向以用廉价机器办大事而著称，但机器越多，出问题的概率也就越大。大的集群规模，需要有足够的容错考虑，保证整个数据处理和分析的速度不被集群中的个别慢（坏）节点影响。第二，Dremel 有力地补充了 MapReduce 交互式查询能力不足的问题。第三，考虑到互联网数据常常是非关系型的，Dremel 支持类似于 Json 一个嵌套（nested）的数据模型，避免了传统关系模型因不可避免的大量 Join 操作而导致的大规模数据处理效率低下的问题。第四，Dremel 采用列式数据存储方式，在数据分析时可以只扫描需要的那部分数据，因而减少 CPU 和磁盘的访问量。同时使用压缩可以综合 CPU 和磁盘以发挥最大的效能。第五，Dremel 结合了 Web 搜索和并行数据库管理技术，利用 Web 搜索中的"查询树"的概念，可以将相对巨大复杂的查询，分割成较小较简单的查询，以方便在大量节点上并行执行。另外，就像 Hive 和 Pig 那样，Dremel 也提供了类似 SQL 的接口。

Spark 是一个基于内存计算的可扩展的开源集群计算系统。针对 MapReduce 在大量的网络传输和磁盘 I/O 情形下效率低下的问题，Spark 使用内存进行数据计算以便快速处理查询，实时返回分析结果。Spark 提供比 Hadoop 更高层的 API，同样的算法在 Spark 中的运行速度比 Hadoop 快 10 ~ 100 倍。Spark 也同时兼容 Hadoop

存储层 API，可访问 HDFS、HBASE、SequenceFile 等。Spark – Shell 可以开启交互式命令环境，能够提供交互式查询。

四、图数据处理

图是计算机科学中最常用的一类抽象数据结构，现实世界中的许多应用场景都需要用图结构表示，与图相关的处理和应用几乎无所不在。传统应用场景如最优运输路线的确定、疾病爆发路径预测、科技文献的引用关系等。新兴的互联网 Web 图数据、社交网络图数据和基因谱系图数据等都具有规模极其庞大的数据量。图数据具有顶点数量多、顶点之间链接关系复杂等特点，涉及大量迭代式计算。MapReduce 等大数据处理方法在处理图数据节点之间复杂链接关系时比较低效，也不能适应迭代式算法求解。图中点和边的强关联性需要图数据处理系统对图数据进行一系列的操作，包括图数据的存储、图查询、最短路径查询、关键字查询、图模式挖掘以及图数据的分类、聚类等。随着图中节点和边数的增多，规模通常会达到几千万甚至上亿数量级，图数据处理的复杂性给图数据处理系统提出了严峻的挑战。

图数据处理系统具有如下一些共同的特征：

1. 节点之间的强关联性。图数据中，边的数量往往是节点数量的指数倍，节点和关系处理是同等重要的。

2. 图数据的种类繁多。在许多领域都可以产生海量的图数据，如生物、化学、计算机视觉、模式识别、信息检索、社会网络、知识发现、动态网络交通、语义网、情报分析，等等。由于每个领域对图数据的处理需求不同，因此很难形成一个通用的、满足所有领域需求的图数据处理系统。

3. 图数据中节点之间相互关联关系使图数据计算具有很强的耦合性。因此，对图数据的计算也是相互关联、相互耦合的。这种数据耦合的特性对图的规模日益增大达到上百万甚至上亿节点的大图数据计算提出了巨大的挑战。

4. 大图数据通常需要并行处理，因此涉及大图数据的分割。

然而由于大图数据中，很难将每一个顶点之间都是连通的大图分割成若干完全独立的子图进行独立的并行处理。同时，即使可以分割，则需要并行机器的协同处理以及最后处理结果的合并等并行机器的可靠性问题。这需要图数据处理系统选取合适的图分割以及图计算模型以解决问题。

图能很好地表示各实体之间的关系，因此在以 Web 2.0 技术为基础的社交网络、实时交通系统、生物基因序列等领域得到了广泛的应用。如在社交网络中基于图研究社区发现等问题。在微博中通过图研究信息传播与影响力最大化等问题。在蛋白质网络中查找化合物，在 DNA 中查找特定序列等。

目前已有的主要图数据库有 GraphLab、Giraph、Neo4j、Hyper-GraphDB、InfiniteGraph、Cassovary、Trinity、Grappa，等等。谷歌的 Pregel 系统、Neo4j 系统和微软的 Trinity 系统是 3 个典型的图数据处理系统。

Pregel 提出的基于整体同步并行（Bulk Synchronous Parallel，BSP）的分布式图计算框架，主要用于图遍历、最短路径、PageRank 计算等。BSP 模型是并行计算模型中的经典模型，采用的是"计算—通信—同步"的模式，将计算分成一系列超步（superstep）的迭代。它是纵向上的串行模式与横向上的并行模式有机的结合。每两个超步之间设置一个栅栏（整体同步点），确定所有并行的计算都完成后再启动下一轮超步。Pregel 以节点为中心计算。初始时每个节点都处于活跃状态，完成计算后每个节点主动"Vote to Halt"进入不活跃状态。如果接收到信息，则激活。没有活跃节点和消息时整个算法结束。Pregel 使用 GFS 或 BigTable 作为持久性的存储，采用主/从（Master/Slave）结构来实现整体功能。Master 节点负责对整个图结构的任务进行切分，根据节点的 ID 进行散列计算分配到 Slave 机器。而 Slave 机器进行独立的超步计算并将结果返回给 Master。Pregel 通过 Checkpoint 机制实行容错，节点间采用异步消息传输。基于 Pregel 的高可扩展的、可迭代的图处理系统 Giraph，现在已经被 Facebook 用于分析社会网络中用户间的关系。

Neo4j 是一个高性能的、鲁棒的图数据库。它基于 Java 语言开发，包括社区版和企业版，适用于社会网络和动态网络等场景，在处理复杂的网络数据时表现出了很好的性能，重点解决了拥有大量连接的查询问题，提供了非常快的图算法、推荐系统以及 OLAP 风格的分析，满足了企业应用健壮性以及性能的需求。

Trinity 是微软推出的一款建立在分布式云存储上的计算平台，可以提供高度并行查询处理、事务记录、一致性控制等功能，主要使用内存存储，磁盘仅作为备份存储。

表 8 – 1　主要的几款图数据库对比

	FlockDB	AllegroGraph	Trinity	Neo4J
查询语言	Ruby	SPARQL	TSL	Cypher
API	Thrift API	REST 协议结构	C# API	REST API, Java
许可方式	开源	商业	商业	开源

第二节　大数据可视化分析

大数据时代，人们能否及时获得决策信息取决于大数据查询和分析工具的实用性和实效性。然而，产业界在面对大数据时常常显得有些束手无策。究其原因，一方面是因为大数据的容量巨大、类型多样、价值密度低等特征，大数据分析工具的性能不是很好。另一方面，因为熟悉大数据分析工具通常需要一定的技术门槛，普通业务人员很难轻松上手实现自助自主分析。可以说，数据可视化技术正逐步成为大数据时代的显学。无论是大数据的分析过程还是大数据分析结果的呈现，都需要有效的可视化、交互式、动态化的展示技术。

民众看到的大数据更多的是以可视化的方式体现的。可视化极大地拉近了大数据和普通民众的距离，即使对 IT 技术不了解的普通民众和非专业技术的常规决策者也能够很好地理解大数据及其分析的效果和价值。可视化是通过把复杂的数据转化为可以交互的图形，帮助用户更好地理解分析数据对象，发现、洞察内在规律。好的可视化能够极大地降低认知壁垒，使复杂未知数据的交互探索变得可行。可视化技术的进步和广泛应用对于大数据走向平民化的意义是双向的。一方面，可视化作为人和数据之间的界面，结合其他数据分析处理技术，为广大使用者提供了强大的理解、分析数据的能力。可视化使大数据能够为更多人理解、使用，使大数据的使用者从少数专家扩展到更广泛的民众。另一方面，可视化也为民众提供了方便的工具，可以主动分析处理和个人工作、生活、环境有关的数据。在今天大数据迅猛发展的背景下，急需更为方便、适合民众使用需要的可视化方法，从而推动大数据平民化。

随着大数据的兴起与发展，信息可视化技术将在大数据可视化中扮演更为重要的角色。可视分析是大数据分析的重要方法。大数据可视分析旨在利用计算机自动化分析能力的同时，充分挖掘人对于可视化信息的认知能力优势，将人、机的各自强项进行有机融合，借助人机交互式分析方法和交互技术，辅助人们更为直观和高效地洞悉大数据背后的信息、知识与智慧。互联网、社交网络、地理信息系统、企业商业智能、社会公共服务等主流应用领域逐渐催生了几类特征鲜明的信息类型，主要包括文本、网络或图、时空和多维数据等。这些与大数据密切相关的信息类型将成为大数据可视化的主要研究领域。任磊等对大数据可视分析进行了综述，研究讨论了面向大数据主流应用的信息可视化技术——面向文本、网络（图）、时空、多维的可视化技术，下面逐一加以介绍［任磊等，2014］。

一、文本可视化

互联网中最主要的信息类型是文本，人们日常工作和生活中接触最多的电子文档通常是以文本形式存在的。因此，文本信息是大数据时代非结构化数据类型的典型代表。文本可视化指的是将文本中蕴含的语义特征（例如，词频与重要度、逻辑结构、主题聚类、动态演化规律等）通过可视化的方式直观地呈现出来。

　　典型的文本可视化技术是标签云，将关键词根据词频或其他规则进行排序，按照一定规律进行布局排列，用大小、颜色、字体等图形属性对关键词进行可视化。图8-1是标签云的一个例子。目前大多用字体大小代表该关键词的重要性。在互联网应用中多用于快速识别网络媒体的主题热度。当关键词数量规模不断增大时，需要设置阈值通过交互接口允许用户对关键词进行操作，以避免出现布局密集和重叠覆盖问题。文本的语义结构可视化技术可以可视化展示文本中通常蕴含的逻辑层次结构。文本的叙述结构语义以树的形式进行可视化，同时展现了相似度统计、修辞结构以及相应的文本内容，文本结构以放射状层次圆环的形式展示。可视化工具Hipp提供了一种基于层次化点排布的投影方法，可广泛用于文本聚类可视化。为了将动态变化的文本中时间相关的模式与规律进行可视化展示，工具ThemeRiver引入时间轴概念，用河流作为隐喻，河流从左至右的流淌代表时间序列，将文本中的主题按照不同的颜色的色带表示，主题的频度以色带的宽窄表示。其他类似工具还可以展示主题的合并和分支关系以及演变。一些工具则可以以气泡的形式展示新闻聚类结果，等等。

图8-1　标签云

二、网络/图可视化

　　随着互联网与社交网络的快速发展，网络关联关系已经变成大数据中最常见的关系。网络节点和节点之间的连接所组成的拓扑关系可以直观地展示网络中潜在的模式关系，如节点或边聚集性，因此也是网络可视化的主要内容之一。如何在有限的屏幕空间中进行可视化展示具有海量节点和边的大规模网络是大数据可视化面临的难点和重点问题。除了对静态的网络拓扑关系进行可视化，大数据相关的网络往往具有动态演化性，因此动态网络特征的可视化也是不可或缺的研究内容。

近年来人们提出了大量网络可视化或图可视化技术。经典的基于节点和边的可视化是图可视化的主要形式。目前，图可视化的基本方法和技术大致如图 8 - 2 所示，主要展示了具有层次特征的图可视化的典型技术。比较典型的可视化方法如 H 状树 H - Tree、圆锥树 Cone Tree、气球图 Balloon View、放射图 Radial Graph、三维放射图 3D Radial、双曲树 Hyperbolic Tree 等。

对于具有层次特征的图，空间填充法也是常采用的可视化方法，如树图技术 Treemaps 及其改进技术。图 8 - 3 显示了基于矩形填充、Voronoi 图填充、嵌套圆填充的树可视化技术。

图可视化方法技术的特点是直观表达了图节点之间的关系，但算法难以支撑大规模图的可视化。如果图的规模超过了界面像素总数规模，可视化效果不好。因此，大数据可视化需要对现有的可视化方法进行改进。如计算并行化、图聚簇简化可视化、多尺度交互等。另外，大规模网络中随着海量节点和边的数目不断增多（如节点数量规模达到百万以上），可视化界面中会出现节点和边大量聚集、重叠和覆盖问题，这使分析者难以辨识可视化效果。因此可以利用图简化（graph simplification）方法来处理大规模图可视化。具体来说，可以对边进行聚集处理，如基于边捆绑（edge bundling）的方法以达到复杂网络下更为清晰的可视化效果。图 8 - 4 展示了 3 种基于边捆绑的大规模密集图可视化技术。也有研究者基于骨架的图可视化技术，根据边的分布规律计算出骨架，然后再基于骨架对边进行捆绑。

还有一类简化是通过层次聚类与多尺度交互，将大规模图转化为层次化树结构，并通过多尺度交互来对不同层次的图进行可视

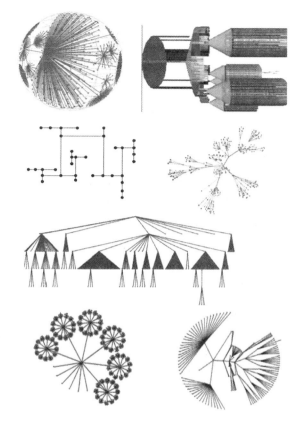

图 8 - 2　图/树的可视化方法

化。ASK – Graphview 可视化工具能够对具有 1600 万条边的图进行分层可视化。大数据时代大规模图可视化需要这些相关技术的有力支持。

三、时空数据可视化

时空数据是指带有地理位置与时间标签的数据，同时具有时间和空间维度的数据。时空大数据包括时间、空间、专题属性三维信

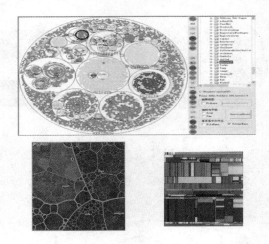

图 8－3　基于空间填充的树可视化方法

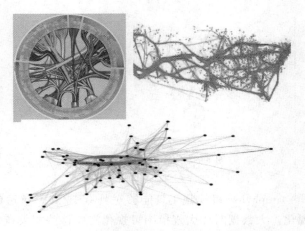

图 8－4　基于边捆绑的大规模密集图可视化

息，具有多源、海量、更新快速的综合特点。随着物联网技术的发展以及传感器与移动终端的迅速普及，时空数据已经成为大数据时代典型的数据类型。时空数据可视化与地理制图学相结合，重点对时间与空间维度以及与之相关的信息对象属性建立可视化表征，对与时间和空间密切相关的模式及规律进行展示。时空大数据的可视化需要强调时空数据的高维性、实时性等特点。

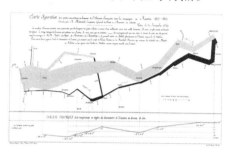

图 8 – 5　**Flow map 可视化**

时空大数据包含对象、过程、事件在空间、时间、语义等方面的关联关系，具有时变、空变、动态、多维演化特点，其变化过程可作为事件来描述。此外，时空大数据具有尺度特性，建立时空大数据时空演化关联关系的尺度选择机制，针对不同尺度的时空大数据的时空演化特点，可实现对象、过程、事件关联关系的尺度转换与重建，进而实现时空大数据的多尺度关联分析。另外，时空大数据具有时间和空间维度上的特点，实时地抽取阶段行为特征，以及参考时空关联约束建立态势模型，实时地觉察、理解和预测导致某特定阶段行为发生的态势。

为了反映信息对象随时间进展与空间位置所发生的行为变化，

通常通过信息对象的属性可视化来展现，典型的方法如流式地图 Flow map，将时间事件流与地图进行融合。图 8 – 5 利用 Flow map 分别对 1864 年法国红酒的出口情况以及拿破仑进攻俄罗斯的情况可视化的例子。

类似于网络可视化方法，当数据规模不断增大时，传统 Flow map 可视化方法面临大量的图元交叉、覆盖等问题。可借鉴并融合大规模图可视化中的边捆绑方法、基于密度计算对时间事件流进行融合处理能有效解决此问题。

为了突破二维平面的局限性，时空立方体（space – time cube）可视化方法以三维方式对时间、空间及事件直观展现出来。采用时空立方体对拿破仑进攻俄罗斯情况进行可视化，能够直观地对该过程中地理位置变化、时间变化、部队人员变化以及特殊事件进行立体展现。时空立方体同样面临着大规模数据造成的密集杂乱问题。可以通过结合散点图和密度图对时空立方体进行优化，或者对二维和三维进行融合再在时空立方体中拓展了多维属性显示空间，如堆积图（stack graph）。上述各类时空立方体适合对城市交通 GPS 数据、飓风数据等大规模时空数据进行展现。当时空信息对象属性的维度较多时，三维也面临着展现能力的局限性，因此多维数据可视化方法常与时空数据可视化进行融合。

四、多维数据可视化

多维数据指的是具有多个维度属性的数据变量。多维数据广泛存在于基于传统关系数据库以及数据仓库的应用中，如企业信息系统、商业智能系统，等等。多维数据分析的目标是探索多维数据项的分布规律和模式，并揭示不同维度属性之间的隐含关系。

多维可视化包括基于几何图形、基于图标、基于像素、基于层次结构、基于图结构以及混合方法等多种方法。基于几何图形的多维可视化方法近年来得到了广泛关注。多维大数据可视化除了需要面对数据项规模扩张带来的挑战以外，还需要关注数据的高维度所引起的问题。

多维数据可视化方法最常用的是散点图（scatter plot），包括二维散点图、三维散点图甚至多维散点图。二维散点图将多个维度中的两个维度属性值集合映射至两条轴，在二维轴确定的平面内通过图形标记的不同视觉元素来反映其他维度属性值。比如，可通过不同形状、颜色、尺寸等来代表连续或离散的属性值。图8－6是一个二维散点图的例子。

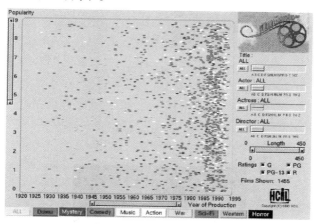

图8－6 二维散点

由于二维散点图能够展示的维度十分有限，三维空间则通过可旋转的散点方块（dice）扩展了可映射维度的数目。图8－7是一个三维散点图的例子。散点图适合对有限数目的较为重要的维度进行可视化，但往往不适于需要对所有维度同时进行展示的情况。

多维数据可视化的其他比较重要的方法还有投影（projection）方法，可以同时展示数据的多个维度。投影可视化工具VaR能够将各维度属性列集合通过投影函数映射到一个方块形图形标记中，并根据维度之间的关联度对各个小方块进行布局。基于投影的多维可视化方法可以反映维度属性值的分布规律，也直观展示了多维度之间的语义关系。图8－8是一个基于投影的可视化方法的例子。

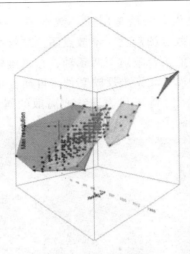

图 8 - 7   三维散点

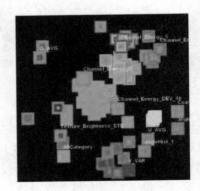

图 8 - 8   基于投影的可视化

第九章　人工智能

　　近年来，人工智能技术实现了在声音识别、图像识别、无人驾驶、医学诊断、自然语言翻译等领域的突破，尤其是阿尔法围棋（AlphaGo）战胜围棋九段高手李世石，更是引发社会轰动。深度学习方法成为学术界和工业界关注的热点。2014年4月《麻省理工学院技术评论》把深度学习列为2013年十大突破性技术之首。人工智能的快速提升吸引了全球目光，世界各国纷纷推出政策或计划推进相关研究，工业界也纷纷加大投入。然而人工智能带来的伦理法律问题也成为媒体热议话题。人工智能技术对加快推进我国检察机关智慧检务体系建设具有重要作用，本章进行重点介绍。

第一节　人工智能和人工神经网络

一、人工智能

　　长期以来，制造智能机器一直是人类的重大梦想。1956年夏，达特茅斯学院的约翰·麦卡锡、哈佛大学的马文·明斯基、IBM 的纳撒尼尔·罗彻斯特、贝尔实验室的克劳德·艾尔伍德·香农4人发起在达特茅斯举行"用机器模拟人类智能"研讨会，为期两个月，会议认为"学习或者智能的任何其他特性的每一个方面都应能精确地加以描述，使得机器可以对其进行模拟"，并首次提出了"人工智能"这一术语，标志着人工智能学科诞生了。

　　60年来，人工智能基本思想可大致划分为5个流派：符号主义、连接主义、行为主义、统计主义和仿真主义，如表9-1所示。这5个流派从不同侧面抓住了智能的部分特征，在"制造"人工智能方面都分别取得了里程碑式的成就。21 世纪以来，5 大流派呈现交叉融合的新趋势。

表 9 – 1　人工智能的 5 大流派

思想流派	主要主张
符号主义 （逻辑主义）	主张实现人工智能应从功能模拟入手，用逻辑来建立人工智能的统一理论体系，通过分析人类认知系统所具备的功能和机能，用计算机模拟这些功能。这一流派将智能视为符号处理过程，采用形式逻辑实现智能。符号主义对能够形式化表达的问题是有效的，但很多事物（包括大多数常识）并不能显示表示。视觉、听觉等智能的基本特征，想象、情感、直觉和创造等人脑特有的认知能力，符号主义难以应对。
连接主义 （人工神经网络）	以人脑智能是由神经网络产生的为根据，主张通过人工方式构造神经网络，进而产生智能，强调智能活动是由大量简单的单元通过复杂的相互连接并行运行的结果。
行为主义 （进化主义）	思想源头是控制论，认为智能不仅来自计算引擎，而且来自环境世界的情景、感应器内的信号转换以及机器人和环境的相互作用。
统计主义 （贝叶斯派）	统计学习基于数据构建概率统计模型并运用模型对数据进行预测和分析。
仿真主义	通过先进的大脑探测工具从结构上解析大脑，再利用工程技术手段"照葫芦画瓢"式地构造出仿脑装置，最后通过环境刺激和交互训练仿真大脑，实现类人智能。需要设计"类脑计算机"。

二、人工神经网络

人工神经网络是一种模仿动物神经系统行为特征进行分布式并行信息处理的数学模型，具有高度的非线性映射能力、良好的容错性、自适应能力以及分布存储等优良特性，是一类重要的计算智能方法。神经网络不需要具备数据集概率分布的任何经验知识，与统计学方法相比，其限制条件更少。人工神经网络的研究发展过程中先后出现三次热潮，如表 9 – 2 所示。

表 9 - 2　人工神经网络的三次研究热潮

研究热潮	起始年	标志性事件
第一次	1958 年	Rosenblatt 提出了感知机（Perceptron），开启了人工神经网络研究的第一次热潮。
第二次	1986 年	Rumelhart、Hinton 和 Williams 在《Nature》上发表了著名的反向传播算法用于训练神经网络，从而可以求解具有非线性学习能力的多层感知机并解决了 XOR 问题［Rumelhar et al. 1986］，带动了人工神经网络的第二次研究热潮。
第三次	2006 年	加拿大多伦多大学的 Hinton 教授等人在《Science》上面发表的论文中指出多隐层的深度神经网络相比浅层网络具有更优异的特征学习能力，并通过逐层的初始化（Pre - Train）有效解决了深度神经网络训练困难的问题［Hinton and Salakhutdinov, 2006］，开启了人工神经网络的第三次研究热潮。

第二节　国内外人工智能国家政策

一、发达国家的人工智能政策

随着人工智能发展热潮的到来，发达国家纷纷出台人工智能的推进政策。人类大脑是一个功能结构极其复杂的庞大系统，对大脑的探索可以说是 21 世纪最重要也是最具挑战的课题，为此多个国家相继提出了"脑计划"，如美国和欧盟。目前国际社会普遍推进机器人产业的发展，美国政府、欧盟和日本均纷纷出台机器人的研发计划。如表 9 - 3 所示。

人工智能以及机器人技术的发展带来的不仅是生产力水平的提高，随之而来的还有新的伦理、法律与社会问题，需要公众与政府共同应对。2016 年 10 月，英国发布了《机器人技术和人工智能》报告，报告认为英国视自己为机器人技术和人工智能系统的道德标准研究领域的全球领导者，并且认为英国应该扩展至人工智能监管领域。该报告探讨了拥有先进学习能力的自动化系统的发展与应用，及其所带来的一系列特殊的道德上、实践上以及监管上的挑战。报告呼吁政府监管的介入和领导体制的建立，保证这些先进科技能够融入社会并且有益于经济。

表 9-3 发达国家的人工智能政策

国家/地区	提出时间	人工智能计划	内容
美国	2011 年	正式启动"先进制造业伙伴计划1.0"	重点发展工业、医疗、宇航机器人等。
美国	2013 年 4 月	启动"脑计划"	通过创新的神经技术加强对人脑的认识能够使研究人员绘制显示脑细胞和复杂神经回路如何快速相互作用的脑部动态图像,有助于研究大脑对大量消息的记录、处理、应用、存储和检索,了解大脑功能和行为的复杂联系。
美国	2016 年 10 月	《2016 美国机器人发展路线图——从互联网到机器人》	将继续支持创新研究,并在法律框架下规范最新技术,以确保这些技术被合理的应用,其中的重要发现与建议主要包括:无人驾驶汽车及其政策、医疗保健和家庭陪伴机器人、制造业、工业互联网和物联网、教育、共享机器人基础设施、法律、伦理和经济问题。
美国	2016 年 10 月	《国家人工智能研发战略计划》和《为人工智能的未来做好准备》	
美国	2016 年 12 月 20 日	白宫发布了《人工智能、自动化与经济报告》	报告深入考察了人工智能驱动的自动化将会给经济带来的影响并提出了国家的三大应对策略。
欧盟	2014 年 6 月	启动了《欧盟机器人研发计划》（SPARC）	目标是在工厂、空中、陆地、水下、农业、健康、救援服务以及欧洲许多其他应用中提供机器人。欧委会是在"地平线2020计划"下资助 SPARC 计划,根据协议,欧委会出资 7 亿欧元,欧洲机器人协会出资 21 亿欧元,使 SPARC 成为世界上最大的民间资助机器人创新计划。
欧盟	2013 年	人脑计划（Human Brain Project，HBP）	该计划项目为期 10 年,欧盟和参与国将提供近 12 亿欧元经费,使其成为全球范围内最重要的人类大脑研究项目。该计划旨在通过计算机技术模拟大脑,建立一套全新的、革命性的生成、分析、整合、模拟数据的信息通信技术平台,以促进相应研究成果的应用性转化

续表

国家/地区	提出时间	人工智能计划	内容
日本	2015 年 1 月	《日本机器人战略：愿景、战略、行动计划》	为日本机器人发展的"五年规划"，包括建立"机器人革命激励机制"、技术发展、机器人国际标准、机器人实地检测等，具体领域的机器人发展方面包括制造业、服务业、医疗与护理业等。
英国	2016 年 10 月	《机器人技术和人工智能报告》	侧重阐述了英国将会如何规范机器人技术与人工智能系统的发展，以及如何应对其发展带来的伦理道德、法律及社会问题。

二、我国的人工智能政策

2015 年 7 月国务院发布了《关于积极推进"互联网＋"行动的指导意见》，其中一项重点行动就是"互联网＋"人工智能，提出"依托互联网平台提供人工智能公共创新服务，加快人工智能核心技术突破，促进人工智能在智能家居、智能终端、智能汽车、机器人等领域的推广应用，培育若干引领全球人工智能发展的骨干企业和创新团队，形成创新活跃、开放合作、协同发展的产业生态"。

2016 年 5 月，国家发改委、科技部、工信部、中央网信办联合制定印发了《"互联网＋"人工智能三年行动实施方案》，到 2018 年，我国人工智能总体技术和产业发展将与国际同步，应用及系统级技术实现局部领先，届时将形成千亿级人工智能市场应用规模。为此，将推动九大重点工程建设，如表 9 - 4 所示。

表9－4　"互联网＋"人工智能行动的重点工程

重点工程	主要建设内容
核心技术研发与产业化工程	推动基于感知数据、多媒体、自然语言等大数据的深度学习技术研发，开展类脑神经计算系统、类脑信息处理等类脑智能领域的前沿理论和技术研究。支持人工智能领域的芯片、传感器、操作系统、存储系统、高端服务器、关键网络设备、网络安全技术设备、中间件等基础软硬件技术开发，支持开源软硬件平台及生态建设。加快基于人工智能的计算机视听觉、生物特征识别、复杂环境识别、新型人机交互、自然语言理解、机器翻译、智能决策控制、网络安全等应用技术研发和产业化。
基础资源公共服务平台工程	建设面向社会开放的文献、语音、图像、视频、地图及行业应用数据等多类型人工智能海量训练资源库和标准测试数据集。建设满足深度学习等智能计算需求的新型计算集群共享平台、云端智能分析处理服务平台、算法与技术开放平台、智能系统安全公共服务平台、多种生物特征识别的基础身份认证平台等基础资源服务平台。支持建设类脑基础服务平台，模拟真实神经系统的认知信息处理过程，通过类脑智能研究推动人工智能发展。
智能家居示范工程	面向酒店、办公楼、商场、社区、家庭等，开展智能家居产品定制设计。
智能汽车研发与产业化工程	推进无人驾驶汽车的技术研发、应用与生态建设，实现无人驾驶汽车技术和产品的逐步成熟。
智能无人系统应用工程	发展无人飞行器、无人船等多种形态的无人设备。
智能安防推广工程	支持部分有条件的社区或城市开展人工智能的公共安防区域示范。
智能终端应用能力提升工程	加快满足个人消费、家庭生活、汽车驾驶、医疗健康、生产制造等需求的智能终端产品创新发展。
智能可穿戴设备发展工程	突破轻量级操作系统、低功耗高性能芯片、柔性显示、高密度储能、快速无线充电、虚拟现实和增强现实等关键技术，加快技术成果在智能可穿戴设备中的应用。
智能机器人研发与应用工程	推动医疗康复、教育娱乐、家庭服务等特定场景的智能服务机器人研发与应用。

第三节　机器学习框架和分类

从传统意义上来说，学习是系统积累经验或运用规律指导自己的行为或改进自身性能的过程，而发现是系统从接收的信息中发现规律的过程：人工智能中的机器学习（Machine Learning）主要指两个方面。一方面是指机器对自身行为的修正或性能的改善，类似于人类的技能训练和对环境的适应。另一方面指的是机器对客观规律的发现，类似于人类的科学发现，也称为知识发现（Knowledge Discovery，KD）。机器学习主要分为符号学习、连接学习以及统计学习等。一般来说，学习与经验有关，可以改善系统性能，是一个有反馈的信息处理与控制过程。因为经验是在系统与环境的交互过程中产生的，而经验中应该包含系统输入、响应和效果等信息。因此经验的积累、性能的完善正是通过重复这一过程而实现的。

机器学习框架一般由输入、特征提取、特征选择以及分类或预测等部分构成，如图 9－1 所示。传统机器学习研究重点关注分类或预测模型的设计（一些会涉及特征选择），而领域专家负责完成特征提取任务。

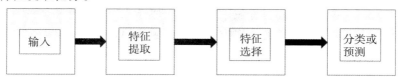

图 9－1　机器学习框架

机器学习可以从如下的不同角度进行分类：

1. 基于学习策略的分类：分为模拟人脑的机器学习和直接采用数学方法的机器学习两种。模拟人脑的机器学习的典型代表是符号学习和神经网络学习（连接学习）。符号学习以符号数据为输入，以符号运算为方法，用推理过程在图或状态空间中搜索，学习的目标为概念或规则等。符号学习的典型方法有记忆学习、示例学习、演绎学习、类比学习、解释学习等。神经网络学习模拟人脑的微观生理级学习过程，以脑和神经科学原理为基础，以人工神经网络为函数结构模型，以数值数据为输入，以数值运算为方法，用迭代过程在系数向量空间中搜索，学习的目标为函数。典型的连接学习有权值修正学习、拓扑结构学习等。直接采用数学方法的机器学习的典型代表是统计机器学习，其典型方法有贝叶斯学习、贝叶斯网络学习、几何分类学习、支持向量机（Support Vector Machine, SVM）等。

2. 基于学习方法的分类：分为归纳学习、演绎学习、类比学习、分析学习等。归纳学习是根据概念的一些实例或反例，从中通过归纳推理得出该概念的一般性描述的过程。归纳学习是最基本的、发展也较为成熟的学习方法，在人工智能领域中研究和应用相对比较广泛。归纳学习的典型代表是符号归纳学习和函数归纳学习。归纳学习典型方法有示例学习、决策树学习、神经网络学习、统计学习，等等。演绎学习刚好与归纳相反，推理从公理出发，经过逻辑变换推导出结论。这种推理实际上是一种基于"保真"变换的特化（specialization）过程。演绎学习典型方法有宏操作（macro - operation）学习、知识编辑和组块（Chunking）算法等。类比学习利用源域和目标域中的知识相似性，通过类比相似的特征和其他性质，从源域的知识推导出目标域的相应知识，从而实现学习过程。典型的类比学习方法是案例（范例）学习。

3. 基于学习方式的分类：分为有导师学习（监督学习）、无导师学习（非监督学习）和强化学习（增强学习）。在监督学习中，输入数据中有导师信号，以概率函数、代数函数或人工神经网络为基函数模型，采用迭代计算方法，学习结果为函数。非监督学习的输入数据中无导师信号，采用聚类方法，学习结果为类别。典型非监督学习方法有发现学习、聚类、竞争学习等。增强学习是一种以环境反馈（奖/惩信号）作为输入、以统计和动态规划技术为指导的学习方法。

4. 基于数据形式的分类：分为结构化学习和非结构化学习两

种。结构化学习以结构化数据为输入，以数值计算或符号推演为方法。典型的结构化学习有神经网络学习、统计学习、决策树学习、规则学习。非结构化学习以非结构化数据为输入，典型的非结构化学习方法有类比学习、案例学习、解释学习、文本挖掘、图像挖掘、Web 挖掘等。

5. 基于学习目标的分类：分为概念学习、规则学习、函数学习、类别学习和贝叶斯网络学习等。概念学习中，学习目标和结果为概念，是为了获得概念的一种学习。典型的概念学习有示例学习。规则学习的目标和结果为规则，是为了获得规则的一种学习。典型的规则学习有决策树学习。函数学习的目标和结果为函数，典型的函数学习有神经网络学习。类别学习的目标和结果为对象类，是为了获得类别的一种学习，典型的类别学习有聚类分析。贝叶斯网络学习的目标和结果是贝叶斯网络，其又可分为结构学习和参数学习。

第四节　深度学习

深度学习起源于人工神经网络的研究，是一种层级的学习框架。典型的一个深度神经网络包括一个输入层、一个输出层、一个甚至许多个隐含层。隐含层通常被设计为非线性的，多个非线性隐含层的叠加可以组合出高度非线性的学习模型，因此深度网络通常具有很强的非线性建模能力。深度网络良好的非线性建模能力与层级的结构设计使其可以从大量数据中学习高阶的语义概念表示。

一、深度学习取得突破的前提

2013 年欣顿（Hinton）在加拿大英属哥伦比亚大学的演讲中提到，深度学习以前不成功是因为缺乏三个必要前提：足够多的数据、足够强大的计算能力和设定好初始化权重。可以这么说，深度学习能够在这段时间取得突破，除了与前后两代深度学习领域专家的不懈努力密不可分外，更与近年来整个信息产业在大数据、云计算和 GPU 的巨大发展变化有密切关系。大数据的积累为深度学习算法提供了海量数据，这提供了第一个前提。云计算平台的形成为深度学习提供了强大的可扩展的计算能力，这就满足了第二个前提条件。GPU 的问世和市场成熟则为第三个前提条件的快速实现提供了硬件加速支持。GPU 在成本和价格趋势上同样遵循摩尔定律；与只拥有少量内核的 CPU 相比，GPU 拥有上百个内核，可以同时处理上千个指令相同的线程。这意味着对神经网络的权重计算这种高度一致的重复性的并行计算工作，GPU 的处理效率能达到普通 CPU 的几十倍，从而可大大提高各种识别计算的处理速度。这些因素综合到一起使深度学习算法呈现出巨大威力，在众多应用中取得突破性进展。

二、深度学习概述

深度学习是受认知神经科学中人类视觉系统分层信息处理机制的启发而提出的一类多层神经网络学习算法，深度学习旨在建立一种类似于人脑信息处理机制的多层神经网络，通过逐层组合低层特征来获得更抽象的高层特征表达，以发现复杂数据内在的分布式特征表示。与人工构造特征的方式相比，深度学习直接从大数据中学习特征，能够更深刻地刻画出海量数据中蕴藏的丰富信息。虽然深度学习的思想并非近来才出现，但是计算机计算能力的提升使训练大规模深度神经网络成为可能；同时，数据规模的增长有利于复杂的深度神经网络规避过拟合的风险，因此近几年来，深度学习以其强大的学习能力在图像识别、语音识别、自然语言理解等诸多应用领域取得了令人振奋的成果。

与传统的机器学习方法不同，深度学习充分利用大数据的特点，自动学习不同抽象层度的特征表示，进而提高分类和预测的准确性。Bengio 认为深度学习最重要的目的就是学习一个好的数据表征。深度学习利用包含多个隐层的人工神经网络来进行学习，隐含节点对应输入信号变换后的特征，并且是逐层抽象的，所学到的特征对数据有更本质的刻画。如图 9 - 2 所示，网络的输入层是图像像素，第一个隐层学到的是带有方向性的边缘，对应视觉的底层特征，后面的隐层是前一层特征的组合，对应视觉的中层特征，最高层对应语义特征。

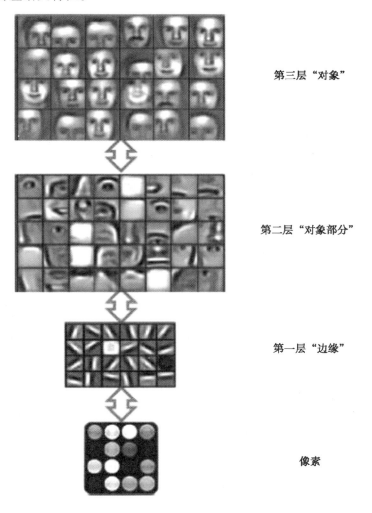

第三层"对象"

第二层"对象部分"

第一层"边缘"

像素

图 9 - 2　学习特征分层

深度学习的概念由多伦多大学的 Hinton 等人于 2006 年提出〔Hinton and Salakhutdinov, 2006〕。Hinton 等人使用无监督的逐层贪婪的预训练（greedy layer – wise pre – train）方法成功减轻了深度模型优化困难的问题，从而为深度学习研究掀开了新的篇章。Hinton 引入了深度置信网络（Deep Belief Net, DBN），结合高效的逐层贪婪的学习算法，用 DBN 初始化一个深度神经网络（Deep Neural Networks, DNN）并再对 DNN 进行精调。这样就通常能够产生更好的结果。另外，Bengio 等人基于自动编码器（auto – encoder）提出了非概率的无监督深度学习模型，也具有类似的效果。此外，Lecun 等人提出的卷积神经网络（Convolutional Neural Network, CNN）是第一个真正多层结构学习算法，它利用空间相对关系减少参数数目以提高训练性能。还有其他的类似的深度神经网络模型，如受限玻尔兹曼机（Restricted Boltzmann Machines）、深度玻尔兹曼机（Deep Boltzmann Machines）、递归自动编码器（Recursive Autoencoders）、深度表达（Deep Representation）等。深度学习的"深度"指的是图模型的层数以及每一层的节点数量，相对于之前的神经网络而言，有了很大程度的提升。

较传统方法而言，深度学习的优点体现在能够让计算机自动学习出模式特征，并将特征学习融入到了建立模型的过程中，从而减少人为设计特征造成的不完备性，并可以达到很好的识别精度。深度学习的缺点是需要使用者提供"相当大"量级的数据。因为有限数据量的应用场景下，深度学习算法不能够对数据的规律进行无偏差的估计，从而导致其识别效果可能还不如一些已有的简单算法。另外，深度学习图模型的复杂化也导致其算法时间复杂度急剧提升，因此需要并行编程以及更好更多的硬件支持以保证算法的实时性。不言而喻，大数据时代的到来将为深度学习提供更为广阔的提升和应用空间。

深度学习虽然取得了巨大的成功，但也面临着许多挑战。目前深度学习尚未形成成熟的理论体系，网络的结构设计以及特性分析缺乏理论依据。此外，大量的网络参数、容易陷入局部最优等问题都与深度网络模型的性能紧密相关。深度学习在理论分析、优化、结构设计、并行计算等方面都还存在巨大的发展空间，是目前与未来的研究重点。

三、深度学习计算平台

国外代表性的开源深度学习平台有：加州大学伯克利分校发起的深度卷积网络开源项目 Caffe、facebook 发起的深度学习项目 Torch 和 Google 开源的深度学习框架 TensorFlow 等。

国内产业界百度牵头建立了深度学习和分布式计算平台（DMLC），DMLC 包括以下组件：一小时训练 600T 数据的参数服务器 Parameter Server，深度卷积网络训练平台 CxxNet，速度快效果好的 Boosting 模型 xgboost，高效灵活的并行深度学习引擎 Minerva，灵活可靠的同步通信 Rabit。腾讯结合其巨大的应用需求建立了 Mariana 深度学习平台，该平台重点研究 GPU 卡的并行化技术，完成 DNN 的数据并行框架，以及 CNN 的模型并行和数据并行框架。

四、深度学习技术的应用

深度学习技术图像分类、物体检测、视频分析、人脸识别、行人检测等视觉任务上的成功带动了国内外工业界对深度学习技术的研究与关注。深度学习近年来在语音、图像以及自然语言理解等应用领域取得一系列重大进展，如国际上著名的 ImageNet 项目和谷歌大脑项目，如表 9-5 所示。微软研究院率先在语音处理中使用 DNN，使语音识别的错误率显著降低。语音处理因此成为应用深度学习的第一个成功案例。紧接着 Hinton 等人使用 CNN 进行图像处理，并在 ImageNet 评测中将错误率从 26% 降低到 15%。Facebook 人工智能实验室使用类似的神经网络将人脸识别的正确率提升至接近人类水平。谷歌大脑项目使用完全无标注的图像训练得到人脸特征检测器，在图像分类中取得非常好的效果。在自然语言领域，Collobert 等人训练了包含一个卷积层的深度神经网络，利用学习得到的中间表达同时解决多个自然语言处理问题。斯坦福大学研究人员使用递归神经网络（Recursive Neural Network，RNN）在情感分析等问题上将现有的准确率从 80% 提升到 85%。国内工业界在深度学习方面的探索应用主要有百度、腾讯、阿里巴巴、科大讯飞等，分别在不同领域取得了好的结果，如表 9 - 6 所示。

表 9 - 5　国际著名的深度学习典型项目

项目名称	起始年份	代表性人物	研究内容和成果
ImageNet 项目	2007 年	斯坦福大学教授李飞飞和普林斯顿大学教授李凯	该项目团队从互联网上下载了 10 亿多张图片，然后通过"亚马逊机械土耳其人"这一低成本网络众包的方式，雇用了来自 167 个国家共 5 万多人对这些图片进行了分类标注。截至 2009 年，该项目成功产生了一个包含 2.2 万个不同门类，共 1500 万张带标签的图片数据库。该数据库里的图片分类和标签质量超过以往任何数据库，其中仅猫这一门类就有 6.2 万张不同的图片，包含了所有种类的驯养的和野生的猫。基于该图片数据库，李飞飞团队利用深度学习方法使计算机通过监督学习方式识别包含各种物体的图像，而且能够用自然语言生成对每一个图像中的物体关系的简单描述。ImageNet 目前以开源形式为各种深度学习算法的测试和比赛提供数据支持。ImageNet 项目主要为监督学习方式提供了数据标签支持。
"谷歌大脑"研究计划	2011 年	谷歌高级研究员杰夫·迪恩和斯坦福大学教授吴恩达	该计划通过模拟新生婴儿的大脑发育环境来研究人脑是如何进行物体识别和语言认知等功能的。他们利用谷歌拥有的大数据和云平台优势搭建了一个配备 1.6 万个并行处理 CPU 和 10 亿个突触神经连接的谷歌大脑计算平台。为了收集有效的、能够表征我们周围生活环境的数据，他们从谷歌 YouTube 上随机选取了 1000 万个视频，从每个视频里随机获取一个 200×200 像素的截屏，相当于模拟婴儿用眼睛不断观察到的周围环境。数据收集完成后，他们用欣顿 2006 年提出的深度学习分层训练模型和自我编码解码校验方式自动对这 1000 万张图片进行特征抽取和分析。这一项目的目标之一是查看该模型的分层抽象特征提取方式是否能够最终产生一批高度异化的"祖母神经元"。最终该实验不但发现了模拟状态的祖母神经元的存在，而且发现在抽象最高层形成物体判断的神经元中居然有一张对应的是猫的面部图像。即通过深度学习，该人工大脑形成了对猫的印象。

表 9 - 6　国内工业界深度学习的研究应用情况

企业	起始年份	研究应用主要情况
百度	2012 年	2012 年年初，百度就在语音识别上开始规模应用深度学习算法。2013 年 1 月，成立深度学习研究院，下设硅谷人工智能实验室、北京深度学习实验室、北京大数据实验室三大实验室。深度学习研究院围绕深度学习、机器人、人机交互、3D 视觉、图像识别等开展了大量的研究，并将其成果应用于百度的产品。百度深度学习技术显著改善了服饰箱包等的商品检索、人脸检索、图像识别、自动驾驶、三维重建、百度眼睛（Baidu Eye）等服务的性能与体验。深度学习技术已经渗透到百度的各个产品中，如网页搜索、广告点击率预估模型、百度杀毒等。百度的语音识别，其识别准确率从当初的 80% 提高到今天的 96%。从 2014 年起，自主设计的人工智能芯片开始应用于语音识别。2015 年推出了"度秘"。[欧阳剑，2016]
腾讯	2014 年	其优图团队专注于图像处理、模式识别、深度学习，研发了多项成功的技术，尤其在人脸分析上达到了国际领先的技术水平，在 QQ 空间、天天 P 图等产品中得到了应用。采用人脸验证技术解决了微众银行实名制用户远程身份验证问题。
阿里巴巴	2014 年	凭借其丰富的电商图像数据，建立了涵盖电商图像搜索、人脸识别、掌纹识别等应用研究为主的深度学习研发团队。2014 年年底，在其淘宝手机终端上发布基于图像识别的拍照购物功能。2015 年 3 月 16 日，马云在德国 IT 和通信产业盛会 CeBIT 上演示了基于人脸识别的"刷脸支付"。
科大讯飞	2011 年	2011 年将 DNN 技术运用到语音云平台，并提供给开发者使用。在讯飞语音输入法和讯飞口讯等产品中得到应用。

第五节　典型应用案例

一、阿尔法围棋（AlphaGo）

谷歌 2014 年收购的 DeepMind 团队在深度学习基础上，开发了阿尔法围棋（AlphaGo）。2016 年 3 月，AlphaGo 以 4:1 的成绩战胜职业九段韩国围棋选手李世石，标志着电脑围棋已达到人类顶尖围棋选手的水平。2017 年 1 月，AlphaGo 的升级版 Master 在围棋网站上以采用快棋的比赛形式，连胜 60 名围棋高手，包括"棋圣"聂卫平和世界冠军柯洁。这引起了全社会轰动。围棋是已知棋类游戏中最困难的，是因为它所涉及的状态空间大致达到 10^{172} 的规模（作为参照，宇宙中原子总数大约是 10^{80}），这意味着传统搜索之类的技术已然失效，更不可能蛮力穷举。所以说，AlphaGo 战胜人类顶尖围棋手确实是重大成就。

AlphaGo 使用了很多新技术，包括蒙特卡洛树搜索、深度学习、强化学习、特征匹配和线性回归等，上述四项技术源自符号主义、连接主义、行为主义和统计主义，四者有机结合成就了 AlphaGo 的胜利，如表 9 - 7 所示。

表 9 - 7　阿尔法围棋采用的主要技术

主要技术	内容	人工智能学派
深度学习	把围棋盘面视为一个 19×19 的图像，根据围棋常识定义各像素的特征，采用卷积神经网络，从围棋对战平台 KGS 获得 16 万局 6 ~ 9 段人类选手的对弈棋谱（共计 3000 万手），训练出"有监督学习策略网络"，学到人类"棋感"。	连接主义
蒙特卡洛树搜索（MCTS）	蒙特卡洛树搜索是一种对传统树搜索的改进方法，主要解决因树的深度过大同时难以设计有效的启发式函数而导致搜索深度有限时无法评价搜索结果好坏的问题。MCTS 解决该问题的方法是：在树搜索到达预定深度的状态时，改用随机游走直到出现结局，并用结局的结果作为对状态的评价。随机游走的结果可视为对状态的真实评价的一次蒙特卡洛采样。	符号主义
强化学习	在对弈游戏中，强化学习的环境是棋盘和对手，以往研究表明对手的选择对学习的结果有很大影响，较好的选择是自身策略的副本：与自身策略的副本作为对手，学习并更新自身策略，再更新对手策略为新策略的副本，因而形成"自我对弈"的情形。人类下的每一手不一定导致最终输赢，为了找到对最终胜负起关键作用的"妙招"，AlphaGo 通过自我博弈产生了 3000 万手（为了防止过拟合，来自 3000 万局不同的自我博弈棋局），将它们作为输入数据训练出"估值网络"，AlphaGo 能够根据当前局面，判断白棋还是黑棋取胜的概率大。	行为主义
特征匹配和线性回归	采用快速策略，神经网络效果好但速度慢，为了在有限时间内增加搜索深度；同时采用了传统的局部特征匹配和线性回归方法，虽然这是统计机器学习中最基本的方法，但对 AlphaGo 整体性能贡献很大。	统计主义

另外，人工智能学界早就有这样的认识：对于规则明确的棋类游戏，机器迟早能战胜人类。围棋并非人工智能领域所面临的最困难任务。围棋的规则很明确，下围棋时每个棋子落在哪里，双方都看得非常清楚；什么是"赢"，双方也有共识；很多真正困难的任务会涉及不精确感知、不完备信息，乃至无共识目标，这样一些任务的状态空间规模甚至接近无限。另外，AlphaGo 并未提供通用人工智能的"解决之道"，它还有很大缺陷和不足［周志华，2017］。例如，在人机大战的第四局，李世石九段下出了被围棋界誉为"神之一手"的第 78 手，后来这局棋以 AlphaGo 失败告终。Deep-Mind 团队查看比赛日志，发现第 78 手后 AlphaGo 一直以为自己很好，直到第 87 手才发现前面是误判、下错了。那在这差不多 10 手棋里，从职业棋手角度看 AlphaGo 是什么状态呢？用国家围棋队刘菁八段的话来说"就跟不会下棋一样了"。也就是说，人类犯错的话，水平可能会从九段降到八段；而机器如果犯错的话，水平能从九段直降到业余！以此来看，人工智能程序离所谓的超越人类还很远，关键是缺乏足够的鲁棒性。

二、智能语音识别技术在检察机关的应用

在最高人民检察院检察技术信息研究中心和公诉厅的统筹指导下，浙江省杭州市检察机关积极开展了智能语音识别系统应用。目前，全市公诉部门已在 190 件案件中试用，远程提审案件公诉人语音识别准确率达到 88%，现场提审案件公诉人语音识别准确率达到 87.7%，现场提审案件犯罪嫌疑人语音识别率达到 75.8%。通过使用智能语音识别系统，一是公诉人员笔录制作时间有一定程度的缩减，系统自动采集语音和文字转化的功能，提高了笔录制作速度。特别是针对远程提审速裁案件，通过格式化讯问模板，有效节约了提审时间。二是有助于提高讯问质量，语音识别使公诉人从讯问记录中解放出来，从而有更多精力投入到讯问内容中去，提高了讯问的质量和效率。安徽、江苏等地检察机关也探索运用了智能语音识别系统，自动生成检委会记录、讯问（询问）笔录。

第十章　数据交换分发共享集成技术

　　检察信息化经过多年的发展，已经累积了大量的业务信息系统和数据，但是也出现了"信息孤岛"和"信息烟囱"问题，数据格式不统一，难以进行数据的挖掘和分析。在智慧检务的建设过程中，要重点解决数据资源共享、应用互联互通等问题。数据交换共享技术包括消息中间件（消息队列中间件和发布/定义系统）、ETL数据集成工具等技术。面向消息的中间件是信息共享交换的一项核心技术。消息中间件包括点对点方式和发布/订阅方式。消息中间件利用高效可靠的消息传递机制进行平台无关的数据交换，并基于数据通信进行分布式系统的集成。本章首先介绍了消息中间件和ETL技术，然后给出了一个大规模数据环境下基于发布/订阅方式的语义数据交换集成系统。

第一节　面向大规模数据交换分发的发布/订阅系统技术

一、分布式网络环境下的数据分发需要发布/订阅通信范型

　　随着 Intranet/Internet 技术的发展，出现了网络分布计算，它提供跨越网络透明访问各种异构信息资源并处理的能力，并具有互操作性、透明性、开放性和可伸缩性等基本特征，是大规模网络应用的基础［冯玉琳等，2003］。而数据分发指的是数据生产者通过各种方式将数据传送到用户的过程；通过分发，能够形成数据从采集、存储、加工、传播向使用的流动，实现数据的价值。Internet

数据分发指通过 Internet 网络方式实现数据生产者到数据消费者的传送。随着 Internet 的进一步普及，出现众多面向分发的应用 [Franklin and Zdonik，1997]，这类典型的应用涉及及时分发数据到大规模的用户，包括股票市场行情监测系统、比赛成绩发布、交通信息系统、电子新闻和娱乐信息的分发、业务流程控制、实时控制系统和网络管理系统等。随着 Web 2.0 技术的不断涌现，陆续出现了分布式系统的新型应用，如博客、维基、社会网络和 RSS 等 [周明等，2006]，使网络信息资源规模越来越大，参与者呈指数级增长，出现了可用信息的规模爆炸。这种面向分发的应用具有以下特征：用户的大规模、数据源的分布性、多样性、自治性和异构性、参与者的动态性、数据流从源到消费者非对称性、用户数据需求的高度重叠性以及关注于新数据和数据的变化 [Franklin and Zdonik，1997；Demet et al.，1998]。这些应用领域要求跟踪数据源变化，信息系统必须指明相关变化，并通知用户或客户端应用，而不需要预先知道到哪里和何时寻找数据。故及时、准确和高效地把数据分发给众多数据消费者是该类系统的先决条件。综上，大规模的数据分发成为推动大规模分布式计算环境下信息系统发展的关键问题之一。而面对如此丰富的信息资源，用户却难以准确获取确实需求的信息，存在信息规模巨大和用户难以有效获取之间的矛盾。这就迫切要求研究按需（On‐Demand）的数据分发技术，按照用户的需求集成信息资源，并分发信息到相应的用户，满足开放、动态和多变的大规模分布式网络环境下信息共享和分发的需求。

　　这就对传统的数据分发技术带来了挑战，包括请求/应答方式、组播方式和选择性信息分发方式，它们均难以满足网络分布计算环境下面向分发的应用的需求。传统的客户端/服务器数据管理，采用请求/应答的交互风格；客户端向服务器发送请求，等待服务器应答。而对信息密集的应用要及时分发内容给大量客户端，就存在严重的性能缺陷。如果使用请求/应答，对信息的时间敏感的客户端要定期查询数据，检验数据是否更新，效率比较低，而且一系列请求和应答浪费了大量带宽；在高负载情况下，会导致高延迟和服务器的崩溃。因此，请求/应答和点对点的单播方式已经不适合这类面向分发的应用 [Franklin and Zdonik, 1997]。组播能提供静态内容一对多的分发服务；数据源发布内容到预定义的组，发布者和订阅者可以加入或离开预定义的组；但是预定义组的方式使订阅模式只能采用静态方式并且受局限。选择性信息分发（SDI）在数字图书馆和信息检索领域有着较多的研究 [Oki et al., 1993; Yan and Garcia - Molina, 1994; Yan and Garcia - Molina, 1999; Chinenyanga and Kushmerick, 2001]。该领域中，用户提供查询条件，表示对信息的需求；系统从信息源收集新的信息，根据用户的查询条件过滤，把相关的信息发送给用户。它主要集中于研究过滤的有效性，目标是利用信息检索、基于规则的和人工智能技术提供内容匹配。这些研究都仅涉及相对小的用户数；被发送的数据通常是非结构化的文本，订阅条件通常为关键词的集合，集中于针对关键词查询的文档过滤。然而，这已经不能满足 Internet 环境下巨大的用户规模和更灵活的多样化的用户获取信息的需求。

发布/订阅（Pub/Sub）系统具有以下特点，包括匿名性、异步性、多点通信、松散耦合和高可伸缩性等。在发布/订阅系统中，数据源不需要知道数据消费者的地址；数据源和消费者不需要同时处在运行状态；通信采用异步和多对多的方式。这使得系统可以动态地加入、移动或移出数据源和数据消费者。在发布/订阅方式中，数据源作为发布者提供数据，数据消费者通过订阅声明对特定的数据感兴趣，反映它对数据的个性化需求，仅接收和其订阅匹配的数据，最小化接收与订阅者无关的数据的数量。发布/订阅系统负责分发数据给感兴趣的订阅者。发布/订阅系统能够反映面向分发的应用的本质特征，故发布/订阅已经成为网络环境下数据分发的流行方式。

综上所述，Internet 技术的快速发展，要求数据分发服务能够满足具有大规模、异构性、用户数据需求高度重叠性和动态性的应用需求。而发布/订阅技术与传统的通信范型相比，所具有的一系列优点，包括松散耦合、多点通信、异步性、匿名性、可伸缩性等，使得它成为一种用于大规模数据分发的理想通信方式。

发布/订阅系统是一种使分布式系统中的各参与者能以异步、多对多和松散耦合的通信方式进行交互的中间件系统。如图 10 - 1 所示，给出了面向数据分发的发布订阅系统示意图。在发布/订阅系统中，数据源（发布者）提供数据源的相关信息，并发布事件；数据消费者（订阅者）则通过提交订阅条件表示对系统中的部分事件感兴趣，若不再感兴趣，则可取消订阅；而发布/订阅中间件则保证将数据源发布的事件及时、可靠地传送给所有对之感兴趣的数据消费者。其中，数据模型（Data Model）一般由事件模型和订阅模型构成，决定了系统的表达能力；匹配算法（Matcher）负责高效地找到与给定的事件相匹配的所有订阅条件，它一般要结合相应的数据模型进行优化。为了提高系统的可伸缩性，一般采用分布式结构，多个事件代理服务器（Broker）按照一定的拓扑结构来组织；而路由算法（Router）则负责选择适当的路径，将一个事件从发布者传送到订阅者，它一般要根据相应的网络拓扑结构进行优化。

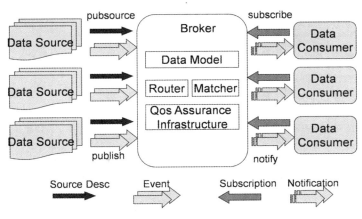

图 10 - 1　面向数据分发的发布订阅系统示意

一个典型的发布/订阅系统包括拓扑结构、数据模型、匹配算法、路由算法和提供服务质量保证的设施。发布/订阅系统的表达能力、效率、可伸缩性和服务质量是其主要目标，但是这些目标往往是相互矛盾的，需要根据具体需求权衡利弊，找到合理的均衡点。

为了说明发布/订阅通信范型的特点，我们把它与分布式计算领域曾经提出的其他通信范型作一比较。我们参考了［Eugster et al.，2003；Liu and Plale，2003］中的部分研究成果，并增加了类型、是否支持多对多通信、消息持久性和通知方式等方面，进行了比较，比较结果如表 10 - 1 所示。

表 10 - 1　分布式系统中各种通信范型的比较

通信范型	类型	空间解耦	时间解耦	控制流解耦	多对多	持久性	通知方式	典型示例
消息传递	Put/Get	否	否	是	否	否	拉	socket 通信
RPC/RMI	请求/应答	否	否	否	否	否	拉	Java RMI
异步 RPC/RMI	请求/应答	否	否	是	否	否	拉	回调，未来型消息传递
事件触发	Put/Get	是	否	接收方解耦	是	否	拉	触发器（ECA）
共享空间	Put/Get	是	是	是	否	是	拉	JavaSpace，Linda
消息队列	Put/Get	是	是	是	否	是	拉	IBM MQSeries
发布/订阅	发布/订阅/通知	是	是	是	是	是	推或拉	SIENA

从表 10 - 1 的比较中不难看出，发布/订阅系统的优点主要体现在以下五个方面：

（1）数据源和数据消费者在空间上解耦，即数据源和消费者都不需要知道对方是谁，在什么位置；它们并不拥有对方的地址或引用。

（2）数据源和数据消费者在时间上解耦，即数据源和消费者不需要同时处在运行状态。

（3）数据源和数据消费者在控制流上解耦，即数据源在发出消息后，并不阻塞以等待接收者的处理；消费者也并不阻塞以等待消息，而是在消息到来时自动被通知。

（4）支持多对多的通信，即一个消息可以同时被发送到多个数据消费者。

（5）提供事件的持久性支持。

由于发布/订阅系统有以上众多优点，目前国内外的一些著名大学和科研机构纷纷从事这方面的研究，较著名的研究项目有：科罗拉多大学的软件工程研究实验室的 SIENA［Carzaniga et al.，2001］项目，意大利 Politecnico di Milano 大学的 JEDI 项目［Cugola et al.，2001］，剑桥大学计算机实验室的 HERALD［Spiteri，2000］、Hermes［Pietzuch et al.，2004］和 ECCO［Yoneki，2006］等项目，普林斯顿大学的 DADI 项目［Cao and Singh，2005］，多伦多大学的中间件系统研究组的 PADRES［Fidler et al.，2005］项目，德国 Darmstadt 理工学院的数据库与分布式系统研究组的面向普适计算的事件驱动的计算平台项目［Buchmann et al.，2004］等。

另外，发布/订阅系统技术应用前景非常广阔，包括信息的分发和事件驱动的企业应用系统等。其中信息分发包括电子新闻分发、比赛成绩发布、交通信息系统、股票行情、大规模环境监测和网络游戏等；事件驱动的企业应用系统包括各类电子商务系统（如网上拍卖系统和 B2B 交易市场）、电子交易（如订单确认信息）、企业应用集成（EAI）、基于事件的供应链管理系统（ES-CM）和基于 RFID 的物流系统应用等。

综上所述，发布/订阅与其他通信范型相比具有一系列优点，具有广阔的应用前景，适合大规模、高度动态的分布式计算环境下的数据分发的场景，成为当前学术界和工业界研究的热点。目前学术界和工业界从不同侧面对发布/订阅系统技术进行了深入研究，工业界侧重于实用，关注发布/订阅系统的服务质量（效率、安全性和可靠性等）；而学术界则注重于增强发布/订阅系统的表达能力（如语义方面）和对新的应用环境（如 P2P 环境）的支持。针对现存的主要问题，有不同的研究工作和技术成果，如数据模型、匹配算法、路由协议、服务质量保障的研究。同时它们推出了各自的产品和原型系统，如 TIB/Rendezvous［TIBCO，2000］、Gryphon［Aguilera，1999］、SIENA［Carzaniga et al.，2001］、JEDI［Cugola et al.，2001］和 Scribe［Rowstron et al.，2001，Castro et al.，2002］等。但是从发布/订阅系统的核心技术来看，一些关键问题还有待解决，特别是随着新的计算环境下新的需求的产生，还有着广阔的研究空间。本章主要从数据模型、匹配算法、服务质量保障等方面对已有的研究成果进行阐述，并进行分析比较。

二、发布/订阅与其他数据分发网络技术的比较

发布/订阅与其他数据分发网络技术相比，如内容分发网络（content delivery network，CDN）［Dilly et al.，2002；Krishnamurthy et al.，2001］和对等网络（Peer to Peer，P2P）［Milojicic et al.，2002］，具有自己的特点。CDN 网络由一组服务器构成，并代表原来的服务器分发内容（Web 对象），从而减轻它的负载；在 CDN 内，客户端请求是由分布在 Internet 上的缓存源服务器的内容的边界服务器（edge server）来满足；客户端请求重路由到可用的存有需求内容的服务器。CDN 网络的目的是请求突然到达高峰时的负载平衡，节省带宽和减少 Web 访问的时间。但是 CDN 由于其受限制的模式，它用于数据分发没有被广泛接受。P2P 网络通过 ad hoc 的方式聚合资源，形成了非集中式的系统，每个节点是自治的、依赖其他节点资源和信息，转发请求。这里主要指内容和文件共享的 P2P 网络，该类网络主要集中于创建定位特定文件的有效策略，提供文件的可靠传送和管理由于高度流行文件带来的高负载；但是当前主要的内容和文件共享的 P2P 网络都不提供集成的数据分发环境。而发布/订阅可以按照用户的订阅需求分发数据，它允许用户使用强大的订阅语言来指定用户的兴趣，根据数据的内容以及订阅

条件决定分发的路径，并具有一对多的特点。

三、发布/订阅系统的数据模型与分类

发布/订阅系统按照不同的功能特征，可以有不同的分类。文献［Rosenblum and Wolf，1997］中提出了一种基于事件的系统的设计框架，将基于事件的系统模型分为对象模型、事件模型、命名模型、监听模型、时间模型、通知模型和资源模型等7个方面。其中通知模型可以刻画系统在事件发生时，通知订阅者的方式；它遵循推或者拉两种通信风格，在推的风格中，信息的提供者发起和接收者之间的通信，多用在移动和普适计算环境下；而在拉的风格中，信息的接收者来选择信息的提供者。发布/订阅系统按照通知模型可以分为三类，推的方式、拉的方式和两者的结合。典型系统如 TIB/Rendezvous 采用了推的方式，而 JEDI 系统就支持推和拉两种方式。在［Carzaniga et al.，2001］中提到了一个分类框架，把发布/订阅系统从影响表达能力的订阅语言的角度分为基于渠道的、基于主题的、基于内容的和基于带模式的内容的四种。文献［Cugola et al.，2001］中则按照事件模型，分为基于元组的、基于记录的和基于对象的三种。但是这些分类比较模糊，也不能涵盖所有的发布/订阅系统。我们给出了按照事件模型和订阅模型的发布/订阅系统分类。事件模型和订阅模型决定了系统的表达能力。事件模型集中于事件的特点，定义了事件的数据结构；而订阅模型定义了系统能够支持的订阅条件，指明了订阅者如何表达对事件子集的兴趣。我们把发布/订阅系统按照事件模型和订阅模型分为基于渠道、基于主题、基于内容、基于类型、混合型和其他类型六类，其中基于内容的系统又分为基于 Map 的和基于 XML 的［马建刚等，2006］，其分类如图 10-2 所示。

在发布/订阅系统发展过程中出现了各种各具特色的系统，其表达能力越来越强。下面我们对发展过程中出现的各类系统进行了回顾并分类，分析了它们各自的特点和存在的问题。

在基于渠道的系统中，订阅是通过指定渠道（channel）来实

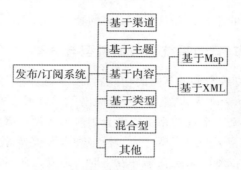

图 10 - 2　发布/订阅系统的分类

现的，订阅者接收所有发布到渠道中的事件，事件的接收和事件的内容无关。基于渠道的系统在功能上等同于在渠道和多播地址之间进行一对一映射的可靠多播。CORBA 事件服务规范（CORBA E-vent Service）［OMG，2001］就是一个典型的基于渠道的系统，它定义了一个基本事件通知服务，发布者和订阅者可以通过若干个事件渠道进行交互和异步通信；不同的事件渠道可以像管道一样来组合。在这类系统中，订阅者不能指定它对渠道中的一部分事件感兴趣，表达能力很弱，但是实现简单。

　　基于主题的系统将所有的事件按照主题划分成组，每个事件于其中一个主题。订阅者在订阅信息时，指明他对哪个主题感兴趣；将来一旦出现该主题下的事件，系统都会自动将其发送给订阅者。订阅者接收其订阅主题的所有事件。典型的系统有 Scribe 和 Bayeux ［Zhuang et al.，2001］等。后来，人们进一步将主题组织成一种层次结构。订阅者在订阅上层的主题时，即涵盖了下层的各主题，如主题 B 可以定义为主题 A 的子主题，那么匹配 B 的通知会被所有订阅 A 和 B 的客户端接收。这样对系统的表达能力作了一些提高，但是改变不了主题概念的本质。这类系统优点是实现简单有效，但是表达能力较弱。

　　基于内容的系统中，订阅者在事件的内容上来指定约束条件，表达他们的兴趣。事件不局限于特定的组，一个事件指向哪里的决策是由订阅者声明的查询和谓词决定的。基于内容的系统的有利特征就是灵活性，订阅者在订阅前不需要了解一套定义的订阅的主题名；带来的不利是给系统根据订阅条件来匹配大量事件，带来很大负担。订阅的数目比基于主题系统的主题的数目要大得多，因此匹配的效率必须很高。

目前的基于内容的发布/订阅系统又可分为两类：一类是基于Map的，另一类是基于XML的。

1. 基于Map的发布/订阅系统。

在这类系统中，事件的内容为多个"属性＝值"的集合（称由多个"属性＝值"组成的集合为一个Map）。典型的原型系统包括Gryphon、SIENA、JEDI、LeSubscribe ［Pereira et al.，2001a］、Ready ［Gruber et al.，1999］、Elvin ［Segall et al.，2000］和Rebeca ［Muhl，2002］等。对于多数基于Map的系统而言，客户的订阅条件一般是由各个原子约束条件的"与"操作组成。下面给一个基于Map的系统的事件示例 {price = 1000，quantity = 100}，订阅例子为 {price > 800，quantity > 80}。

2. 基于XML的发布/订阅系统。

在基于XML的发布/订阅系统中，每个事件是一个XML文档，客户的订阅条件一般是XPath ［W3C，1999］表达式，其中既包括对XML文档结构的约束，又包括对某些元素和属性的约束，下面给一个基于XML的系统的订阅示例：/a ［b ［@ x > 100］ /c］ /＊/d。目前已有的原型系统包括Xfilter ［Altinel and Franklin，2000］、XTrie ［Chan et al.，2002］、WebFilter ［Pereira et al.，2001b］ 和MatchMaker ［Lakshmanan and Sailaja，2002］ 等。

Eugster等将面向对象语言的类型模型与发布/订阅系统的事件类型模型结合起来，提出了一种基于类型的发布/订阅系统 ［Eugster et al.，2000；Eugster，2001；Eugster，2007］。在这种系统中，事件被声明为属于特定类型的对象，事件对象中封装了属性和方法，事件对象根据类型进行分类，订阅对象中封装了订阅者的订阅条件，订阅者通过指定接收的对象类型来订阅。这种系统表达能力介于基于主题的和基于内容的系统之间，对类型的粗粒度的过滤类似基于主题的系统，在属性之上的细粒度的约束又像基于内容的系统，而在方法之上的约束又是面向对象技术的结果。但是这类系统表达式太复杂，系统的效率较低。

有些发布/订阅系统既具有基于主题的系统的特点，又具有基于 Map 的系统的特点，可以被看成是一种混合型系统。每个事件的内容包括一个 Map 形式的事件头和一个的事件体，同时每个事件必须属于某个主题。客户在定义订阅条件时，必须先指定主题，再在其基础上根据 Map 中的各项来定义详细的过滤条件。其典型系统包括 JMS 规范 [SUN, 2002] 和 CORBA 通知服务规范（CORBA Notification Service）[OMG, 2002a]。

其他类型的发布订阅系统，如基于语义的发布/订阅系统，分布式网络环境下往往存在信息的语义异构问题，使开始了对基于语义的发布/订阅系统的探索。从语义上进行事件与订阅的匹配，来提高匹配的准确度，同时方便订阅者定义其订阅条件。相关的研究工作包括 S – TOPSS [Petrovic et al., 2003]、基于本体的发布订阅系统 [Wang et al., 2004]、基于 RDF [Lassila and Swick, 1999] 的发布/订阅系统 [Chirita et al., 2004] 等。在基于语义的发布/订阅系统研究方面，发布/订阅系统如何和本体论的方法结合都需要进一步研究。

四、发布/订阅系统的匹配算法

发布/订阅系统中可能存在上万乃至上百万的订阅条件，而事件又源源不断地向系统中发布。在发布/订阅系统中，对于每个被发布的事件，系统都需要知道它满足了哪些订阅条件，再将其转发给相应的客户。这就需要有一种高效的匹配算法，能在很短的时间内找到与给定的事件相匹配的所有订阅条件。事件匹配算法的时间效率、空间效率以及订阅维护的效率，对于整个系统的性能有着重要的影响。

发布/订阅系统的匹配算法总是依赖于特定的数据模型的，一般根据数据模型的特点，采取相应的优化策略。对于基于主题的发布/订阅系统，只需通过查找表（table lookup）的方法即可。对于基于 Map 和基于 XML 的发布/订阅系统，已经提出了很多种高效的匹配算法；而对于其他具有复杂数据模型的发布/订阅系统，尚未找到高效的匹配算法。

（一）基于 Map 的发布/订阅系统匹配算法

基于 Map 的发布/订阅系统匹配算法已经有了很多的研究成果。常用的匹配算法包括简单匹配算法、谓词计数算法 [Pereira et al. , 2001a]、基于树的算法和基于图的算法等。

简单匹配算法采用这样的思想：事件到来后，与每个订阅逐一进行比较，以得到所有匹配的订阅。显然，当订阅数目较大时，该方法的时间效率很低。

谓词计数算法的思想是：事件到来后，将事件的属性逐一与订阅中相对应的谓词进行比较，判断是否满足，如果满足的话，则包含了该谓词的订阅中的计数器将自动增加一；当一个事件的所有属性都比较完毕后，如果某个订阅的计数器的值与它所包含的谓词个数相等，则说明该事件满足了该订阅的所有谓词，即事件与订阅相匹配。

基于树的算法中，用户的订阅通常组织成树结构，每个非叶子节点代表一个对谓词的判断，每个叶子节点代表一个包含了由树根节点到该叶子节点的路径上所有谓词的订阅。当一个事件到达时，如可以按照某条路径，从树根节点到达某叶子节点，说明此事件与该叶子节点所代表的订阅成功匹配。

Gough 等在 [Gough and Smith，1995] 中提出了一种基于搜索树的匹配算法，它将各订阅条件组织成一种树型结构，该树的深度为系统中的全部属性总数。它将所有订阅组合起来的树状非确定有限状态自动机（NFA）经过子集构造法，转化为树状有限状态自动机（DFA），也就是搜索树。该算法实际上是一种状态空间搜索方法。事件到来后，一般情况下找到所有满足的订阅的时间与订阅中的平均谓词个数成线性关系。该算法的时间复杂度较低，速度很快；但是其空间复杂度为指数级，因为有限状态自动机的状态数目众多，空间占用很大，可能会产生空间爆炸问题。此外，该算法的订阅维护的成本很高，在订阅发生变化时，系统难以对该搜索树进行局部修改以反映订阅的变化，需要重新构造有限状态自动机。因此该算法不太适用于大规模的系统。

在搜索树算法的基础上，Aguilera 等在 ［Aguilera et al.，1999］中提出了一种基于并行搜索树的算法。在并行搜索树中，每个叶子节点表示一个订阅条件，非叶子节点表示对某个属性的一个操作，每条出边（Out‐going edge）表示操作的结果，这就与搜索树中非叶子节点代表一个谓词判断不同，因为谓词判断的结果只能是"是"或者"否"。同时，通过为树中每一非叶子节点创建静态的后继节点索引达到并行搜索的效果，提高了时间效率。并行搜索树算法所使用的空间与订阅数目呈线性关系，而时间上呈亚线性关系。当用户增加或取消订阅时，系统可以通过对并行搜索树进行增量式的修改来完成，因而订阅维护的成本比搜索树算法要少。

Campailla 等在 ［Campailla，2001］ 中提出一种基于二叉判定图（Binary Decision Diagram）的算法。订阅条件中的每个原子约束条件可以被看成是一个布尔变量，从而每个订阅条件可以用一个二叉判定图表示。由于不同订阅条件中可能有相同的原子条件，则将各订阅的二叉判定图整合到一起，形成共享二叉判定图，其中的节点数为各订阅条件中的全部原子条件数量。当一个事件到达时，先求出各原子条件的值，然后再通过对二叉判定图的遍历以求出所有匹配成功的订阅条件。相比其他的事件匹配算法只支持谓词间的"与"操作，该算法支持"与"和"或"两种操作，但是，二叉判定图的构建也相对更加复杂，对图遍历的开销也更大。［Li et al.，2005］提出了改进的二叉判定图，当不同订阅包含相同谓词时，可以形成共享的二叉判定图，同时，通过增加对图中结点的索引提高匹配效率。

表 10 - 2 给出了从索引结构和算法特点对基于 Map 的系统的典型事件匹配算法的比较。其中匹配算法从索引结构可分为三类：

无索引结构、一维索引结构和多维索引结构。简单匹配算法就属于无索引结构的，典型的系统有 Elvin；谓词计数算法采用了一维索引结构，典型的系统如 LeSubscribe［Pereira et al.，2001a］；基于树结构的算法采用了多维索引结构。从时间效率来看，多维索引要比一维索引要好，一维索引要比无索引要好；从空间效率来看，无索引具有最好的空间有效性，一维索引比多维索引在空间效率上有优势。基于树结构的算法占用空间更多，当新订阅的到达率较高时，系统中的匹配树数据结构的维护成本较高；因此，基于树结构的算法更适合在较长时间订阅集相对稳定的情形。

表 10 - 2　基于 Map 的系统中事件匹配算法的比较

事件匹配算法		索引结构	特点
简单匹配算法 （Simple）		无索引	实现简单，空间开销小，对订阅语言无特殊要求，效率较低。
谓词计数算法 （Counting）		一维索引	实现比较简单，匹配效率较高，较好地支持订阅维护，空间开销较大，可扩展性好。
基于树结构的算法	搜索树算法	多维索引	匹配效率很高，可扩展性不好，订阅维护效率低，空间开销很大，可能出现状态空间爆炸。
	并行搜索树算法	多维索引	支持对并行搜索树的增量式修改，在等式判断多的情况下效率较高，使用具有局限性。
基于图的算法（BDD 图）		多维索引	支持谓词的"与"和"或"两种关系，匹配效率不太高。

（二）基于 XML 的发布/订阅系统的匹配算法

基于 XML 的发布/订阅系统，出现了不少有影响的匹配算法。它的订阅语言一般是 XPath，其匹配算法也是结合 XPath 语言的特点来优化。文献［Altinel and Franklin，2000］中提出一种称为 XFilter 的 XPath 树模式匹配方法，将每个树模式看成多个有限状态机（FSM）的集合，每个 FSM 负责其中的一个分枝。然后，所有这些 FSM 通过哈希表的方式来建立索引，以实现快速匹配。后来，又加以改进，提出一种 YFilter 方法［Diao et al.，2003］，将所有的树模式表示成一个统一的非决定性状态自动机（NFA），使不同树模式中的相同路径在匹配时只需被处理一次，来进一步提高匹配效率。文献［Chan et al.，2002］提出一种称为 XTrie 的索引结构，将每个树模式分解为多个"元素序列"的集合，对这些序列建立一种 XTrie 索引结构。在对 XML 文档进行匹配时，不同序列中的共同部分只需要处理一次，从而可以提高效率。文献［Peng and Chawathe，2003］提出了一种基于层级下推自动机（HPDT）的方法来高效的处理 XPath 查询，并在原型系统 XSQ 上进行了验证。

五、发布/订阅系统的拓扑结构

为了提高系统的扩展性，大规模的发布/订阅系统通常采用分布式的系统结构，其中分布着多个事件代理服务器（event broker），每个事件代理服务器为一定数量的本地客户（发布者或订阅者）服务。这些事件代理服务器组织成一定的拓扑结构，负责事件在各节点之间的转发。发布/订阅系统的拓扑结构对其性能有着重要的影响。在文献［Carzaniga et al.，2001］中提到了一个分类框架，把发布/订阅系统从影响扩展性的拓扑结构的角度分为集中型、层级客户端/服务器型和 P2P 型。文献［Cugola et al.，2001］中则按照系统结构分为直接连接、广播、中心式、分布式和固定的五类。但是这些分类比较模糊，尚不能涵盖已有的发布/订阅系统。

我们按照拓扑结构的稳定性把发布/订阅系统在结构上分为静态模式和 P2P 模式，如图 10 - 3 所示。其中静态模式又可分为星形、总线形、层级、环形、无环图和一般图；而构建于 P2P 网络之上的发布/订阅系统的结构又可以分为纯 P2P 网络（pure - peer）和混合的 P2P 网络（super - peer）两种。

在星形拓扑结构中，事件服务器采取中央服务器的结构，单一的事件服务器作为订阅者和发布者之间的代理；该拓扑结构扩展性不好，实践中比较少用。总线形结构中，采用一条公共总线来传递事件，可充分利用广播机制，典型的系统如 TIB/Rendezvous；但是

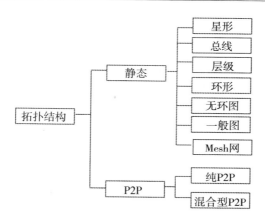

图 10 - 3 发布/订阅系统拓扑结构分类

该模式的可扩展性不好，无法满足分布式环境下大规模用户的需求。在层级结构中，事件代理服务器之间构成了层级结构关系。事件代理服务器之间，客户端和代理之间的通信采用同一种协议。事件代理服务器会从所有的客户端接收发布的事件和订阅，并转发给关心该事件的子树。该结构中，层级越高的事件代理服务器负载越重，容易产生性能瓶颈。SIENA、Gryphon 和 JEDI 采用了这种拓扑结构。在环形拓扑中，事件代理服务器的连接图是环形的，代理之间是平等的关系。代理之间的通信协议是双向的，但是代理之间的通信协议与客户端和代理之间的协议不同。无环图结构中，其结构可以用无环无向图表示，信息是双向传送，能确定任何两个代理节点只有一条路径。一般图结构，进一步取消了无环性约束，两个代理间存在多条路径，冗余连接克服了单点失败，但是增加了路由算法选择最佳路径的复杂性。Mesh 网络作为发布/订阅系统的拓扑结构，被典型系统 DCP［Snoeren et al.，2001］、Gryphon［Bhola et al.，2002］所采用。

在 P2P 模式中，所有节点都是平等的，可以动态加入或退出。采用纯 P2P 网络发布/订阅系统是指 P2P 网络中的每个节点同时作为事件代理服务器和客户端，如 Scribe 系统；而混合的 P2P 网络的指 P2P 网络中的每个节点只作为事件代理服务器，每个代理连接若干个客户端，客户端不在 P2P 网络中，如 Hermes 等。

六、发布/订阅系统的路由算法

发布/订阅系统路由算法就是要解决如何在事件代理服务器网络中寻找一条合适的路径，使事件低成本、高效和可靠地到达各个相关的订阅的问题。

（一）基于内容的路由算法

发布/订阅系统路由算法同一般的网络路由算法不同，其特点在于每个事件代理服务器收到一个事件后，根据该事件的内容以及自己所知道的订阅条件，来决定下一步的转发；故称为基于内容的路由算法 ［Carzaniga et al. ，2001］。

基于内容的路由算法按照路由的准确性可以被分为非精确型和精确型两大类。非精确型路由算法采用了对事件的洪泛法，它不需要维护路由信息，降低了每个结点的负载，缺点是会把事件转发给没有订阅的消费者，牺牲了一些网络传输效率；它随着消息规模的增加，可扩展性不好。精确型路由算法只把事件发送给有匹配的订阅条件的订阅者，旨在降低各事件代理服务器之间的消息转发数量，但是增加了维护订阅路由表的成本和事件转发的复杂性等。

目前研究得较多的是精确型路由算法，它主要包括简单路由算法、基于覆盖的路由算法和基于汇合点的路由算法等。

简单路由算法是一种订阅洪泛的算法，它通过在事件代理服务器网络中，洪泛的发布新的订阅和取消订阅的消息，使所有的代理的路由表中都有每个活动的订阅。这可以确保发布的事件可以发送到所有感兴趣的消费者那里，而最小化系统中的事件流量。然而由于所有的代理都必须有所有活动订阅的知识，简单路由算法的路由表会比较大，而且订阅者执行或者取消订阅导致每个路由表都要更新，代价很高，不适合应用规模很大和订阅变化频率大的系统。简单路由算法被 Gryphon 系统采用。Elvin 早期版本的淬火算法（quenching）就是完全的订阅洪泛方法。当大部分事件为大多数订阅者所关心，可以考虑使用洪泛的方法，它对订阅语言无限制。

基于覆盖的路由算法考虑了订阅之间的覆盖关系进行优化，它在各节点间的订阅转发过程重利用覆盖关系来过滤订阅，减少消息转发的数量。该路由算法，不需要所有活动订阅的全局知识，它采用基于订阅覆盖测试有选择的转发策略，从而避免洪泛似的在代理网络中发送所有订阅。例如，如果以前的一个订阅已经转发给邻居节点，并且该订阅能覆盖新发的且没有被取消，则一个新的订阅不会转发给邻居节点。但是如果一个订阅被取消，要求考虑取消的订阅所覆盖的订阅子集的问题，转发该订阅覆盖的订阅到一些邻居节点。SIENA 和 JEDI 系统采用了这种算法。国内的苑洪亮等进一步考虑了应用订阅覆盖的程度，提出了严格的基于订阅覆盖的路由（SSCBR）和放松的基于订阅覆盖的路由（RSCBR），前者考虑最优覆盖，维护了最少的覆盖订阅；后者使用次优覆盖，通过维护较多的覆盖订阅来权衡内存、时间和网络通信上权衡［苑洪亮等，2006］。文献［Muhl，2002］和［Li et al.，2005］在代理服务器节点上引入了合并（Merge）机制，将不同的订阅合并成一条订阅，再向邻居节点发送，以此减少订阅消息转发的数量，减小网络流量。如果合并成的订阅精确表示了被合并的订阅的兴趣，则称为完美合并（Perfect Merge）；而如果合并的订阅的兴趣范围比被合并的订阅的并集的范围大，则称为非完美合并（Imperfect Merge）。基于覆盖的路由算法对订阅语言无限制，但是对事件代理服务器处理订阅和匹配的能力有较高的要求。

基于汇合点的路由中，它为每个事件主题分配一个唯一的编号，在网络中节点的编号与该主题编号最接近的节点成为该主题的"汇合点"（rendezvous）。各节点在订阅事件时，将订阅消息发送到相应主题的汇合点。在消息转发途中，如果当前节点已经订阅了该主题，则订阅消息不必再向前发送。汇合点根据各订阅消息的逆向路径，构建一棵以自己为根的事件分发树。各节点在发布事件时，也将它发送到相应主题的汇合点，再由汇合点通过事件分发树转发到各订阅者。基于汇合点的路由的缺点是对订阅语言的限制。

把多维、多类型的基于内容的订阅映射到单维或结构化覆盖网的二维的数值地址空间不是直接的；数值型约束较容易处理，对字符串属性的约束（如前缀、后缀或子串），较难处理。

（二）基于静态网络的路由算法

发布/订阅系统的路由算法按照网络的拓扑结构的稳定性，分为基于静态网络的路由算法和基于 P2P 网络的路由算法两类。

在基于静态网络的路由算法中，常常利用固定不变的拓扑结构的特性，采用优化的策略进行高效的消息转发。在大多数已有的研究中，为了提高路由算法的效率，通常将事件代理服务器网络的拓扑结构组织成一种层级型结构或无环图结构，相应的路由算法基于这个给定的拓扑结构来选择合适的策略进行高效的消息转发。

1. 总线型结构上的路由算法

在这种结构下，代理服务器之间存在一条公共总线来传播订阅与事件。对于每个被发布的事件，系统都将其广播到各个事件代理服务器，各事件代理服务器再根据自己所负责的用户的订阅条件，决定应该将此事件发送给哪些用户。这种结构比较适用于事件代理服务器数量不多，且它们之间通过高速网络相连的场景。TIB/Rendezvous 采用的就是这种方式。但是该模式的可扩展性不好，无法满足分布式环境下大规模用户的需求。

2. 层级型结构上的路由算法

整个系统中的所有事件代理服务器被预先组织成层级结构。当某事件代理服务器收到其客户端发来的订阅请求时，订阅消息由当前节点逐级向根节点发送，并利用过滤条件的覆盖关系对消息转发进行优化。当某事件代理服务器收到其客户发布的事件时，事件的传播采用"生成树转发"广播算法［Dalal and Metcalfe，1978］，即该事件由当前节点逐级向根节点发送，途中每个节点将其转发到对其感兴趣的各个子树。典型系统 SIENA 和 JEDI 中都采用了这种路由算法。其缺点在于，在整个事件代理服务器树中，因为每个节点都保存了其子树中所有客户的订阅信息，所以越是上层的节点，其保存的订阅信息就越多，处理负担就越重，从而造成各节点负载的不均匀。另外每个事件都要被上传到根节点，因而根节点的负载较大，容易形成性能瓶颈。而且一个非叶子的事件代理服务器的失败会使所有与此相连的子网结点和其他结点断连，容易产生单点失败问题。

3. 无环图结构上的路由算法

在无环图拓扑结构中，订阅和事件可以在相邻节点间双向传播，各事件代理服务器节点形成一个统一的无向无环图，对于任一个节点来说，这个无环图可以看作是以该节点为根的一棵生成树。在该路由算法中，订阅消息的传播采用"基于源转发"广播算法，事件消息的传播采用"逆向路径转发"广播算法 [Dalal and Metcalfe，1978]。每个事件代理服务器都预先知道一棵以自己为根的生成树，当它收到其客户的订阅请求后，就按这棵生成树将订阅消息转发给其他各事件代理服务器，并利用过滤条件的覆盖关系对消息转发进行优化。当每个事件代理服务器收到其客户发布的事件时，就按照各订阅消息的逆向路径把该事件即转发到其他事件代理服务器。它在一些主流的基于内容的发布/订阅系统中（如 Rebeca、SIENA 的无环图结构等）使用。此模式的优点在于各个事件代理服务器节点的负载都比较均衡，缺点在于若某一节点崩溃，会造成该无环图不连通，从而产生单点失效问题。

4. 一般图结构上的路由算法

在一般图拓扑结构中，每个事件代理服务器节点都预先知道一棵以自己为根的生成树，图中存在多个生成树。用户提交订阅后，订阅消息将沿着该生成树向其他节点转发，当代理服务器节点收到事件后，则按照对之感兴趣的订阅的逆向路径，把该事件转发给其他节点。此模式的优点在于各个事件代理服务器节点的负载都比较均衡，并且一般不会产生单点失效问题，缺点在于，一般图中可能存在环路，如何避免重复接收消息需要解决。

5. 其他路由算法

Elvin 系统将事件代理服务器组织成无环对等网络，它的路由算法是淬火算法，该算法发布者接收有关订阅者的信息；即对于每个订阅条件，系统都在全网内广播，这样每个事件代理服务器都掌握了所有的订阅条件；然后，当发布者发布事件时，首先检查一下有没有人对此感兴趣；若没有，则不必进一步处理；只发布订阅者订阅的事件，从而减少不必要的事件发布，节省网络带宽。薛涛等在树形结构上，提出了组播集群复制协议和基于内容的组播树协议来处理节点或者链路失败导致网络的分割和路由重建问题［薛涛、冯博琴；2005］。此外，有一些系统采用了基于渠道（Channelization）的路由算法，这类算法需要先将事件空间划分成若干分区；每个分区都存在一个汇合点（Rendezvous Point），该点聚合了与该事件分区对应的订阅消息和隶属该事件分区的事件消息，然后，通过多播实现订阅消息和事件消息的路由。在基于 Map 的订阅/发布系统中，［Riabov et al.，2002］研究了事件分区的聚簇（Clustering）算法，［Cao and Singh，2004］融合了基于渠道和基于覆盖的算法，采用层次化的路由策略，在层次之间采用基于渠道的路由，在层次内部采用基于覆盖的路由；［Cao and Singh，2005］进一步引入动态多播机制从而实现了细粒度的事件路由优化，减少了网络流量。在基于渠道的路由算法中，路由效率较高，但由于汇合点可以属于多个事件分区，所以可能出现负载过重的情况。

（三）基于 P2P 网络的路由算法

基于 P2P 网络的路由算法利用 P2P 网络的路由协议的特性，来建立发布/订阅系统优化的路由策略。P2P 网络由于其分散控制、容错和自组织等优点，受到学术界和工业界广泛重视。许多人把 P2P 技术应用在构建发布/订阅系统上，来提高对节点故障和拓扑结构变化的适应能力。P2P 网络可分为非结构化 P2P 和结构化 P2P 两种。结构化 P2P 网络的特性使得在其上构建发布/订阅系统更为方便高效，因此已有的构建于 P2P 网络上的发布/订阅系统大都是构建于结构化 P2P 之上，如 Scribe、Hermes、Bayeux、P2P – ToPSS［Tam et al.，2003］、Mercury［Bharambe et al.，2002］和 Meghdoot［Gupta et al.，2004］等。Scribe 是一个建立在 Pastry 之上的基于主题的发布/订阅系统，采用了基于汇合点的路由策略。Bayeux 是一个建立在 Tapestry 之上的基于主题的发布/订阅系统，它具有良好的效率和容错性；但是事件分发树中的每个结点都要维护一个订阅者列表，其中记录了通过本结点可以到达哪些最终订阅者，该订阅者列表往往要占用较多的空间，从而增加了每个结点的负载。但是在具有动态网络拓扑结构的 P2P 网络上构建的发布/订阅系统提供可靠的传送语义，仍然是学术界有待解决的问题。

（四）路由算法的分类比较

表 10 - 3 给出了发布/订阅典型路由算法的分类比较。

表 10 - 3　路由算法的分类比较

路由算法名称	分类	过滤方	存储订阅节点	处理事件节点	订阅语言的限制	典型系统
事件洪泛	非精确型	订阅者	无	所有	无限制	—
简单路由（订阅洪泛）	精确型	发布者	所有	无	无限制	Elvin 的早期版本、MEDYM
基于覆盖的路由	精确型	中介	子集	子集	无限制	SIENA、Rebeca 和 JEDI
基于汇合点	精确型	中介	子集	子集	有限制	Scribe、Hermes、Bayeux、P2P - ToPSS 和 Meghdoot

七、发布/订阅系统的服务质量

在大规模分布式计算环境下，要应用发布/订阅系统，通常要跨越异构的网络和系统平台，所以必须提供服务质量保证。服务质量主要包括延迟约束、带宽、安全性、消息优先级、发送顺序和可靠性等问题。近年来出现了发布/订阅系统的服务质量保障方面的研究。下面介绍国内外研究机构在发布/订阅系统的可靠性、持久化机制、事务和安全机制等方面的研究工作。

不同的应用系统对发布/订阅中间件有着不同的可靠性要求，主要体现为对事件传送的可靠性要求。大体上有如下几种可靠性要求：尽力而为（best - effort）、允许丢失事件、允许重复收到事件、恰好一次传送（exactly once delivery）、有序传送（orderly delivery）和持久订阅（durable subscription）。

在发布/订阅系统中，需要提供信息的持久性的保证，来确保系统失败时消息也不会丢失。一般都利用持久化机制，通过集中的结构来存储消息，直到订阅者能够处理它。基于主题的发布/订阅系统（如 IBM MQSeries）利用数据库来提供持久性。分布式发布/订阅系统一般不提供持久性，因为消息在发送时会被复制。通过给每个订阅者一个拷贝，系统提供了一定的容错能力；然而订阅者在系统从故障恢复过程中，并不能获得丢失的消息。（TIB/Rendez-vous 提供了一种通过进程监听特定的主题，存储消息到固定存储，并重发丢失的消息到恢复的订阅者的方式。）剑桥大学的事件结构（CEA）提供了分布式的事件注册库来进行事件的存储和检索。

在发布/订阅系统中，事务用来把成组的消息合并成一个原子单元，要么发送或者接收这个消息序列，要么一个都不要做。IBM MQSeries 通过和数据库的紧密集成提供了事务机制。TIB/Rendez-vous 和 JMS 在单个会话的上下文环境中，能为组消息提供事务支持。DREAM 系统［Buchmann et al.，2004］采用了中间件中介事务（MMT）的方式，把发布者、中介者和通知的接收者都集成到一个灵活的事务框架中，并给出了框架的原型实现。在处理 Pub/Sub 这样多对多的异步通信方式中，具有严格的 ACID 特性的传统事务已经不适用了，需要和 Pub/Sub 通信范型结合，提出新的扩展事务模型；另外把面向消息的事务和分布式对象事务集成起来仍然是一个挑战。

安全性问题是发布/订阅系统大规模应用需要解决的重要问题。Wang 等给出了发布/订阅系统的安全需求［Wang et al.，2002］。Miklos 等假定存在一个可信任的代理网络，用 SIENA 的覆盖关系来约束允许的订阅和广告，但是它要求发布者和订阅者在发布和订阅时必须出示证书［Miklós，2002］。文献［Belokosztolszki et al.，2003］把基于角色的访问控制（RBAC）和分布式通知服务结合了起来，并扩展了 Hermes，给出了原型系统。Feige 等采用了基于 PKI 的方法来建立发布和订阅事件的访问控制机制［Fiege，2004］。基于内容的发布/订阅系统的安全问题，包括认证、机密性、完整性和审计性等方面，一些可以采用已有的方法（如数字签名来解决信息完整性），但尚有不少问题有待解决。例如，基于内容的动态路由机制就给安全技术提出了挑战，呈现出一些相互矛盾的问题，路由要基于内容而又要保持内容的机密性，审计要基于订阅同时要满足不泄露订阅的条件。另外综合的发布/订阅系统安全体系结构的研究也需要加强。

八、面向消息的中间件的工业界规范

目前在一些综合的中间件平台标准中都提供了对发布/订阅的支持，具体表现为中间件标准所提供的事件通知服务，如 CORBA、J2EE、OGSA、DDS 和 Web 服务等，表 10 - 4 给出了面向消息的中间件的工业界规范比较。

国际对象管理组织（OMG）定义了两个与事件通知服务有关的 CORBA 服务规范：CORBA 事件服务［OMG，2001］和 CORBA 通知服务［OMG，2002a］。前者定义一个基本事件通知服务，发布者和订阅者可以通过若干个事件渠道进行交互；但是，订阅者只能接受指定对通道中的全部事件，同时系统不提供事件传输的可靠性方面的支持。后者扩展了前者，使得用户可以指定更细粒度的订阅约束来表达需求，而且能指定时间约束、优先级和可靠性等服务质量方面的要求。

在 J2EE 平台中，定义了一个与事件通知服务有关的规范 Java 消息服务规范（JMS）［Sun，2001］，它是 Sun 及一些其他厂商为了规范现存的消息服务中间件所共同定义的一组标准接口及相关的语义规则，从而使得 J2EE 应用系统中的各组件能以发布/订阅的方式进行交互。JMS 提供了两种不同的消息传递方式点对点的消息队列和发布/订阅方式，并给出了两种消息传递方式标准接口和语义规则。

近年来，人们对网格进行了大量的研究［Joseph and Fellenstein，2005］，其中较有影响的是 Ian Foster 等提出的网格服务框架（OGSA）［Foster et al.，2002］。在这个框架中，网格上的各种实体（计算系统、数据库、网络连接等）都被抽象为"资源"，其表现形式是一系列服务的集合。在 OGSA 的网格服务规范中，定义了"网格通知服务"的接口规范，以支持网格上的各实体以发布/订阅风格进行交互。

数据分布服务（DDS）规范为分布式实时系统的以数据为中心的通信定义了接口［OMG，2002b］。DDS 是一个中间件服务，为所有感兴趣的应用提供了一个全局的数据空间。DDS 使用主题对象和键值结合的方法来唯一的标示数据对象的实例。用户可以创建 ContentFilterTopic 进行基于内容的订阅，此外，MulitiTopic 可以对多个主题进行订阅来过滤接收到的数据。过滤语言的语法是 SQL 语法的子集。服务质量（QoS）方面的支持按照订阅者请求和发布者提供的方式；按照这种模式，订阅者请求期望的服务质量属性，并和发布者提供的相匹配。举个例子，全国检察机关统一业务应用系统采用了符合 DDS 标准的消息中间件实现了最高人民检察院和各省级院部署点之间的数据交换。

DDS 规范是 CORBA 规范的补充，因为它提供了更适合异步和动态的方式。CORBA 提供了在 C/S 环境下对分布式对象的支持和对远程方法调用的支持；而 DDS 更适合在动态环境下灵活的 QoS 自省的多点数据分发。CORBA 是以对象为中心的，而 DDS 是以数据为中心的。CORBA 事件服务解耦了发布者和订阅者，但是不是以数据为中心的，也不提供 QoS 合约；CORBA 通知服务利用过滤器提供了更多的以数据为中心的支持，以及 QoS 支持；DDS 与它们不同的是不必支持公共数据表示或使用 IIOP 协议，即 DDS 的实现不必基于 CORBA。

WS‑Eventing 规范［W3C，2004］定义了允许 Web 服务订阅或者为订阅接收事件通知的协议。用户兴趣的注册通过 XML Schema 和 WSDL 来指明。该规范支持 SOAP 消息。该规范指明了创建和删除订阅的方式，定义订阅的过期。规范通过指定一个支持不同过滤语言的抽象过滤器来支持过滤。一般来说，WS‑Eventing 服务比 WS‑Notification［OASIS，2004］要简单。WS‑Notification

比 WS – Eventing 有更多的功能。WS – Notification 和 WS – Eventing 仅定义发布/订阅的关键功能，其他功能（如安全、可靠性和事务管理等）依赖于其他 Web 服务规范。

表 10 – 4　面向消息的中间件的工业界规范比较

规范	CORBA Event Service	CORBA Notification Service	JMS	OGSI – Notification	WS – Notification	WS – Eventing
创建组织	OMG	OMG	Sun	Global Grid Forum	IBM、Sonic、TIBCO 等	IBM、BEA、CA、Sun 等
消息传输协议	RPC	RPC	RPC	HTTP RPC	传输独立	传输独立
中介	事件渠道对象	事件渠道对象	消息队列、Pub/Sub 代理	直接或通过代理	直接或通过代理	直接或通过代理
发送模式	推、拉和两者	推、拉和两者	推、拉	推	推、拉	缺省推模式，能用拉或其他模式
消息结构	通用的、有类型的、结构化的、结构化系列	文本消息、字节消息、Map 消息、Stream-Message、ObjectMessage	基于 XML 的服务数据元素	SOAP 消息	SOAP 消息	
过滤器	无	渠道、Filter 对象	队列/主题名、对消息头的域、消息选择器 ServiceData-Name，能增加其他过滤服务	层级主题树、内容选择器和生产者属性 Filter 元素，至多一个		
过滤语言	无	Extended Trader Con-straint Lan-guage	条件表达式语法的子集	ServiceDa-taName 字符串或其他表达式	能用任何评估结果为布尔型的表达式，如 XPath	缺省的是 XPath，能用任何评估结果为布尔型的表达式
QoS 指标	未定义	已定义 13 种 QoS 属性，能扩展到其他	优先级、持久性、事务、消息顺序未定义	依靠与其他 Web 服务规范的组合来提供	依靠与其他 Web 服务规范的组合来提供	

九、发布/订阅系统的综合分析比较

针对发布/订阅系统研究的主要问题，我们综合分析了目前工业界和学术界的主要研究工作，并从发布/订阅系统的数据模型、通知模型、系统结构、匹配算法、路由算法、语义支持和服务质量等方面，对国内外知名的发布/订阅系统和工业界标准进行了分析比较，表 10－5 给出了具体的比较结果。匹配算法根据数据模型的特点，提出了各种各具特色的匹配算法。路由算法都是充分利用系统网络拓扑结构或者底层 P2P 网络协议，进行优化。服务质量方面，工业界的研究成果支持得较好，学术界对系统服务质量的支持还有待加强。

表 10－5　典型的发布/订阅系统的比较

系统	数据模型	通知模型	系统结构	匹配算法	路由算法	语义支持	服务质量	研究机构
CORBA 事件服务	基于渠道	推和拉	—	—	—	否		OMG
JMS 规范	混合型	推和拉	星形或分布式实现	主题匹配	洪泛	否	支持事务、优先级、持久性订阅	SUN 公司
TIB/Rendezous	混合型	推	总线型	主题匹配	洪泛	否	支持事务、优先级、消息传递可靠性	TIBCO 公司
Gryphon	基于 Map	定期拉	Mesh 网	并行搜索树	逆向路径转发	否	恰好一次的传送	IBM T. J. Watson 研究中心
Scribe	基于主题	推	Pastry 的 P2P	查找表	基于组的多播树	否	尽力而为	微软
JEDI	基于 Map	拉和推	层级结构	匹配树	生成树转发	否	—	意大利 Politecnicodi Milano 大学

续表

系统	数据模型	通知模型	系统结构	匹配算法	路由算法	语义支持	服务质量	研究机构
Bayuex	基于主题	推	Tapstry的P2P	查找表	多播树	否	利用冗余保证代理故障下的可靠发送	加州大学伯克利分校
SIENA	基于Map	推	层级	基于二叉判定图的匹配算法	生成树转发	否	尽力而为	Colorado大学
			无环图		逆向路径转发			
Hermes	基于XML	推	基于Pastry的P2P	—	基于汇合点的路由协议	否	支持安全和拥塞控制,支持事件代理服务器和客户端故障下的容错	剑桥大学
XTrie	基于XML	推	—	对XPath的树模式匹配方法	—	否	—	贝尔实验室
Rebeca	基于Map	推	无环图	匹配树	逆向路径转发(多种路由策略)	否	支持事务,安全	德国Darmstadt理工大学
OPS	基于内容(RDF图)	推	基于Pastry的P2P	图匹配	基于编码区间的路由协议(IRBR)	支持同义和继承关系	恰好一次的传送,支持并发一致性	中科院软件所

　　下面以典型的应用场景网上电子交易市场（e‐marketplace）为例对目前研究的不足和我们研究的问题加以分析说明。目前随着Internet的普及，如典型的 B2B 和 C2C 交易市场迅猛发展。B2B 典型网站出现了阿里巴巴网、中国化工网、中国制造网和中国机电企业网等；C2C 典型网站出现了 EBay、易趣和淘宝等。B2B 交易市

场提供了采购和销售双方供求信息交换的平台，有大量的参与用户（上万到几十万），并要求和供需双方的自治的信息系统无缝对接，实现信息流的畅通，并要求实现供求信息有效匹配，并及时分发匹配的信息给消费者；同时系统具有开放性，允许供应商和买方动态加入。C2C 交易模式为买卖双方提供一个在线交易平台，卖方提供商品上网拍卖，而买方自行选择商品竞价。发布/订阅系统可以作为 B2B 和 C2C 交易市场的供求信息匹配和交换的支撑系统。因此发布/订阅系统需要针对供需双方自治的信息系统和 B2B 交易市场无缝集成，解决数据的语义异构问题；针对供需信息的匹配，要解决信息匹配的全面性、准确性和效率问题；针对及时分发匹配的信息给消费者，要解决信息分发的时效性问题。

从目前已经涌现出的各种发布/订阅技术和实现方案来看，对分布式异构环境下的大规模数据分发还存在不足，主要表现在数据模型的表达能力、匹配的效率和结果的有效性以及数据分发的时效性等方面。

1. 数据模型的表达能力。在分布式计算环境下，各个参与者来自不同的组织和系统，数据源具有自治性和多样性（相同数据存在多种表示）。分布式环境下跨越系统边界进行数据交互，数据源和潜在数据消费者在不同的上下文环境下，导致大规模的语义异构。同时，订阅者需求呈现出个性化，对接收的数据具有用户偏好（如对商品看重价格或品牌）。因此，分布式环境下事件和订阅的语义异构问题和订阅者个性化需求表示问题，是需要迫切解决的问题。目前大部分发布/订阅系统的数据模型中没有考虑事件和订阅的语义异构问题。因此建立支持异构事件和订阅的数据模型，是需要解决的重要问题。

2. 匹配算法。匹配算法是发布/订阅系统的关键技术之一，用于解决当一个事件被发布后，系统如何准确、全面和有效地找到所有对之感兴趣的订阅。而目前已有的系统基本上都是从语法上进行事件与订阅的匹配，而缺乏对语义匹配的考虑 [Burcea et al.，2003]。而且已有系统认为订阅中的属性约束的重要性均为相同的，属性匹配为布尔匹配，要么匹配，要么不匹配，没有考虑匹配的相似度，难以匹配出更符合用户偏好的结果；已有匹配算法主要集中于提高匹配的效率，而较少考虑匹配的全面性和准确性。因此有必要设计一种新的发布/订阅系统的语义匹配算法，利用应用领域的概念的语义关系信息和用户偏好信息辅助匹配，提高匹配的全面性、准确性和效率。

3. 数据分发的时效性。一些领域的应用对发布/订阅系统设施提出了新的需求，如要求能提供及时性的服务质量；在一些应用场景中，事件发送到订阅者太晚就是错误的信息，如股市行情系统和环境监测系统对事件的延迟都有较严格的要求。因此发布/订阅系统中的及时性保障是需要解决的重要问题。但是已有的发布/订阅系统尚不能满足动态分布式计算环境下有及时性需求的应用的要求。因此需要研究一种支持及时性需求的传播、事件调度和分发机制，提供发布/订阅系统中的及时性保障。

第二节　数据抽取转换加载工具（ETL）

ETL 是 Extract – Transform – Load 的缩写，数据抽取（Extract）、转换（Transform）、加载（Load）的过程。但往往简称其为数据抽取。ETL 是 BI/DW（商务智能/数据仓库）的核心和灵魂，按照统一的规则集成并提高数据的价值，是负责完成数据从数据源向目标数据仓库转化的过程，是实施数据仓库的重要步骤。ETL 包含了三方面，首先是"抽取"：将数据从各种原始的业务系统中读取出来，这是所有工作的前提。其次是"转换"：按照预先设计好的规则将抽取的数据进行转换，使本来异构的数据格式能统一起来。最后是"加载"：将转换完的数据按计划增量或全部导入到数据仓库或目标数据源中。

图 10 – 4 体现了主流 ETL 产品处理框架的主要组成部分。ETL 是指从源系统中提取数据，转换数据为一个标准的格式，加载数据到目标数据存储区，通常是数据仓库。

1. 设计管理器：提供一个图形化的映射环境，让开发者定义从源到目标的映射关系、转换、处理流程。设计过程的各对象的逻辑定义存储在一个元数据资料库中。

2. 元数据管理：提供一个关于 ETL 设计和运行处理等相关定义、管理信息的元数据资料库。ETL 引擎在运行时和其他应用都可参考此资料库中的元数据。

3. 抽取：通过接口提取源数据，例如，ODBC、JDBC、专用数据库接口和平面文件提取器。参照元数据来决定提取何处的数据和怎样提取。

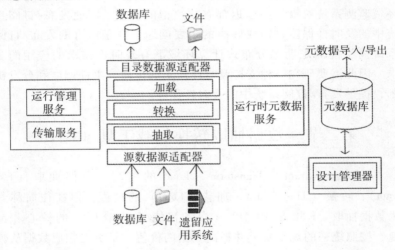

图 10 - 4   ETL 处理框架

4. 转换：开发者将提取的数据，按照业务需要转换为目标数据结构，并实现汇总。

5. 加载：加载经转换和汇总的数据到目标数据仓库中，可实现 SQL 或批量加载。

6. 传输服务：利用网络协议（TCP/IP 等）、文件协议（FTP 等）或消息中间件，在源系统和目标系统之间移动数据，利用内存（Data Caches 等）在 ETL 处理各组件中移动数据。

7. 运行管理服务：可让管理员基于事件和时间进行调度、运行、监测 ETL 作业、管理错误信息、从失败中恢复和调节从源系统的输出。

第三节　基于发布/订阅方式的语义数据交换分发集成系统

网络分布式计算环境下存在众多的异构的数据源，同时也存在大量数据的需求者。要实现数据提供者到数据需求者的有效分发，必须提供系统实现的支持。发布/订阅通信范型是一种有效的、高可伸缩的和多对多的信息分发方式。因此笔者读博期间开发了一个大规模数据环境下基于发布/订阅方式的语义数据交换集成系统，该系统采用了发布/订阅消息中间件、ETL 和语义数据集成等技术，下面对其工作机制和系统功能设计进行介绍。

笔者分析了分布式计算环境存在的数据源和数据消费者的事件和订阅的语义异构性，采用了一种公共词汇表和语义上下文相结合的方法，建立了发布/订阅系统的语义数据模型，解决了存在语义异构的数据环境下事件和订阅如何表示的问题。该数据模型由公共词汇表、数据类型层次结构、语义上下文、元数据、语义事件模型和语义订阅模型组成。其中公共词汇表定义系统中词汇的集合和词汇间的语义关系；数据类型层次结构描述系统中的数据类型之间的语义关系；语义上下文刻画事件和订阅所处的数据环境，使其隐含含义显式化；元数据刻画同一数据源发布的事件具有的共同结构特征。该模型考虑了事件和订阅所处的数据环境，增强了系统的表达能力，提高了用户表达订阅需求的灵活性。接着，提出了一种基于语义上下文的自动化的事件和订阅的转换机制，消除事件和订阅存在的语义异构，提高转换效率。

一、发布/订阅系统的语义异构性分析

在分布式计算环境下，各个参与者来自不同的组织和系统，数据源具有自治性和多样性（相同数据存在多种表示）。分布式环境下跨越系统边界进行数据交互，数据源和潜在数据消费者在不同的上下文环境下，导致大规模的语义异构［Madnick，1999］。同时，订阅者需求呈现出个性化，对接收的数据具有用户偏好（如对商品看重价格或品牌）。因此，分布式环境下事件和订阅的语义异构问题和订阅者个性化需求表示问题，是需要迫切解决的问题。

目前大部分发布/订阅系统没有考虑事件和订阅的语义异构问题。而具体应用领域需要解决语义异构问题时，要在应用层开发业务逻辑来解决，这会带来应用开发的负担，并引起程序代码的散布、冗余和维护问题。因此，我们分析发布/订阅系统的事件和订阅的语义异构性，在发布/订阅中间件层来解决语义异构问题。

发布/订阅系统的语义异构性主要体现在事件和订阅上。数据源负责发布事件，而数据源具有分布性、多样性和自治性，并独立创建、设计和演化。数据消费者负责注册订阅条件，并接收满足的事件。数据源和潜在的数据消费者可能在不同的上下文环境。

数据的语义异构问题在应用集成和数据库集成领域都有广泛的研究，对其成因进行了分析。应用集成是集成多个异构的应用系统，最基本的问题就是要达到数据共享。在异构数据库集成领域，当相同信息在两个分离的数据库中表示、结构不同，但是实质相同时发生了语义异构。文献［Heimbigner and McLeod，1993］定义了基于五层抽象的异构性：（1）元数据语言或数据定义语义不同；（2）元数据规范不同；（3）对象表示不同；（4）系统表示底层的原子值不同；（5）系统由不同的 DBMS 管理。文献［Batini et al.，1986］指出了语义异构产生的原因：（1）设计阶段，从不同角度建模信息；（2）建模语言（数据定义语言）的丰富性，允许以不同方式建模相同的想法；（3）和设计规范的不兼容；（4）公共概念，应用领域中相同的概念在不同的模式中采用不同的表示。Goh

［Goh et al.，1999］把语义异构性的原因分为：（1）混淆冲突，当信息条目看起来有相同的含义，由于不同的当时的上下文，但是在现实中不同；（2）扩展冲突：当不同的参考系统来测量一个数值，如不同的汇率，一般分为数据冲突和领域冲突两类；（3）数据在不同的集合的不一致性和冗余问题。

而发布/订阅系统的语义异构性具有其特点。异构数据库集成领域仅考虑了数据源的异构性，而没有考虑众多潜在数据消费者（订阅）的语义异构性。发布/订阅系统的异构数据源产生的事件，上下文信息是隐含的；不同数据消费者提供的订阅条件，隐含的上下文信息往往是当前数据消费者的；当事件和订阅跨越机构或系统边界交换，会造成隐含信息的丢失。因此发布/订阅系统的语义异构性体现在事件和订阅信息的隐含含义没有明确表达以及不同的发布者/订阅者使用不同的词汇来表示同一概念。具体的常见表现类型分类见表 10－6。

表 10－6 发布/订阅系统语义异构性的常见表现类型分类表

种类	描述
命名（Name）	命名存在同义或包含关系，如书籍分类中软件类是计算机类的子类
数据类型（Data Type）	数据类型不同，如产地分别定义为 Varchar 和 String 类型
数据度量单位（Data Unit）	不同的度量单位，如重量分别用千克和吨表示
数据格式（Data Format）	数据格式不同，如日期格式（YYYY－MM－DD 和 MM/DD/YY）等
数据精确度（Data Precision）	不同的 scale、领域精度或数据粒度等

解决发布/订阅系统的语义异构问题，就要使事件和订阅信息要跨越系统边界被理解，首先要解决在异构的数据环境下事件和订阅如何表示的问题。

我们通过使用领域的公共词汇表表达的共享概念，作为理解事件、订阅和元数据的基础。然后以附加上下文信息的方式来提供关于事件（订阅）的语义的明确化信息。数据源发布的原始事件附加上下文信息，形成语义事件；数据消费者提供的订阅附加上下文信息，形成语义订阅。如果没有附加的上下文信息，一旦事件离开了数据源的边界或订阅离开了数据消费者的系统边界，就不能正确理解。已有系统的数据模型仅定义了事件、订阅，没有考虑事件的元数据问题，没有考虑用户偏好。因此我们要建立考虑元数据和用户的偏好的语义数据模型。

然而，新来的语义事件表示的概念仍与原来的数据源相关，要进行数据交换，就需要表示到不同的语义上下文，如不同的度量单位。因此，基于语义上下文的事件和订阅明确描述，使用映射函数，转换事件和订阅到系统的公共语义上下文，解决语义异构性。对于语义异构问题的解决，主要采用语义映射的方法：实践中近一半（有时 80%）开销在创建映射，劳动密集并易出错；已有工具主要手工方法［Halevy，2005］。因此我们提出一种基于语义上下文的自动化事件和订阅转换机制，消除语义异构，并提高效率。

二、语义数据模型

语义数据模型解决存在语义异构的数据环境下，事件和订阅如何表示的问题。我们对已有的基于 Map 的事件模型和订阅模型进行语义扩展，提出了由公共词汇表、数据类型层次结构、语义上下文、元数据、语义事件模型和语义订阅模型组成的语义数据模型。其中公共词汇表定义系统中词汇的集合和词汇间的语义关系，表示领域的共享概念，作为理解事件、订阅和元数据的基础；数据类型层次结构描述系统中的数据类型之间的语义关系；语义上下文刻画事件和订阅所处的数据环境，使其隐含含义显式化；元数据刻画同一数据源发布的事件具有的共同结构特征。

（一）公共词汇表

公共词汇表指给定领域的词汇的集合，和其上的词汇间的同义和概念层次结构关系。本体是形式化的对共享概念的明确规范［Gruber，1995］。本书用模糊本体［Stoilos et al.，2005；Straccia

2006；Calegari et al.，2007〕来描述领域的公共词汇表。公共词汇表由领域专家构建，相似度关系由领域专家指定或通过 WordNet〔Miller et al.，1990〕词汇本体计算得到。〔Lee et al.，2005〕用模糊本体给出了新闻领域的描述，其词汇针对的是汉语。

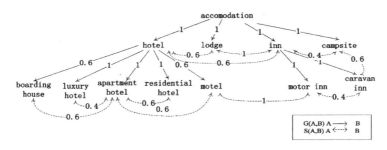

图 10-5　网上旅游信息系统宾馆类型的分类关系

General（G）指包含关系，表示词汇 a 代表的概念包含词汇 b 代表的概念的程度。Synonym（S）指同义关系（举例说明），表示词汇 a 和词汇 b 代表相同事物的程度。若关系强度 σ 为 0，则表示两个词汇从来不表示相同的事物；若关系强度 σ 为小于 1 的正数，则指两个词汇可能表示同一个事物，但是又不总是表示同一个事物。σ（hotel，motel）＝0.6 表示存在 motel 不被认为是 hotel 的，但是通常 motel 是 hotel 的一种。实践中用有限的等级来表示相似的程度，如 {0，0.4，0.6，1}；这些值为了使用方便，通常和语言上的"不相似""有点相似""非常相似""相同"等相联系，指明关系的强度。

（二）数据类型层次结构

因为 XML Schema 规范定义了一个完备的数据类型系统，可满足各种信息系统的数据交换，所以基于 XML Schema 的数据类型的层次结构进行扩展，来描述参与系统的数据类型之间的语义关系。它包括基本类型和扩展类型两大类。基本类型可分为数值型、逻辑型、文本型和时间日期型等。扩展类型主要包括区间型和集合型。

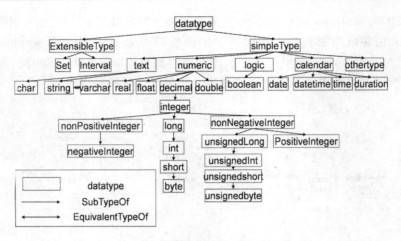

图 10 - 6   数据类型层次结构

基本的数据类型有 Integer、Float、Double、Boolean、String、Date、Time 和 DateTime 等类型。整型（Integer）、浮点型（Float）、双精度型（Double）、布尔型（Boolean）和字符串类型（String）的定义及其操作与程序语言 Java 中的对应类型一样，布尔类型的取值为 true 和 false。Date、Time 是自定义的类型，Date 表示日期类型。时间型 Time 表示一天中的时间，格式表示为"时：分：秒"，表示从 00：00：00 到 23：59：59 的任何时间。DateTime 是日期和时间的组合。

另外定义了两个扩展数据类型：区间型（Interval）和集合型（Set）。Interval［T］表示数据类型 T 上的一个区间，其中 T 必须是上述基本的数据类型。区间的格式表示为［low，high］，low 和 high 值可以缺省，缺省时分别为类型 T 的最小值（MIN_ VALUE）和最大值（MAX_ VALUE）。Interval ［Integer］表示整型区间，Interval ［Float］表示浮点型区间，Interval ［Date］表示日期区间，Interval ［Time］表示时间区间。例如，对于 Interval ［Time］，［8：00：00，12：00：00］表示从 8 点开始到 12 点这段时间。Set ［T］表示一个集合类型，它的取值为类型 T 的多个值，T 可以是基本的数据类型。

图 10 - 6 给出了数据类型层次结构的示例。图中方框表示数据类型，单箭头线表示子类型关系，双箭头线表示等价关系。

（三）语义上下文

在不同的应用环境和领域，对上下文（Context）的理解和使用具有很大差异。目前，尚没有一个对上下文的统一的确切定义。Webster 描述上下文为"事物存在或发生的相互关联的条件"。上下文是关于环境的数据的总称。McCarthy 将上下文刻画为一级对象，是事实和公理存在的条件［McCarthy，1993］。本文的语义上下文指事件和订阅所处的数据环境的语义信息，如度量单位、数据格式（日期和时间格式）、数据的精确度等。语义上下文信息与数据相联系，使数据的隐含含义明确化。

例如，某个公司货币结算的语义上下文可以表示为：

｛（Currency，String，"Dollar"），（scale，int，10000）｝，则表示货币结算时采用的汇率为美元，度量单位为万。

语义上下文的分类如图 10 - 7 所示。

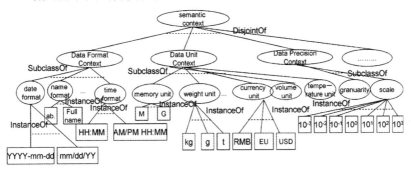

图 10 - 7　常见语义上下文分类树

语义上下文分类构成一种层次结构树，主要分为数据格式上下文、数据单位上下文和数据精确度上下文等，用户可以根据应用领域的需求增加新的语义上下文种类。上下文之间可以有下列关系：

继承关系（SubClass of）、实例关系（Instance of）、分离关系（Disjoint of）和部分整体关系（part of）等。如图10-7常见给出了语义上下文分类树的示例，其中椭圆框表示语义上下文种类，矩形框表示实例。其中数据单位上下文可包括长度单位、体积单位、重量单位、面积单位、温度单位、汇率单位等，每种上下文又有相应的取值，如重量单位上下文取值可以是千克、克和吨等；数据格式上下文包括日期格式、命名格式和时间格式等；数据的精确度包括scale、数据粒度等。

（四）语义事件模型

语义事件模型指语义事件的表示和构成。系统中的属性分为两类：数据来源属性、语义属性，其中数据来源属性描述事件的来源，语义属性描述事件的具体内容。语义事件由数据来源属性和多个语义属性构成。

举例说明：（weight，Float，3.6，｛（unit，String，"kg"），（scale，int，1)｝），表示一个重量的语义属性，属性值类型是单精度型的，其中语义上下文指明了属性值的度量单位是千克，刻度是1。

（五）元数据

元数据一般是指关于数据的数据。本文用元数据刻画同一数据源发布的事件具有的共同结构特征；具体指事件的来源和元属性信息，由发布数据源提供。元数据定义为数据来源属性、多个元属性的集合。

（六）语义订阅模型

语义订阅模型定义为语义订阅的构成和其上的操作。语义订阅由多个语义属性过滤器构成，其上的操作包括语义属性过滤器的覆盖。语义订阅表达用户对事件的具体内容的约束。

举例说明：（weight，Float，<，4200，｛（unit，String，"g"），（scale，int，1)｝），表示一个对重量约束为小于4200克的语义属性过滤器，其中类型是单精度型的，语义上下文指明了重量约

束的度量单位是克，刻度是 1。

三、基于语义上下文的事件订阅自动化转换机制

（一）基于语义上下文的事件订阅转换过程

图 10.8 中 LC 指本地上下文，GC 指公共上下文，M（metadata）指原始元数据，S（subscription）指原始订阅，E（event）指原始事件，N（notification）指通知，M_{LC} 指扩充本地上下文的元数据，S_{LC} 指扩充本地上下文的订阅，E_{LC} 指扩充本地上下文的事件，N_{LC} 指转换到本地上下文的通知，M_{GC} 指转换到公共上下文的元数据，S_{GC} 指转换到公共上下文的订阅，E_{GC} 指转换到公共上下文的事件，N_{GC} 指公共上下文下的通知。

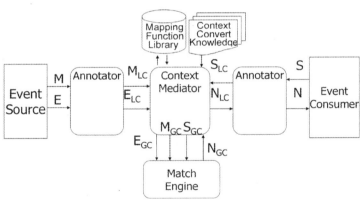

图 10 - 8 事件订阅自动化转换过程

下面给出基于语义上下文的事件订阅转换过程。

1. 首先数据源发布原始元数据，数据消费者发布原始订阅；

2. 然后利用上下文标注器对原始元数据和原始订阅进行语义上下文标注，从而转换成扩充本地上下文的元数据和订阅；

3. 对订阅，上下文协调器检测订阅的本地上下文与系统的公共上下文是否存在冲突，若存在冲突，则设置其和相应的映射函数

及其逆函数的关联关系，然后利用上下文转换知识，并从映射函数库中调用相应的映射函数，完成订阅到公共上下文的转换；对元数据，上下文协调器检测元数据的本地上下文与系统的公共上下文是否存在冲突，若存在冲突，则设置其和相应的映射函数的关联关系，然后完成元数据到公共上下文的转换；

4. 数据源发布事件，获得其对应元数据的本地上下文，然后把原始事件转换成扩充本地上下文的事件；

5. 上下文协调器检测事件的本地上下文与系统的公共上下文是否存在冲突，若存在冲突，则利用其对应元数据设置的和映射函数的关联关系，从映射函数库中调用相应的映射函数，完成事件到公共上下文的转换；

6. 然后，该事件输入匹配引擎，匹配得到满足的订阅；

7. 上下文协调器检测订阅者的本地上下文与系统的公共上下文是否存在冲突，如果存在冲突，就利用上下文转换知识，并利用其满足订阅设置的和逆映射函数的关联关系，并从映射函数库中调用相应的映射函数，完成通知（满足订阅的事件称为通知）到订阅者本地上下文的转换；

8. 已经转换到订阅者的本地上下文的通知发送给订阅者。

（二）语义上下文标注

下面通过例子给出基于语义上下文分类的元数据和订阅的语义上下文标注的过程。

图 10 - 9 给出了基于上下文分类的元数据和订阅的语义上下文标注示例，对电脑销售商发布的元数据，对 name 属性，首先找到上下文类型所属的大类（数据格式上下文），其次找到其具体子类（命名格式上下文），再次找到在命名格式上下文中的取值（名字的全称），最后把该上下文标注给 name 属性；按此方法，对元数据中的其他属性进行标注。对订阅的标注采用的是相同的方法，对订阅中的每个属性过滤器进行上下文标注。

（三）事件和订阅的自动转换

下面介绍一下事件和订阅的自动转换机制。

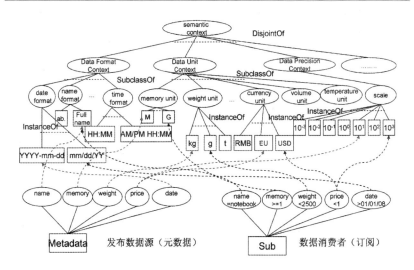

图 10 - 9　基于上下文分类的元数据和订阅的语义上下文标注示例

　　前述已经给出基于语义上下文分类标注元数据和订阅的方法，于是本地的元数据和订阅可以转换成扩充本地上下文的元数据和订阅。接着，向系统发布元数据和订阅。对元数据而言，上下文冲突检测器检测元数据的本地上下文与系统的公共上下文是否存在冲突，若存在冲突，则更新元数据上下文冲突表，设置其和相应的映射函数的关联关系，然后完成元数据到公共上下文的转换。下面对元数据上下文冲突表加以简单说明，它由三级构成，第一级为元数据标示，第二级为存在上下文冲突的属性名列表，第三级为存在冲突的语义上下文及其对应的语义冲突解决函数的名称，其中第三级的每一项由语义方面的名称、本地上下文取值、公共上下文取值和映射函数名称组成。对订阅而言，上下文冲突检测器检测订阅的本地上下文与系统的公共上下文是否存在冲突，若存在冲突，则更新订阅上下文冲突表，设置其和相应的映射函数的关联关系，然后上下文冲突处理器并从映射函数库中逐一调用相应的映射函数，并利用上下文转换知识，完成订阅到公共上下文的转换。下面对订阅上下文冲突表加以简单说明，它也由三级构成，第一级为订阅标示，第二级为存在上下文冲突的属性名列表，第三级为存在冲突的语义上下文及其对应的语义冲突解决函数的名称，其中第三级的每一项由语义方面的名称、本地上下文取值、公共上下文取值、映射函数名称和逆函数的名称组成，逆函数主要用于满足订阅的通知转换到订阅者的本地上下文。

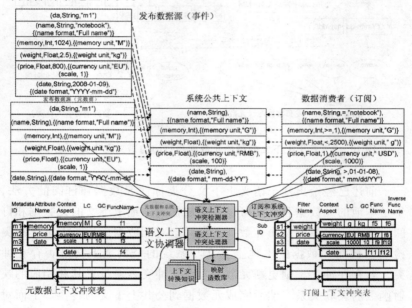

图 10 - 10　事件和订阅的自动转换示例

数据源发布事件时，获得其对应元数据的本地上下文，然后把原始事件转换成扩充本地上下文的事件。上下文协调器查找该事件符合的元数据对应的上下文冲突表，若存在冲突表项，则表示事件的本地上下文与系统的公共上下文存在冲突，否则，表示不存在冲突。若存在冲突，则利用元数据上下文冲突表设置的和映射函数的关联关系，逐一从映射函数库中调用相应的映射函数，并利用上下文转换知识，完成事件到公共上下文的转换。

对于满足订阅的事件（称为通知），上下文协调器查找通知满足的订阅的上下文冲突表，若存在冲突表项，则表示通知的公共上下文与数据消费者的本地上下文存在冲突，否则，表示不存在冲突。若存在冲突，则利用订阅上下文冲突表中设置的和逆函数的关联关系，逐一从映射函数库中调用相应的映射函数，并利用上下文转换知识，完成通知到订阅者本地上下文的转换。

图 10-10 给出了销售电脑的元数据、事件和相应的订阅自动转换过程的示例。

（四）语义事件和语义订阅的示例

下面给出一个网上 B2B 交易市场系统中下订单的语义事件，其属性所属的语义上下文分别给出，其中订单号是 1005，购买的是笔记本电脑，CPU 的主频是 2.8GHZ，内存是 1024M，价格是1000 美元，重量是 2000 克，产地是中国，订单日期和时间是 2006年 10 月 6 日 16：00。

｜（OrderNum，String，"1005"，｜（IDCode，String，"FourLetterCode"）｜）

（product，String，"NotePC"，｜（ProductCode，String，"SixLetterCode"）｜），

（CPUFreq，float，2.8，｜（Freq-unit，String，"GHZ"）｜），

（memory，float，1024，｜（memory-unit，String，"M"）｜），

（price，float，1000，｜（currency，String，"dollar"），（scale，int，1）｜），

（weight，float，2000，｜（unit，String，"g"），（scale，int，1）｜），

（manufacturePlace，String，"CN"，｜（LocationCode，String，"TwoLetterCode"）｜）

（orderDate，Date，"Oct 06 06"，｜（date-format，String，"Mon DD YY"）｜）

（orderTime，Time，"16：00"，｜（time-format，String，"HH：MM"）｜）｜

下面给出一个对下订单的事件的订阅，表示对个人电脑的订单感兴趣，其属性约束所属的语义上下文分别给出，CPU 主频要不小于 2.4GHZ，内存要不小于 512M，价格要小于 10000RMB，重量要小于 2.5 千克，产地是中国，订单日期和时间要在 2006 年 10 月 07 日下午 5 点前。

{（product, String,"PersonalComputer", {（ProductCode, String,"FullName"）}）and（CPUFreq, float, ≥, 2.4, {（Freq – unit, String,"GHZ"）} and （memory, int, ≥, 1, {（memory – unit, String,"G"）}）and （price, float, <, 10, {（currency, String,"RMB"）, （scale, int, 1000）}）and （weight, float, <, 2.5, {（unit, String,"kg"）, （scale, int, 1）}）and（productionLocation,, String,"CHINA"）, {（LocationCode, String,"FullName"）}, 1.0, 0.1） and （orderDate, Date, <,"06/10/07", {（date – format, String,"YY/MM/DD"）}）and（orderTime, Time, <,"05：00 PM", {（time – format, String,"HH：MM AM/PM"）}）}

该事件和订阅存在命名的异构，事件和订阅中分别用 manufacturePlace 和 productionLocation 表示产品的产地属性，同时产地属性值的命名模式也不同，事件中是采用两位代码缩写来表示，而订阅用全称来表示；同时产品类型的属性值的命名模式也不同，事件中是采用六位代码缩写来表示，而订阅用全称来表示，且产品类型的属性值中个人电脑（PC）和笔记本电脑（NotePC）存在包含关系；存在度量单位的异构，采用不同的参考坐标系统来测量同一个数值，如对价格属性采用了不同的汇率，对重量属性则采用了不同的重量度量单位；存在格式的异构，对订单的日期和时间属性采用了不同的日期和时间格式；存在数据精确度的异构，价格属性采用了不同的 scale。

在存在事件和订阅的语义异构的情况下，仅根据属性值来进行匹配得到的结果是不正确的，因此难以进行事件和订阅的匹配。因此，必须把事件和订阅转换到公共的语义上下文环境，然后才能进行事件和订阅的匹配。下面以订阅所处的语义上下文为公共上下文，通过映射函数进行事件的转换。

对待命名异构，可以通过命名的映射来解决：（product, String，" Notebook Personal Computer"，│（ProductCode, String，"FullName"）│）

（productionLocation, String，" CHINA"， │（LocationCode, String，" FullName"）│）

对待度量单位异构，首先对价格属性，因为其语义上下文的两个维度都不同，要采用多维映射函数进行上下文的转换。假定当前美元对人民币的汇率为 1∶8.00，采用映射规则 v（currency x）（scale m） = v f（x/y）m/n（currency y）（scale n），其中 f（x/y）=8，则价格属性转化为：

φ│ │（currency, String，" RMB"）│，（scale, int, 1000）│，（price, float, 1000，（currency, String，" dollar"），（scale, int, 1）│）│ =（price, float, ，│（currency, String，" RMB"），（scale, int, 1000）│

对重量属性，其语义上下文只有重量单位的维度不同，可以采用简单函数进行转换，采用映射规则 v（weight－unit x） = vf（x/y）（weight－unit y），其中 f（x/y） =1/1000，则可以转化为：

φ_{unit}│（weight－unit, String，" kg"）│，（weight－unit, Float, 3.6，│（unit, String，" g"），

（scale, int, 1）│））=（weight, Float, 2，│（weight－unit, String，" kg"），（scale, int, 1）│）。则：

对待格式异构，日期属性的日期格式不同，可以通过日期映射函数：

（orderDate, Date，" 06/10/06"，│（date－format, String，"YY/MM/DD"）│）

对时间属性，其时间格式不同，可以通过下面的时间映射函数来转换，对待" hh∶mm"│" HH∶MM"│ 转换为" HH∶MM AM/PM" 时间格式，有三条规则：

If 12 > hh ≥0 Then "hh：mm AM" ｛" HH：MM AM/PM"｝；

If hh = 12 Then "hh：mm PM" ｛" HH：MM AM/PM"｝；

If 12 < hh < 24 Then "hh – 12：mm PM" ｛" HH：MM AM/PM"｝.

于是根据第三条规则：

（orderTime，Time，" 04：00 PM"，｛（time – format，String，" HH：MM AM/PM"）｝）

因此该事件转化为：

｛（OrderNum，String，" 1005"，｛（IDCode，String，" FourLetterCode"）｝｝

（product，String，" Notebook Personal Computer"，｛（ProductCode，String，" FullName"）｝）（CPUFreq，float，2. 8，｛（Freq – unit，String，" GHZ"）｝），

（memory，float，1024，｛（memory – unit，String，" M"）｝），

（price，float，8，｛（currency，String，" RMB"），（scale，int，1000）｝），

（weight，float，2），｛（weight – unit，String，" kg"），（scale，int，1）｝），

（productionLocation，String，" CHINA"）， ｛（LocationCode，String，" FullName"）｝），

（orderDate，Date，" 06/10/06"， ｛（date – format，String，" YY/MM/DD"）｝）

（orderTime，Time，" 04：00 PM"，｛（time – format，String，" HH：MM AM/PM"）｝）｝

（五）相关工作比较

在发布/订阅系统发展过程中，出现了各种类型的系统。按照数据模型可以分为基于渠道、基于主题、基于内容、基于类型和混合型等，其中基于内容的系统又分为基于 Map 的和基于 XML 的。发布/订阅系统的数据模型决定了系统的表达能力，其中基于内容的系统表达能力是比较强的。但是对已有的这些类型的发布/订阅

系统的分析，其数据模型在表达能力方面尚存在不足，大多是同构的事件模型，而缺乏对事件本身语义的理解。本书提出的发布/订阅系统的语义数据模型，是对基于内容的 Map 数据模型的扩展，增加了概念的语义关系的考虑，同时考虑了事件和订阅的语义上下文，增强了对语义异构的事件和订阅的支持；同时保留了 Map 数据模型的优点，考虑了数据源的元数据信息，便于构建事件和订阅间高效的匹配算法。

近年来，一些人开始研究支持语义的发布/订阅系统，相关的研究工作包括 S – TOPSS［Petrovic et al.，2003］、DREAM［Buchmann et al.，2004］、OPS［Wang et al.，2004］、基于 RDF 的发布/订阅系统［Chirita et al.，2004］和 G – ToPSS［Petrovic et al.，2005］等。多伦多大学的 Burcea 等在［Burcea et al.，2003］一文中，讨论了发布/订阅系统语义方面的研究问题，指出了语义自省的基于内容的匹配和路由算法的研究方向，并开发了 S – TOPSS 原型系统，利用 DAML + OIL 语言，建立各属性之间的关系，利用同义词、概念层次关系和映射函数来进行匹配，来支持语义异构的事件。DREAM 是德国 Darmstadt 理工大学的研究成果，它把系统分为通知服务层和概念层两层，利用在不同抽象层次上的基本表示本体、设施本体和领域本体来建立共享的概念，利用 MIX 中间格式来表示语义事件，利用一种事件适配器，将所发布的事件由原始结构转换成一种 MIX 结构，实现对语义异构事件的支持；但是该模型不能刻画领域中词汇间的不确定性关系，没有考虑数据类型的语义关系，没有考虑元数据信息，也没有给出事件和订阅的自动化转换机制。德国 Hannover 大学提出了一种基于 RDF 的发布/订阅系统［Chirita et al.，2004］，它的事件被表示为 RDF 图，用户的订阅条件被表示为 RDF 图模式；但是事件的 RDF 图中的各语句只能有一个共同的主语，从而所形成的 RDF 图实际上只是一个深度为 2 的树型结构。G – ToPSS 系统也是基于 RDF，提供了 RDF 文档的过滤方法，但是其实现仅支持概念间的 is – a 关系。OPS 系统也是一种基于 RDF 的发布/订阅系统，该系统将事件表示为 RDF 图，订阅表示为 RDF 图模式，可以支持图状数据结构的事件，表达能力较强，但是基于图的匹配算法效率往往较低。这些语义发布/订阅系统的研究都没有考虑事件和订阅的语义上下文，其概念间的语义关系仅限于同义和继承关系，而没有考虑部分包含和相似关系，没有考虑数据类型的语义关系，没有考虑元数据信息。

已有的发布/订阅系统的订阅模型把订阅中的属性约束均视为等同的，无法表达出用户对具体属性的偏好程度。本文提出的订阅模型用属性过滤器的权值表示该约束在整个订阅中的重要程度，用阈值表示对属性的需求程度，从而更准确地表达用户的偏好。

在发布/订阅系统的事件订阅转换机制方面，陆续出现一些研究工作。S－ToPss 系统采用领域专家指定映射函数的方法实现事件的属性转换。都柏林大学的联邦事件服务（FES）[Ryan, 2003]，采用适配器，通过事件映射的方法，实现不同事件服务的事件模型和联邦事件模型的转换。汪锦岭的工作提出的利用 XSLT 的 XML 事件到 RDF 事件的转换，以及 Map 事件到 RDF 事件的转换。但是上述方法都没有考虑事件和订阅的语义上下文信息，没有进行事件和订阅的语义转换。

在异构数据库集成领域有许多关于语义方面的研究工作 [Stuckenschmidt and Harmelen, 2005]，主要解决异构信息系统间的集成，使用户能够以统一的方式访问多个数据源，如系统 COIN [Goh et al., 1999]、CERAM [Ram and Park, 2004]、Observer [Mena et al., 2000; Mena and Illarramendi, 2001] 和 Ontobroker [Decker et al., 1999]。该类系统一般使用本体来表示特定领域的知识，允许用户使用本体词汇来构造查询；查询处理引擎访问本体来优化查询和产生执行计划。COIN 通过参与系统的上下文公理的比较，用上下文协调器来检测和协调数据集成中的语义冲突。CERAM 系统提出一种语义冲突解决本体，并提出一种系统方法来检测和处理异构数据库中的模式层和数据层的语义冲突 [Ram and Park, 2004]。Observer 系统采用多本体的方法，基于描述逻辑来实现查询转换，实现跨领域的多个本体的互操作，主要解决了命名冲突。但是在异构数据库集成领域中，采用的是静态的方式，且参与集成的系统数目较小。而发布/订阅系统面向的是动态的环境，且参与者的数量非常大。因此，要借鉴数据集成领域的方法，结合发布/订阅系统的特点，提出对发布/订阅系统中语义异构问题的解决方法。

四、基于语义的多阶段优化的匹配算法

本部分给出了面向大规模数据分发的发布/订阅系统的基于语义的多阶段优化的匹配算法。首先分析了在大规模数据分发环境下，发布/订阅系统的匹配算法所面临的挑战和设计需求，然后给出了基于语义的事件匹配的特征和算法的设计思路，接着提出了一种基于语义的多阶段优化的事件匹配算法（MPOSM）。该算法由预处理和事件匹配两个阶段组成，给出了基于语义的事件匹配算法的简要描述。

匹配算法是发布/订阅系统的关键技术之一，用于解决当一个事件被发布后，系统如何准确、全面和高效地找到所有对之感兴趣的订阅。而目前已有的系统基本上都是从语法上进行事件与订阅的匹配，而缺乏对语义匹配的考虑［Burcea et al.，2003］；已有系统认为订阅中的属性约束的重要性均为相同的，属性匹配为布尔匹配，要么匹配，要么不匹配，没有考虑匹配的相似度，难以匹配出更符合用户偏好的结果；已有匹配算法主要集中于提高匹配的效率，而较少考虑匹配的全面性和准确性。因此有必要设计一种新的基于语义的发布/订阅系统的匹配算法，提高匹配的全面性、准确性和效率。在语义数据模型中，公共词汇表描述了领域的概念间的语义关系信息，订阅通过指定属性过滤器的阈值和权重来表达用户偏好；如何利用应用领域的概念的语义关系信息辅助匹配，以及如何根据用户偏好进行匹配，是发布/订阅系统需要解决的问题。

下面分析一下在设计面向大规模数据分发的发布/订阅系统的匹配算法所面临的挑战，它主要包括：

1. 命名存在概念语义关系的事件和订阅；

2. 大规模的订阅，大规模的发布/订阅系统的用户数量巨大（几万到几十万），相应的所产生的订阅数量也比较大；

3. 个性化的订阅需求（用户偏好）；

4. 高的事件发布率；

5. 高的订阅更新率；

6. 订阅语言的表达能力，匹配算法的设计和订阅语言的特点是相关的；

7. 代理服务器的主存，受到服务器的主存限制。

因此对发布/订阅系统的语义匹配算法，提出了下列设计需求，主要包括：

1. 支持命名存在概念语义关系的事件和订阅；

2. 匹配的全面性和准确性；

3. 匹配结果符合用户偏好；

4. 匹配的时间有效性，指事件发布后，找到事件能满足的所有订阅的时间开销；

5. 可伸缩性，处理大规模订阅的能力；

6. 匹配的空间效率，指索引结构所需占用的空间开销；

7. 订阅维护的效率，当客户增加或取消订阅时，系统对内部的索引结构进行更新时所需的时间或空间开销。

因此在设计匹配算法时，必须结合发布/订阅系统的特点，全面考虑上述需求，进行权衡。

（一）基于语义的事件匹配的特征和算法的思路

关于基于语义的事件匹配，我们分析具有如下特征，并提出相应的解决思路：

1. 领域的公共词汇表定义的概念间语义关系相对稳定。因此对领域的公共词汇表预处理，建立语义关系索引，以提高匹配时的查找效率。

2. 文献［Campailla et al. ，2001］中指出，尽管总的订阅者数量非常巨大，但是只有小部分订阅者对特定的事件感兴趣，称为不相关性（irrelavant property）。根据该特点，我们可以通过缩小匹配订阅范围的方法，来提高算法的效率。

3. 对同一数据源而言，每次发布的事件虽然不同，但是这些事件具有相同的结构特征（元数据）；元数据变化不太频繁，相对稳定。通过预先处理，建立和元数据匹配的订阅集，从而在事件匹配时，缩小了匹配订阅的范围（图 10 - 11 中用文氏图的方法给出了事件匹配订阅集、元数据匹配订阅集和全体订阅集之间的关系）。

4. 订阅同事件相比变化不太频繁，相对稳定 [Campailla et al.，2001]；于是，通过对元数据和订阅的预处理获得的事件匹配效率的提高要远大于其成本；并允许元数据和订阅的更新以增量方式融合到已存在的预处理的数据结构中。

5. 订阅中具有众多共同的属性过滤器，同名的属性过滤器间存在偏序关系；构建属性过滤器关系表，减少属性过滤器匹配时比较的次数。

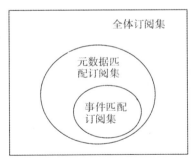

图 10 - 11 事件匹配订阅集、元数据匹配订阅集与全体订阅集的关系

基于对发布/订阅系统的基于语义的事件匹配的特征分析，提出了一种基于语义的多阶段优化的匹配算法 MPOSM（Multi - Phase Optimized Semantic Matching Algorithm）。其前提是：在匹配开始前，事件和订阅已经通过映射函数转换到公共的语义上下文。基于语义的匹配要考虑属性概念的语义关系，包括同义关系和包含关系等。

该算法主要由两部分构成：预处理阶段和语义事件匹配阶段，如图10-12所示。其中预处理阶段包括公共词汇表预处理、建立元数据索引和订阅索引；元数据匹配算法负责找到所有和该元数据匹配的订阅。语义事件匹配可分为四个子阶段：数据来源匹配、属性名匹配、属性过滤器相似度匹配和订阅匹配阶段。其中数据来源匹配主要通过数据源比较，直接找到与其元数据匹配的订阅集（利用了元数据匹配的结果），大大缩小了订阅的搜索空间；属性名匹配主要是找到与事件中的属性名匹配的属性名集合，解决属性名的命名异构问题；属性过滤器相似度匹配阶段计算各个属性过滤器的匹配度；订阅匹配阶段确定语义事件匹配的所有订阅。

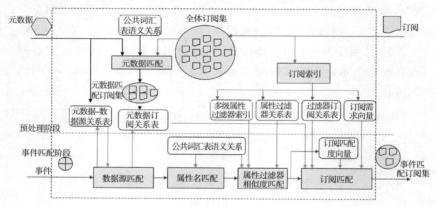

图 10-12　基于语义的多阶段优化的事件匹配算法的过程

（二）基于语义的事件匹配算法的简要描述

基于语义的事件匹配算法（MPOSM）包括四个子阶段：数据源匹配、属性名匹配、属性过滤器相似度匹配和订阅匹配阶段。第一阶段是数据源匹配阶段，通过事件的数据来源属性的比较，直接找到与其元数据匹配的订阅集。首先比较事件的数据来源属性和元数据项目的数据来源集合，找到和其对应的元数据 ID，进而找到与其元数据 ID 匹配的订阅集合。第二阶段是属性名匹配阶段，负责找到与事件中的属性名匹配的属性名集合。它先根据属性的数据类型，找到该类型的属性名集；然后查找公共词汇表，从中找到和事件的属性名匹配的属性名集。第三阶段是属性过滤器相似度匹配阶段，两者的属性名必须相同才进行匹配，该阶段完成属性的相似度匹配。遍历多级属性过滤器索引，利用属性过滤器关系表和语义关系索引进行优化，计算出对应的属性匹配度。第四阶段是订阅匹配阶段，它负责找到该语义事件满足的所有订阅。先计算出订阅匹配度向量中的事件对订阅的满足度，然后对和该事件对应的元数据匹配的订阅集，比较订阅匹配度向量和订阅需求向量，确定事件匹配的所有订阅。该算法的具体描述和分析参见［马建刚，2009］。

（三）相关工作比较

近年来，一些人开始研究基于语义的发布/订阅系统，相关的研究工作包括 S－ToPss［Petrovic et al.，2003］、Racer［Haarslev and Moller，2003］、OPS［Wang et al.，2004］、A－ToPss［Liu and Jacobsen，2004a；Liu and Jacobsen，2004b］和 G－ToPSS［Petrovic et al.，2005］等。S－ToPss 原型系统根据同义词和概念层次关系把一个事件转化为多个事件，然后再进行匹配效率是比较低的；该算法包括事件分解、分别匹配和订阅汇总等多个阶段；它支持具有同义和概念层次关系的事件，对已有的传统匹配算法改变较少。其不足表现在算法效率的下降，增加了事件分解和订阅汇总的开销；多个普通事件独立匹配，事件中大量相同属性，增加了重复匹配的开销。OPS 系统将每个事件表示为一个 RDF 图，订阅表示为 RDF 图模式，可以支持图状数据结构的事件，表达能力较强，但是基于图遍历的匹配算法效率往往较低。G－ToPSS 系统也是基于 RDF，采用了图遍历的匹配算法，但是其实现仅支持概念间的继承关系。Racer 是一种基于描述逻辑推理引擎的语义发布/订阅系统，但是它的扩展性不好，也不能支持语义相似度。A－ToPss 试图解决事件和订阅中的事件和订阅的语义不确定性问题，并通过隶属函数来明确定义概念的模糊性（如给出价格便宜的隶属函数），并给出了一种近似匹配算法。本书解决的是概念的语义相似度匹配问题，并利用订阅的阈值和权重信息，实现反映用户偏好的语义匹配。

在发布/订阅系统匹配算法的研究方面，典型的算法分为两类：基于单维索引的算法和基于树索引的算法。但是它们缺乏对语义异构事件的支持。MPOSM 算法支持语义异构的事件，并分成多个独立的阶段，易于在各个阶段集成优化策略，可扩展性好。

在数据库和持久查询系统等研究领域，也有一些与匹配有关的算法，它们在一定程度上与发布/订阅系统的订阅匹配算法类似。在主动数据库领域的触发器和规则处理方面，有一些对订阅和匹配问题的研究［Hanson et al.，1990，Hanson et al.，1999］。与它们相比，发布/订阅系统中的订阅条件一般较为复杂，通常是以事件内容为参数的布尔表达式，从而能比基于关键词的方法提供更为精确的过滤。

在信息检索领域的信息过滤系统和选择性信息分发（SDI）系统中，有很多对匹配问题的研究［Yan and Garcia - Molina，1999，Cetintemel et al.，2000；Chinenyanga and Kushmerick，2001］。在这些系统中，被发送的数据通常是非结构化的文本，订阅条件通常为关键词的集合。信息检索领域的这些系统的关注重点通常是匹配的有效性，即如何找到最相关的信息，而很少关注匹配的效率。其近似匹配方法的研究是基于关键词的匹配方法。在语义信息检索方面，本体被用来提高检索的查全率和查准率［Guarino et al.，1999］。一般使用通过语义相关的词汇来扩展查询的方式。其中使用通用本体，如 WordNet［Miller et al.，1990］来提高查询的查全率；但是 WordNet 不能完整建模特定领域。文献［Latifur et al.，2004］提出了一种使用领域相关的本体的自动的查询扩展机制，从而获得更高的查全率和查准率。

发布/订阅系统的语义匹配问题可以看作异构数据库集成问题的逆问题［Burcea et al.，2003］。订阅对应查询，事件对应数据，问题变成如何匹配数据和查询。在异构数据库集成领域有许多语义相似度匹配的工作，如模式映射［Erhard et al.，2001；Mena et al.，2000］。他们使用本体来表示领域中的知识，并允许用户利用本体中的词汇来构建查询。

在语义服务发现领域中，语义 Web 服务发现是利用本体来匹配用户需求来选择服务，相关的服务是根据本体的语义关系信息进行输入和输出接口的匹配来确定的。Larks［Katia et al.，2002］在匹配过程中使用五种不同的过滤器：上下文匹配、文档比较、相似度匹配、签名匹配和约束匹配。

（四）小结

本部分针对准确、全面和高效地确定所有对发布事件感兴趣的订阅问题，提出了一种基于语义的多阶段优化的事件匹配算法。该算法利用应用领域的公共词汇表的概念语义关系信息和用户偏好信息辅助匹配，提高匹配的全面性和准确性。该算法通过多阶段优化来提高匹配效率。它由预处理和事件匹配两个阶段组成。预处理阶段建立语义关系索引、数据类型索引、元数据索引和订阅索引结构，为事件匹配阶段的高效检索和匹配打下基础。在事件匹配阶段，首先根据匹配的不相关性，利用元数据索引，通过数据来源属性比较，直接找到与其元数据匹配的订阅集，减少订阅搜索空间；然后根据语义属性完全匹配的传递性，利用语义关系索引、属性过滤器多级索引和属性过滤器关系表等，减少属性过滤器比较次数。实验结果表明，该算法能够明显提高匹配的全面和准确性，匹配结果更符合用户偏好，并能保持较高的匹配效率。

五、分布式发布/订阅系统及时性保障技术

已有的发布/订阅系统技术不能满足动态环境下有及时性需求应用的要求。针对及时性保障问题，提出了一种支持及时性需求的传播、事件调度和分发机制，来提供发布/订阅系统的时效性保障。首先，扩展了发布/订阅系统的语法，订阅中引入价格、违约成本和延迟服务质量参数，表示订阅对感兴趣的事件的延迟服务质量的需求程度；其次，提出一种支持及时性需求的传播机制；最后，调度算法利用价格、违约成本和延迟信息，对事件进行调度分发。本章建立了延迟模型，引入了期望收益、预期违约成本和推迟成本等

度量指标，提出了一种基于收益机制的分布式发布/订阅系统及时性保障技术和使系统获益最大化的调度算法 MTEP（Maximum Total Earning Priority），其特点是能满足订阅者和发布者指定延迟约束的需求，充分利用了网络带宽，适应网络环境的动态变化。实验证明，该调度策略和 FCFS、最短时间优先和固定优先级等传统策略相比，使订阅者能接收到的有效事件明显增多并使系统收益显著改善。

随着网络分布式计算的发展，一些领域的应用对发布/订阅系统设施提出了数据分发的及时性（timelineness）需求；在一些应用场景中，事件发送到订阅者太晚就是错误的信息，如股市行情系统和环境监测系统对事件的延迟都有较严格的要求。另外动态环境下，网络的通信带宽运行时不断动态改变，发布/订阅系统设施应该能适应网络环境的变化。因此发布/订阅系统中的及时性保障是需要解决的重要问题。

而发布/订阅系统的时间、空间和同步方面的松散耦合的特性，使传统的基于资源保留机制的技术难以适用。我们需要一种及时性需求的表达、传播和保障机制，它能与支撑的发布/订阅系统无缝集成，而不违反系统松散耦合特性。

已有的发布/订阅系统的路由算法主要有洪泛法、简单路由和基于覆盖的路由等。但是已有的发布/订阅系统的路由算法存在如下问题：（1）仅考虑订阅者内容约束在网络中的传播，而没有考虑延迟服务质量约束在网络中的传播；（2）未考虑元数据的传播，而元数据会对订阅的路由、事件的匹配有优化作用。因此我们有必要研究支持延迟约束和元数据传播的路由机制。

分布式发布/订阅系统一般采用分布式事件代理服务器网络。事件要通过多个事件代理服务器才能到达订阅者，由于发布/订阅系统本身的松散耦合性，其及时性难以保证。一个事件能满足多个订阅，而不同的订阅对相同事件的及时性需求也不同；同时它的时间延迟要受到路径上所有这些事件代理服务器的调度决策的影响；而开放的 Internet 网络环境下带宽不断动态变化。已有的发布/订阅系统不能满足动态环境下有延迟需求的应用的要求，典型的发布/订阅系统 SIENA［Carzaniga et al.，2001］、JEDI［Cugola et al.，2001］和 Le Subscribe［Pereira et al.，2001a］等都没有考虑及时性问题。这些系统中事件代理服务器上消息的调度都采用一种先来先服务（FCFS）的策略，无法满足有时间约束的紧迫性任务的需求。工业界的规范 JMS［SUN，2002］和 CORBA 通知服务规范［OMG，2002a］提供了设置事件的有效期和事件优先级的接口，但是其方法是静态的，也不能满足不同的订阅对相同事件有不同的延迟约束的需求。在覆盖网络上提供服务质量保障（QoS Assurance）来支持实时应用（如多媒体流）有大量研究，主要包括资源保留（如 QRON 系统［Li and Mohapatra，2004］）、优先级调度（如 OverQos［Subramanian et al.，2004］）和 QoS 路由［崔勇等，2002；Lorenz and Orda，1998］的方法。文献［Lorenz and Orda，1998］考虑了带宽和延迟参数的概率分布，采用了路径优化和延迟分解的方法来解决端到端的延迟约束问题。而发布/订阅系统本身具有松散耦合性，发布方和订阅方之间没有明确的连接，有着多对多通信的特点，因此传统的 QoS 解决方案不适用。所以在有时间延迟约束的发布/订阅系统中改善其有效性，使尽可能多的有效消息到达仍然是一个挑战性问题。

综上分析，面对网络带宽资源有限，而要解决延迟约束问题时，我们必须注意不要违反时间、空间和同步的松散耦合的特性。而当系统面临高的负载时，不可能对所有订阅者提供未受影响的服务；如果在过载情况下分发数据到所有订阅者，会导致系统服务的非优雅退化（ungraceful degradation）。而已有的基于连接的资源保留机制，违反了发布/订阅系统的松散耦合的特性。传统的优先级系统中利用固定数目的可用优先级类别，把整个内容空间划分，指定每个消息/节点/进程到可用的类别之一。因此，我们考虑提出一种能够动态改变优先级的方法，它不同于仅局限于固定数目的可用优先级数目，从而给用户更大的自由度。

因此，我们采用一种动态优先级的方法来解决延迟约束问题，并与支撑发布/订阅系统无缝集成。订阅者通过提供价格来表示它们对信息支付的意愿,违约成本来暗示事件未按期到达可能给系统带来的损失。价格和对信息内容的订阅请求一起在网络中扩散,暗示订阅者对所需求信息内容的要求程度。价格和违约成本在网络中传播开后,作为一条隐性的线索,连接起了发布者、中间路由节点和订阅者;但是发布者和订阅者并没有显式地建立连接,从而也没有违反发布/订阅系统固有的松散耦合特性。然后利用价格、违约成本和延迟等信息来有效辅助事件调度的决策过程。我们提出了一种基于收益机制的分布式发布/订阅系统及时性保障技术,扩展了发布/订阅系统的语法,引入了事件的期望收益、预期违约成本和推迟成本等度量指标,提出了一种系统获益最大化的调度策略MTEP(Maximum Total Earning Priority),来满足应用的延迟约束。实验证明,该调度策略和网络社区经常使用的先来先服务(FCFS)、最短时间优先和固定优先级的策略相比,使系统收益更大并使订阅者能接收到更多的有效事件。

（一） 问题的解决思路

综合上述分析,我们需要一种及时性需求的表达、传播和保障机制,它能与支撑的发布/订阅系统无缝集成,而不违反系统的松散耦合特性。

我们的思路是在负责发布和接收事件的应用系统中,有发布者和订阅者两个角色,发布者发布事件,同时指定事件的有效期;订阅者一方面发布订阅,同时指定订阅的延迟约束和价格来表示订阅者对感兴趣的事件的延迟服务质量的需求程度;另一方面接收满足订阅要求的事件。价格和对信息内容的订阅请求一起在网络中扩散,暗示订阅者对所需求信息内容的要求程度。价格在网络中传播开后,作为一条隐性的线索,连接起了发布者、中间事件代理服务器节点和订阅者。调度算法根据事件的有效期、订阅的延迟约束、价格和违约成本以及网络带宽等信息确定事件的优先级来进行调度。

因此,首先扩展发布/订阅系统的语法,订阅中引入价格、违约成本和延迟服务质量参数，表示订阅对感兴趣的事件的延迟服务质量的需求程度；事件中引入有效期参数；并增加发布元数据的接口。然后提出一种支持及时性服务质量需求的传播机制。接着建立延迟模型，引入了期望收益、预期违约成本和推迟成本三个度量指标，提出了一种基于收益机制的分布式发布/订阅系统及时性保障技术和使系统获益最大化的调度算法。

（二）及时性需求的表达

应用系统通过扩展的发布/订阅 API 来指定延迟约束，满足对及时性需求的声明。系统通过指定服务质量参数（在这里主要是延迟约束参数），实现服务质量与事件和订阅内容分离，实现了 QoS 的解耦。

表 10 - 7　发布/订阅语法的扩展

已有典型系统的 Pub/Sub API	扩展的 Pub/Sub 系统 API
publish（X，e）	publish（X，e，Timeout，timestamp）
subscribe（Y，S）	subscribe（Y，S，Deadline，price，penalty）
unSubscribe（Y，S）	unSubscribe（Y，S，Deadline，price，penalty）
notify（Y，e）	notify（Y，e，Timeout）
	publishMetaData（X，metaData）
	unpublishMetaData（X，metaData）

表 10 - 7 给出了 Pub/Sub 语法的扩展。它比典型的发布/订阅系统增加了两个接口，分别是发布元数据和取消元数据的接口。发布者 X 发布事件 e 时，同时通过 Timeout 参数指定事件的有效期，系统自动产生时间戳（timestamp）来表明事件的发布时间。订阅者 Y 不但通过订阅 S 声明了对事件内容的过滤，而且通过 Deadline、price 和 penalty 指定了对事件的时间约束、获取事件的出价以及和系统商定的事件未按期到达的违约成本。当事件满足订阅的内容约束和时间约束时，订阅者才会被通知。举股票市场为例加以说明，publish（X，{symbol = " Legend"，Change = " 1.5 RMB"}，

Timeout = " 60s", timestamp = " Oct 8 10:30:01 MST 2006 "),
subscribe (Y, {symbol = "Legend", change > "1 RMB"}, Dead-
line = "40s", price = "1.5", penalty = "0.15"), 发布者 X 和订
阅者 Y 都指定了对事件的时间约束, 发布者 X 发布的事件和订阅
者 Y 声明的订阅在内容上相匹配。系统增加了对时间约束的 QoS
功能扩展, 但并没有以 QoS 合约的方式绑定参与双方, 仍然保留
了发布方和订阅方之间的松耦合性。

（三）支持及时性需求的传播机制

针对现有的发布/订阅系统的路由算法对订阅的及时性需求的
传播的支持存在的不足, 提出了一种支持及时性需求传播的机制。
它由三部分构成: 元数据转发、订阅转发和事件转发。引入价格来
表示订阅对感兴趣的事件的及时性服务质量的要求程度; 在发布者
和订阅者之间通过代理网络扩散价格和订阅内容信息时, 从而当分
发事件时, 能识别出最受益的事件。对元数据转发而言, 事件代理
服务器预先建立了一棵以自己为根的生成树; 当收到其客户的元数
据发布请求后, 就按这棵生成树将元数据消息转发给其他各事件代
理服务器。对订阅转发而言, 订阅沿着匹配元数据的逆向路径转发
订阅消息, 取消订阅沿着订阅的路径来取消已发布的订阅。而对事
件转发来说, 事件沿着匹配的订阅的逆向路径转发。

（四）发布/订阅系统的延迟模型和调度算法

要确保发布/订阅系统的及时性, 就需要建立考虑各个阶段延
迟的系统延迟模型。

事件从发布者到订阅者要经过多个事件代理服务器, 要保证其
时间约束, 就要考虑不同阶段的时间延迟。事件消息的延迟由从发
布者到订阅者的路径上的每条连接上的延迟和在每个事件代理服务
器上的延迟构成, 如图 10-13 所示。连接延迟又包括发布者到边
界代理服务器的延迟、相邻的事件代理服务器间的延迟和订阅者到
边界代理服务器的延迟。其中事件代理服务器上的延迟和事件代理
服务器间的延迟是主要的, 而发布/订阅客户端到事件代理服务器

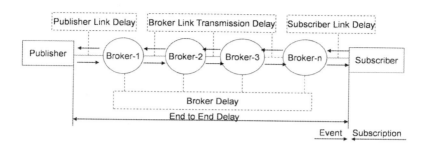

图 10 - 13 系统的延迟

的连接延迟一般是比较小的（移动客户端会稍长）。

调度算法根据事件的有效期、订阅的信息（内容约束、延迟约束和价格信息）、违约成本和网络带宽等信息，引入了期望收益、预期违约成本和推迟成本等度量指标，确定事件的优先级进行转发，具体算法描述和分析如 [马建刚 2009，Ma et al.，2008] 所示。

（五）相关工作比较

目前典型的发布/订阅系统，如 SIENA、JEDI、Le Subscribe 和 Gryphon 等都没有考虑时间约束问题。近年来出现了一些发布/订阅系统的服务质量保障方面的研究。文献 [Behnel et al.，2006] 提出了发布/订阅系统需要解决的延迟约束、带宽、消息优先级和发送顺序等问题，但没有针对延迟约束的服务质量问题给出具体的解决方法。文献 [Araujo and Rodrigues，2001] 提出了一种支持服务质量的事件代理服务器结构。IndiQos [Carvalho et al.，2005] 扩充了 Hermes 系统，并把服务质量需求表达为订阅和广告的附加属性，允许订阅者指定最大延迟，采用了资源保留的机制来解决路由问题，但是不同的订阅对同一个事件有不同的延迟需求，会导致资源消耗过大，不适合大规模分布式计算环境。文献 [Jerzak and Fetzer，2006] 提出了一种在发布/订阅系统中使用价格机制来解决过载问题的方法。文献 [Zieba et al.，2005] 提出了发布/订阅系统的服务质量约束的一组参数和路由的一般规则，但是没有针对端到端的延迟约束提出有效的方法。本文利用调度策略，提出了一种基于收益机制的分布式发布/订阅系统的及时性保障的有效解决方法。

工业界的规范 JMS 和 CORBA 通知服务规范都定义了消息分发的服务质量选项，提供了设置事件的有效期和事件优先级的接口，但是其方法是静态的，而且没有像 MTEP 这样提供支持订阅指定时间约束的方法。OMG 的 DDS（Data Distribution Service）规范 [OMG，2002b] 定义了对时间约束的截止期的服务质量策略和延迟目标两种策略。我们提出的 MTEP 算法采用了动态优先级策略，并考虑了网络带宽等因素，适应了网络环境变化。

一些发布/订阅系统可以按照优先权给消息排序，来等待消费者进行处理。优先权影响处于暂态中的消息，而不是处理中的；运行时通过应用调度器执行优先权来处理。这就暗示两个监听同一个主题的订阅者可以按照不同的顺序来处理消息。IBM MQSeries 和 TIB/Rendezvous 等就集成了优先权，尽管优先权的数目和应用的方式有所不同。

已有的覆盖网络上的服务质量的研究工作 [Li et al.，2004，Subramanian et al.，2004] 主要采用传统的单播和多播通信方式，与发布/订阅系统的多对多的间接通信方式不同；传统的服务质量保障的研究都是基于保留着必要资源的建立的连接或渠道来实现服务质量保障（如延迟等），而发布/订阅系统本身具有松耦合性，发布方和订阅方之间没有明确的连接，因此传统的服务质量解决方案不适用。

在传统的网络路由的领域研究中，调度指从结点的每一个输出链路中挑选出在下一个有效周期发送的分组；调度算法主要分为基于速率的调度算法和基于时间的调度算法。主要的调度策略近似于广义处理器共享（GPS）调度策略，简化的近似 GPS 策略调度算法有自时钟公平排队（SCFQ）、最坏状况公平加权公平排队（WF^{2}Q）和最小时延自时钟公平排队（MD-SCFQ）等方案。但是这些调度方法主要用于底层网络的数据包的调度，不适用发布/订阅系统应用层覆盖网络的调度。

六、基于发布/订阅方式的语义数据交换分发集成系统的设计实现

该系统由代理服务器和集成代理两部分组成，具体系统结构如图 10 – 14 所示。代理服务器互相连接，构成基于发布/订阅方式的数据分发网络。数据源通过集成代理发布数据，利用数据分发网络，实现数据提供者到订阅者的高效分发。首先给出系统结构，然后介绍系统的部署环境。

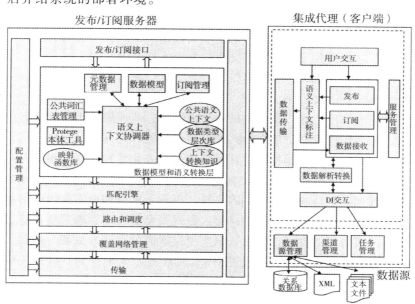

图 10 – 14　基于发布/订阅方式的语义数据集成系统结构

（一）代理服务器的结构和功能

根据发布/订阅系统的可扩展的设计需求，系统的代理服务器

的主体功能采用分层结构，系统自上而下分为六层，分别是发布/订阅接口层、数据模型和语义转换层、匹配层、路由调度层、覆盖网络层以及传输层。每层建立在下层提供的功能基础之上，并向上层提供清晰定义的接口。层间彼此独立，每层的实现容易被不同的实现替换。

发布/订阅接口层提供了发布/订阅中间件的元数据、事件、订阅和通知的发布的 API 接口。

数据模型和语义转换层负责维护元数据模型、语义事件模型和语义订阅模型，实现数据的语义转换，并对系统的元数据和订阅进行管理，并维护系统的公共词汇表和映射函数库。其中，语义上下文协调器利用公共词汇表和映射函数库，既实现了数据源发布的订阅、元数据和事件从本地语义上下文到系统公共上下文的转换，又实现了通知从系统公共上下文到数据源本地上下文的转换。上下文协调器模块是语义转换层的核心，它负责检测事件、订阅和元数据和系统公共语义上下文的冲突，并通过调用映射函数库的映射函数，完成事件、订阅和元数据的语义转换，从而解决语义冲突。公共词汇表管理该模块负责公共词汇表的管理，它完成对存储领域词汇表的文件的解析和加载；并对领域词汇表预处理，建立语义关系索引，提高运行时的查询效率。映射函数库管理模块负责映射函数库的管理，包括映射函数库的存储、更新、加载和检索，该映射函数库通过配置文件的方式来存储。数据类型层次库管理模块负责数据类型层次库的管理，包括数据类型层次库的存储、更新、加载和检索。该数据类型层次库通过 OWL 文件的方式来存储。系统集成了开源的 protégé 本体工具，可以通过图形化的界面完成数据类型层次库的编辑、修改、存储和浏览工作；集成了 Jena 解析器，完成对存储数据类型层次库的 OWL 文件的解析和加载；并对数据类型层次库预处理，建立数据类型关系索引，提高运行时进行子类型关系判断的效率。

匹配层通过匹配引擎来进行有效的事件匹配；通过高效的事件匹配算法，快速找到事件满足的所有订阅。

路由调度层负责元数据、订阅和发布数据的转发等。它负责消息路由决策，根据元数据和订阅来改变相应的路由表，并转发消息。路由层提供了支持不同的路由算法的组件集合。调度模块负责从等待发送的事件队列中，找到优先级最高的事件发送。

覆盖网络层是逻辑上在支撑的网络层上的虚拟的通信结构，该层的主要任务是维护代理服务器网络的拓扑结构，处理覆盖网络的状态更新信息，并处理覆盖网络节点的加入、离开等动态变化。

传输层是代表支撑网络的单播通信服务，提供代理服务器之间的可靠消息传输。该层负责与物理网络层的协调：从覆盖网络层来的消息需要序列化，并通过确定的协议发送到特定的网络地址；从物理网络层来的消息需要被反序列化传递到上层。传输层采用的通信协议是 UDP 或 TCP。

另外配置管理是系统的辅助设施，它实现对服务器的系统配置，根据应用和系统需求来配置传输协议、覆盖网络结构、路由策略、调度算法和事件匹配算法等。交互管理负责与 DI 代理子系统（发布代理/订阅代理）交互；用于获取传输模块收到的消息，并根据消息类型分发给上下文协调器进行数据转换，然后相应发给订阅管理、元数据管理或匹配引擎模块执行相应的处理；对于通知消息，它根据订阅者信息，然后与 DI 代理的数据传输模块协作完成通知的分发。

系统的代理服务器子系统采用了分层的模块化设计。层之间的标准化接口限制被改动层的改动代码的影响只局限于一层，不用改变其他层就可以适应被改变层，独立层实现容易被语义上等价的实现替换，这样提高了系统的局部依赖性、可移植性和可替换性。

（二）集成代理的结构

集成代理（DIProxy）一方面负责和数据源相连，抽取数据、元数据和加载用户感兴趣的数据；另一方面向代理服务器发布订阅、元数据和事件（从数据源抽取的数据）。集成代理子系统按角色可分为发布方代理和订阅方代理。用户通过 DIProxy 与代理覆盖网络进行信息交互，完成数据的发布、订阅等请求。作为发布方代理，通过指定待发布的数据源、元数据和数据发布周期等发布属性，向代理服务器发布元数据；然后按照指定的规则来定期抽取数据，实现数据的发布。作为订阅方代理，通过指定订阅条件，向代理服务器提交数据订阅请求，实现数据订阅；当感兴趣的数据到达时，负责根据指定的加载策略，加载到相应的数据源中。

DI 集成代理子系统由用户交互、发布、订阅、数据接收、数据传输、语义上下文标注、DI 交互等模块组成。DI 交互模块实现了以下功能，包括：（1）DI 配置管理：创建和维护发布/订阅相关的配置，包括创建与发布相关的发送数据源、发送渠道和发送任务，创建与订阅相关的接收数据源、接收渠道和接收任务；（2）抽取发布数据源的元数据；（3）关联管理：维护接收到的数据的模式和订阅者（接收数据源模式）的关联关系。数据传输提供 DIProxy 与代理服务器间的消息通讯服务，用于将元数据、数据、订阅和查询以一定的传输方式发送到代理服务器，包括 TCP、UDP 等传输方式。语义上下文标注模块负责完成对原始元数据、原始事件和原始订阅的语义上下文的标注，转化为扩充本地上下文的元数据、本地语义事件和本地语义订阅。数据接收模块用于实现数据接收功能，它接收来自代理服务器的通知，并根据订阅时指定的加载策略，向相应的数据源加载。发布模块负责元数据的发布和数据的发布；同时维护数据发布与发送任务的关联关系；当发布元数据时，从发布数据源抽取获得元数据信息，通过传输模块，将元数据发布到代理服务器；数据发布子模块按照数据模型生成相应的事件，向代理服务器发布；它提供了增量数据发布功能。订阅模块负责订阅的发布、取消和查询等功能；同时维护订阅与接收任务的关联关系；当发布订阅时，根据数据模型创建订阅，通过与传输模块的协作，将订阅发送到代理服务器上。用户交互模块负责实现用户与系统的交互，将用户的操作命令解析，翻译成发布、订阅或查询请求，触发相应的发布、订阅模块执行。DIProxy 实现从关系数据库、文本文件和应用程序等多种异构的数据源中抽取、转换和加载数据等功能。

数据源管理模块负责管理各类数据源适配器和各种类型的数据

源。数据源适配器包括关系数据库适配器、平面文件适配器、XML文件适配器和电子表格适配器等多种类型。它屏蔽了各类数据源（关系数据库、文本文件、XML 文件和电子表格等）的结构异构。数据源适配器管理指对各类数据源适配器的加载和卸载进行管理。数据源适配器负责产生数据源对象，对数据源执行来自任务执行请求。它针对发送数据源的处理功能包括：（1）提供"准备读取"操作，获取这次发送需要的全部数据；（2）对于每类数据，提供一个数据操作对象，可以按照数据块的大小对准备好的数据进行读取；（3）提供对增量方式的支持。针对接收数据源，其功能包括：（1）提供准备存储操作，为后面的存储数据进行准备；（2）产生一个数据操作对象，对收到的每块数据进行数据转换，形成一种公共的数据结构，然后根据数据源的定义将数据存储到指定的地方，通过数据操作对象可以将数据格式转换为各种形式（如文本文件、XML 文档）；（3）解决数据存储冲突。

　　数据源管理主要指对发送数据源和接收数据源的管理，主要功能包括：添加数据源、修改数据源属性、删除指定数据源、存储和读取数据源描述信息以及查询和遍历数据源。数据源管理负责数据源属性在数据字典中的存储和获取，它以 XML 文件的方式保存。系统为了提高数据源执行的效率，维护了一个数据源对象的链表，当创建、删除和修改数据源时，需要对该链表进行更新；当需要对一个数据源进行执行操作时，也只需要从该链表中获取对象。当添加数据源时，首先检查要创建数据源的属性信息，包括数据源名字、数据源的描述、数据源创建者和创建时间、数据源类型和数据结构描述等，确定是否正确；其次，获取数据源名字；接着调用相应的数据源适配器进行初始化工作；最后，将数据源信息保存到数据字典中。以上任何一步如果出错使得数据源创建失败，都需要回归已做的工作。

　　语义上下文标注模块利用语义上下文分类树，负责给数据源的元数据和数据消费者的订阅信息标注其本地上下文，并以文件的方式来存储其标注信息。

发布模块自动将来自发布数据源的数据根据数据模型生成事件，向代理服务器发布。发布模块提供了周期性数据发布功能，根据任务的周期模式来调度执行发送任务，实现数据的自动发布。一个自动任务的周期模式由开始类型、结束类型、周期类型、周期跨度、周期内的执行时间和失败重试时间等部分构成。开始类型包括创建任务后立即开始执行和在指定的时间后开始两种。结束类型有永不结束、执行若干次后结束和在指定时间后结束三种方式。周期类型包括按年、月、日、时、分和秒等。周期跨度指跨几个周期类型执行。周期内的执行时间指周期内任务执行的具体时间和执行的次数，如按周执行时，指定每周的一、三、五各执行一次。失败重试时间指当任务执行失败时，指定的任务重试的时间；在此时间段内，任务将多次重试，直到执行成功。发送任务的调度执行使用了一个专门的调度线程。该线程启动一个发送任务后，会根据下次启动时间的顺序对所有自动任务进行排序，然后等待最近任务执行时刻的到来，到了该时刻后，启动该发送任务，依次循环。发布模块支持增量数据发布方式，在该方式下仅发送数据源中发生变化的数据，保证了上一次已经传输过的数据，下一次传输时被忽略。增量数据发布主要针对关系型数据库类型的数据源，提供了触发器增量和快照增量两种实现方式。

（三）系统部署环境

该系统包括三类实体：数据源、DI 集成代理和代理服务器。数据源通常包括关系数据库、文本文件、XML 文件和电子表格等。代理服务器位于有线网络之上，多台代理服务器相互连接，在逻辑上构成系统的应用层代理服务器覆盖网络，对外向数据发布者和订阅者提供基于发布/订阅的数据分发功能。代理服务器覆盖网络是发布/订阅系统的核心，各代理服务器节点之间是对等的关系，通过 TCP/IP 协议进行通信。每个代理服务器节点只维护与其相邻服务器节点的拓扑信息，包括相邻节点的标识、访问路径以及来自相邻服务器节点的订阅和元数据信息等。面向大规模数据分发的发布/订阅系统的分布式部署结构如图 10 - 15 所示。

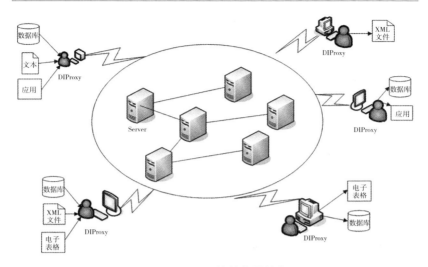

图 10 − 15 系统的部署结构

第十一章　数据知识化相关技术

大数据的应用中，无论是商业智能、情报分析还是领导决策支持，数据的价值体现在数据中所蕴含的信息和知识。从大数据中挖掘和发现有价值的信息和知识，对于提升智能化管理水平、强化决策能力乃至对国民经济社会的发展都有极其重要的作用。例如，智慧城市就是通过将与城市发展相关的各类大数据进行融合、处理、分析，以提供更好的知识服务，实现对城市的智能化管理。然而，大数据具有诸多复杂特征，从大数据中发掘信息和知识并对其进行深入的计算和分析，实际上已经成为知识计算和知识服务的重要挑战。一方面，因为大数据数量规模巨大且数据类型多样化，需要有效的知识表示工具来有效地描述数据和知识，进而才有可能实现有效的数据处理。另一方面，大数据分析和处理需要有效的多源信息融合技术，以方便对来自不同信息源的不同类型的数据进行处理和分析。目前，语义网、本体技术、知识图谱等技术在业界获得了广泛的关注，为大数据环境下的知识表示、多源信息融合处理提供了新的技术支持。

第一节　知识表示技术

知识表示（Knowledge Representation，KR）是知识的组织、管理和使用的前提和基础。知识的利用需要将知识有效地组织和管理起来，而知识组织和管理首先需要能够以一种计算机可理解和可处理的描述知识的方式。任何知识组织方法都要建立在知识表示基础之上。知识表示就是对知识的一种描述，是指把知识客体中的知识因子与知识关联起来，便于人们识别和理解知识。它也可以看作对知识的一组约定，一种计算机可以接受的用于描述知识的数据结构。常见知识表示方法有基于逻辑的知识表示、产生式表示、语义网络、框架法、面向对象表示、基于本体的知识表示等。其中，基于本体的知识表示方法是目前国内外广泛关注的、研究比较深入的知识表示方法之一。

一、语义网和本体

万维网（World Wide Web，WWW）之父提姆·伯纳斯－李（Tim Berbers－Lee）2000年提出了语义网（Semantic Web）的概念，通过为Web上所有种类的数据引入清晰的语义和结构化描述，使计算机可以理解Web上的资源，实现计算机之间基于语义的信息交换。语义网是下一代的万维网，即Web3.0的发展方向。早期的万维网Web1.0主要依赖HTML的静态Web页面。页面上的内容需要人和用户的访问和理解，机器根本无法理解页面的内容。后来的Web2.0主要面向微博、博客等应用，用户参与了制造数据的过程。Web2.0的页面内容是部分结构化的，机器还是不能理解Web2.0页面的内容。面向海量的页面数据，人们准确、全面、快捷地从网页信息中获取有价值信息的难度是越来越大。如果机器能够理解网页内容的话，网页信息的知识获取就可以让机器替代人类去做，无疑会大大提高知识获取的准确性、提高知识的利用效率。

语义网，也就是Web3.0，是面向机器的，采用一种以计算机可理解的方式来描述数据，因此机器/设备能够自动理解Web页面的内容，从而可以自动化处理、集成来自不同数据源的数据。语义网对现有的Web增加了语义支持，其目标就是帮助计算机在一定程度上理解Web信息的含义，使高效的信息共享和机器智能协同成为可能。

语义网首先采用流行的Unicode字符集对任何语言的字符进行编码，以便计算机很容易地理解和接受这些字符。采用通用资源标识符（Uniform Resource Identifier，URI），可以通过简单字符串唯一标识任何抽象或物理资源。网络上的HTML文档、程序、图片、音频、视频等资源都可以通过 URI 编码的地址唯一标识，从而实现 Web 资源的统一定位。

为了描述数据之间的联系，使用扩展标记语言（EXtensible Markup Language，XML）以一种自我描述的方式定义数据结构。在描述数据内容结构的同时可以突出描述数据之间的关联结构。同时结合命名空间（Name Space）和 XML 模式规范（XML Schema）以更好地描述数据及其之间的关联。然后，语义网提供了描述 Web 信息资源的通用框架，即资源描述框架（Resource Description Framework，RDF）。RDF 本质上是一种类似图的数据描述模型。采用由主题（s）、谓词/属性（p）以及客体/属性值（o）所组成的三元组（s，p，o）的集合来描述资源的元数据。

语义网的核心层是本体层。本体是一个形式化的、共享的、明确化的、概念化规范。用户通过定义领域本体，可以对应用领域内的元数据的语义达成共同的、一致性的理解，从而提高异构系统之间的互操作性，促进知识共享。在语义网中，主要采用 RDFS（RDF Schema）和 OWL（Web Ontology Language）等本体描述语言来定义领域内的具体元数据的语义。通过这些本体描述语言所建立的轻量级的本体可以支持机器在 RDF 和 OWL 所描述的知识库中进行语义推理，以实现语义网的目标。

本体提供了一个共享的概念化的词汇库，用本体来表示知识可以统一应用领域内的概念，并构建本体层级体系表示概念之间的语义关系，实现人类、计算机对知识的共享和重用。构建本体的五个基本的建模元素是：类、关系、函数、公理和实例。类（Classes）也就是通常所说的概念（Concepts）。概念是所要描述的事物的客观抽象，关系指的是在领域中概念之间的交互作用。函数则是一类特殊的关系，一个关系的前 $n-1$ 个元素可以唯一决定其第 n 个元素。公理代表永真断言。实例则代表具体的元素。本体描述了四种特殊关系：继承关系（概念之间的父子关系）、部分关系（概念之间部分与整体的关系）、实例关系（类对象和类之间的关系）和属性关系（某个概念是另一概念的属性）。本体推理也依赖于关系的各种属性，依据这些属性的逻辑性，可以推理出概念间的隐含关系。关系的属性有：传递性属性、关系继承性、反向关系继承性、逆属性、对称性属性以及等价性属性，等等。

将本体引入知识库的知识建模，建立领域本体知识库，可以用概念对知识进行表示，同时揭示这些知识之间内在的关系。领域本体知识库中，不仅可以通过纵向的分类关系描述知识的类属分类，也可以通过横向的语义术语关联描述知识之间的关联关系。推理机还可以进一步利用这些知识进行推理，从而提高检索的查全率和查准率。

如何构建本体知识对于实现高效的知识重用和共享至关重要。由于本体具体应用领域的不同以及出于具体工程的考虑，本体的开发和构建目前还没有一个标准的构造方法。通常来说，构造特定领域本体需要该特定领域诸多专家的参与。Gruber 早在 1995 年就提出了比较经典的本体构建的 5 条准则：

1. 清晰（Clarity）。必须有效地说明本体所定义术语的意思。术语定义应该是客观的、背景独立的、完整的。如果定义可以用逻辑公理表达，最好采用形式化定义。另外，所有定义应该用自然语言加以辅助说明。

2. 一致（Coherence）。本体是一致的指的是本体支持与其相关定义相一致的推理。所定义的相关公理以及用自然语言进行说明的文档都应该保持一致性。

3. 可扩展性（Extendibility）。本体定义需要支持在已有的概念定义基础上可以定义新的术语，这样在无须修改已有的概念定义前提下满足不同领域应用的特殊需求。

4. 最小的编码偏好度（Minimal encoding bias）。考虑到不同的应用领域所采用的知识表示方法可能不同，因此概念的描述不能依赖于某种特殊的符号表示方法。

5. 最小本体约定（Minimal ontological Commitment）。特定领域的本体构建需要领域专家的参与，领域本体相关术语的定义约定应该最小，只要能够满足特定的知识共享需求即可，不求大而全。

二、语义 Web 数据管理系统

现有的语义 Web 数据管理系统大多是基于三元组表方案进行存储的，主要有 Sesame、Jena 和 YARS + ActiveRDF；另外，值得一提的还有 KAON2，它采用模式生成方式将数据存储在演绎数据库中［杜小勇等，2009］，具体见表 11 - 1。

表 11 - 1　典型语义 Web 数据管理系统

系统名称	网址	研发单位	特点
Sesame	www. openrdf. org	德国 Aduna 公司	开源的基于 Java 的语义 Web 数据存储系统。其特点是在数据存储和查询语言之间增加了一个中间层——SAIL。通过引入 SAIL，用户将查询语言对数据存储的调用转变为两个接口：查询语言与 SAIL 的接口和 SAIL 与数据存储之间的接口在 SAIL 层之上，系统提供了管理、查询和导出模块，在这 3 个模块之上，客户端可以通过 HTTP 协议和 SOAP 协议来访问 Sesame 服务器。
Jena	jena. sourceforge. net	惠普公司	开源的基于 Java 的语义 Web 数据存储系统，在语义 Web 领域应用广泛，更侧重于对语义 Web 上层数据的支持，如 RDFS 和 OWL，推理功能更加全面。提供了一套面向三元组格式的 API，支持对语义 Web 数据进行存储和查询。
YARS + ActiveRDF	sw. deri. org/ 2004/06/yars/ www. activerdf. org/	Ireland 大学	YARS 和 ActiveRDF 的组合构成一个完整的语义 Web 数据管理系统。YARS 侧重于对语义 Web 数据的底层存储，而 ActiveRDF 是一套基于 Ruby/Rails 的支持语义 Web 数据查询的面向对象 API，侧重于对上层请求的支持。
KAON2	kaon2. semanticweb. org	德国 Karlsruhe 大学	开源语义 Web 工具包，基于演绎数据库存储数据，采用模式生成方式，将语义 Web 数据中的资源映射成表，如同关系数据库的模式设计，并将数据存储于表中。支持客户端使用 DIG 接口访问服务器数据，侧重于语义 Web 体系结构中本体层数据的存储，它既是一个语义 Web 数据存储系统，又是一个推理系统。

三、本体构建工具与本体学习

在过去的 10 年里，已经出现了许多本体构建工具，从最早的 Ontolingua、WebOnto 到 Protégé – 2000、WebODE、OilEd、OntoEdit 等，本体构建工具日趋成熟。这些工具提供了友好的图形化界面和一致性检查机制。借助这些工具，用户可以把精力集中在本体内容的组织上，而不必了解本体描述语言的细节，而且避免了很多错误的发生，方便了本体的构建。但是，这些工具提供的仅仅是本体编辑功能，支持的仍然是手工构建本体的方式。即使使用这些本体编辑工具，用户依然需要逐个地输入和编辑每个概念的名字、约束、属性等内容。现有的大部分系统都是靠手工输入大量的知识，然后才能基于这些知识进行推理或获取新的知识。由于手工方法费时、费力，使本体的构建成为一项艰巨的任务。因此，如何利用知识获取技术来降低本体构建的开销是一个很有意义的研究方向。目前，国外在该方向的研究很活跃，把相关的技术称为本体学习（ontology learning）技术，其目标是利用机器学习和统计等技术自动或半自动地从已有的数据资源中获取期望的本体。由于实现完全自动的知识获取技术还不现实，所以，整个本体学习过程是在用户指导下进行的一个半自动的过程。针对不同类型的数据源需要采用不同的本体学习技术，根据数据源的结构化程度，将本体学习技术分为三大类：基于结构化数据的本体学习技术、基于非结构化数据的本体学习技术和基于半结构化数据的本体学习技术［杜小勇等，2006］。

到目前为止，国外已经开发了许多本体学习工具，下面重点介绍几个具有代表性的工具：OntoLearn、Text – To – Onto 和 Onto Builder，如表 11 – 2 所示。

表 11 - 2　代表性的本体学习工具

系统名称	研发单位	特点
OntoLearn	罗马大学	一个基于文本的本体学习工具，它能够获取概念及其关系。其主要特点是：将语义解释的方法应用到本体获取中，即首先使用基于语言学和统计的方法从一组文本集中抽取出领域相关的术语，然后使用通用本体中的概念对这些术语进行语义解释，从而确定术语之间的分类及其他语义关系。OntoLearn 选择 WordNet 作为通用本体，使用 WordNet 中的概念对获取的术语进行语义解释，从而使所构建的领域本体与 WordNet 具有明确的关系，这样的好处是有利于不同领域本体之间的互操作和一致化。
Text - To - Onto	Karlsruhe 大学	一个整合的本体学习工具．其主要特点是可以支持从多种数据源中获取本体。目前，它已经可以做到从非结构化数据（纯文本）和半结构化数据（HTML，词典）中获取概念及其关系。对于从非结构化数据中学习本体，它使用加权的词频统计方法来获取概念，使用基于概念层次聚类法来获取分类关系，使用基于关联规则的方法来获取非分类关系；对于 HTML 数据，它将其预处理成纯文本，然后利用基于非结构化数据的本体学习方法从中获取本体；对于词典，它使用基于模板的学习方法，该系统能够处理德文和英文的数据源。
OntoBuilder	密西西比州立大学	一个从 XML 和 HTML 中获取本体（包括概念及其关系）的工具。它看起来像一个 Web 浏览器，当使用它来获取本体之前，需要手工构建一个初始的领域本体；然后，在用户浏览包含相关领域信息的网站的过程中，该工具会为每个网站生成一个候选本体；最后，在用户的参与下将这些候选本体与初始本体合并。其中，使用的本体学习方法主要是词频统计和模式匹配（包括子串匹配、内容匹配、词典匹配）。它可以支持英文的网页，但在实际中，它并不能适用于所有的网站，因为有些网站包含了它不支持的技术，如带有脚本（scripting）的网页。

四、知识图谱

知识图谱是一种对知识进行可视化的描述方法。它用可视化的方式描述知识资源及其载体，可以用来构建、挖掘、分析、绘制和显示知识以及知识之间的联系。知识图谱结合了应用数学、图形学、信息可视化技术、信息科学、计量学等学科的理论与方法，把复杂的知识领域通过数据挖掘、信息处理、知识计量和图形绘制而显示出来，揭示知识领域的动态发展规律，为学科研究提供切实的、有价值的参考。知识图谱在发达国家已经成为科学计量学、管理学、科学学和情报学等领域的研究热点，也逐步实际应用并取得了较好的效果，但其国内研究与应用尚处于起步阶段。

影响力比较大的谷歌知识图谱包含 5 亿个实体对象和 350 亿条实体间的关系信息，其规模还在随着信息的增长不断增大。谷歌知识图谱允许用户搜索谷歌所知道的事物、人物或者地方（包括地标、名人、城市、球队、建筑、地理特征、电影、天体、艺术作品，等等），同时也能够显示关于用户个人查询的实时信息。谷歌知识图谱成为下一代的搜索业务成功的关键一步，其目标就是使搜索智能化，并根据用户的意图返回给用户他们所真正想要的搜索结果。可以通过来自谷歌知识图谱一个简单演示案例来感性地说明知识图谱的一个应用。如图 11 - 1 所示，搜索 oriental pearl tower （东方明珠），搜索结果页的右侧将会显示包括东方明珠的地图、照片、简介、高度、详细地址、建筑风格、电话、设计师等信息以及其他相关的搜索关键字等在内的基本信息和一些用户关注的信息。

另外，国内搜狗知立方也可以看成是一个知识图谱系统，它利用基于图的逻辑推理计算，包括利用来自语义网的本体三元组描述来推理补充实体数据，也可以对用户查询词进行语义理解以及句法分析等。

知识图谱的构建初衷通常是为了增强智能系统的服务效能。例如，在对话搜索和复杂问答等智能化搜索应用中，知识图谱可以帮助提高搜索的准确性、增强用户的搜索体验。因此，知识图谱不仅需要包含大量高质量的常识性知识，还要有及时发现并添加新知识的能力。这就决定了构建知识图谱的过程中知识的来源是多样化的。知识图谱中的知识可能来源于如下几个方面：

1. 基于百科类数据的知识抽取。截至目前，维基百科、百度百科、互动百科、FreeBase 等是比较重要的一些百科类数据。知识图谱可以从维基百科中获取相关内容。例如，通过文章页面（Arti-

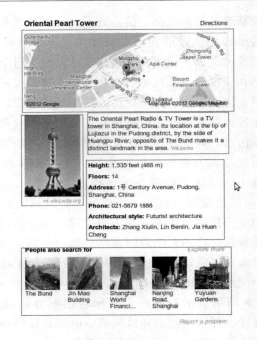

图 11 - 1 谷歌 oriental pearl tower （东方明珠） 搜索结果页

cle Page） 抽取各种实体，通过重定向页面 （Redirect Page） 获得实体的同义词 （Synonym），通过去歧义页面 （Disambiguation Page） 和内链锚文本 （Internal Link Anchor Text） 获得实体的同音异义词 （Homonym），通过分类页面 （Category Page） 获得各种概念及概念之间的从属关系 （Subclass），通过文章页面关联的开放分类抽取实体所对应的类别，通过信息框 （Infobox） 抽取实体对应的属性—值对和关系—实体对。另外，可以通过百度百科和互动百科抽取各种中文知识以弥补维基百科中文数据不足的缺陷。

2. 从结构化数据中解析和抽取知识。着眼于语义 Web 应用目标，一些互联网公司通过本体技术建立了大量的语义领域本体知识。领域本体知识是结构化的语义知识，它们基于 XML 语法和共享的语义词汇库构建。一般来说，通过基于 XML 的解析技术，很容易从结构化的语义知识中抽取出相关的语义实体和关系。

3. 从半结构化数据中挖掘。万维网 Web 上存在大量高质量的垂直领域站点，代表性站点如电商网站、点评网站等，它们通常被称为深层网（Deep Web）。深层网利用动态网页技术将保存在数据库中的各种领域相关的结构化数据通过 HTML 表格的形式展现给用户。一些搜索引擎公司通过收购深层网站点或购买其数据来进一步扩充其知识图谱的特定领域知识。从深层网爬取数据并从中解析结构化信息目前面临很大的挑战。目前比较切实可行的做法是构建面向站点的包装器（Site - specific Wrapper）。其背后的基本思想是：一个具体的深层网站点中的各种页面是由统一的程序动态生成的，因此页面具有类似的布局和结构。在抽取知识过程中，先从当前待抽取站点采样并标注几个典型详细页面（Detailed Pages）。然后基于这些页面通过模式学习算法（Pattern Learning）自动构建出一个或多个以类 Xpath 表示的模式。进而将其应用在该站点的其他详细页面，最终实现自动化的知识图谱属性值对（Attribute - Value Pair，AVP）的抽取。百科类站点也可以使用类似的方法进行实体 AVP 的抽取。然而，基于自动学习获得的模式并非完美，可能会遗漏部分重要的属性，也可能产生错误的抽取结果，因此需要人工调整或新增合适的模式用于抽取。

4. 基于搜索日志的实体/属性挖掘。通常来说，用户搜索的记录等信息可以通过搜索日志的形式保存起来，从而成为搜索引擎公司积累的宝贵财富。搜索日志形如＜查询，点击的页面链接，时间戳＞。对于这些搜索日志，可以采用基于 Bootstrapping 的多类别协同模式学习技术从查询的关键词短语和点击的页面所对应的标题中抽取实体及其属性。从查询中能挖掘出用户感兴趣的实体以及实体对应的属性。而页面的标题作为抽取目标的意义在于标题往往是对整个页面的摘要，包含最重要的信息。据百度研究者的统计，90%以上的实体可以在网页标题中被找到。

通过上面所介绍的知识图谱的各种类型的数据源，可以抽取和构建知识图谱所需的各种候选实体/概念及其属性关联，从而形成一个个孤立的抽取图谱（Extraction Graphs）。这些孤立的信息孤岛需要进行有效的集成使得它们形成一个真正的知识图谱。具体的集成技术有如下几个方面。

1. 实体对齐（Object Alignment）。找出 ID 不同但却代表真实世界中同一对象的实体，并将其归并为一个具有全局唯一标识的实体对象并添加到知识图谱中。

2. 构建知识图谱模式（Schema）。知识图谱的模式是对知识的提炼，预先给定模式有助于知识的标准化，更利于查询等后续处理。为知识图谱构建模式相当于为其建立本体。包括概念、概念层次、属性、属性值类型、关系、关系定义域及值域。还可以额外添加规则或公理来表示模式层更复杂的约束关系。然而，面对如此庞大且领域无关的知识库，即使是构建最基本的本体，也是非常有挑战的。谷歌等公司普遍采用的方法是自顶向下（Top – Down）和自底向上（Bottom – Up）相结合的方式。所谓自顶向下的方式是指通过本体编辑器预先构建本体。而自底向上的方式则通过上面介绍的各种抽取技术，特别是通过搜索日志和 Web Table 抽取发现的类别、属性和关系，并将这些置信度高的模式合并到知识图谱中。自顶向下的方法有利于抽取新的实例，保证抽取质量，而自底向上的方法则能发现新的模式，两者互为补充。

3. 消解语义不一致性。当融合来自不同数据源的信息构成知识图谱时，有一些实体会同时属于两个互斥的类别（如男女）或某个实体所对应的一个 Property（如性别）对应多个值。这样就会出现不一致性。由于不一致性的检测要面对大规模的实体及相关事实，纯手工的方法是不可行的。一个简单有效的方法充分考虑数据源的可靠性以及不同信息在各个数据源中出现的频度等因素来决定最终选用哪个类别或哪个属性值。比如，可以优先采用那些可靠性高的数据源（如百科类或结构化数据）抽取得到的事实。

第二节 基于知识的推理技术

推理（Reasoning 或 Inference）通常用于从现有已知的知识中发现隐含知识。现有已知的知识通常以规则的形式进行表示。例如，本体知识可以看成是由一系列的逻辑规则所组成的规则库。推理的过程就是利用现有的逻辑规则和事实，推导出一些逻辑上满足现有规则库的新的事实。推理功能一般通过可扩展的规则引擎来完成。

举一个非常简单的知识库 K 的例子。假设知识库 K 中包含两个规则："鸟（X）→会飞（X）"和"鸟（b）"。其中，"鸟"和"会飞"表示两个概念，X 表示可以指代任何一个事物的变量，b 表示一个具体的实例；规则"鸟（X）→会飞（X）"的意思是说如果 X 是鸟那么 X 就会飞；规则"鸟（b）"则描述了一个事实：实例 b 是一只鸟。从知识库 K 中，可以通过推理已有的两个规则从而发现一个新的规则："会飞（b）"，也就是：实例 b 会飞。

知识规则推理一般涉及两大类。一类是针对关系的推理，也就是通过（链式）规则发现实体间的隐含关系。例如，假如我们定义一个规则：岳父是妻子的父亲。然后，通过利用这条规则，如果我们已知姚明的妻子（叶莉）和叶莉的父亲（叶发）时，可以推出姚明的岳父是叶发。另一类是针对属性的，即通过数值计算来获取其属性值。比如说，知识规则中包含某人的出生年月，我们则可以通过当前日期减去其出生年月获取这个人的实际年龄。这类规则对于那些属性值随时间或其他因素发生改变的情况特别有用。

值得注意的是，大多数的基于规则的推理技术要求知识库中已有的知识是语义一致的，也就是说，已有语义知识之间不能存在语义冲突。其根本原因在于传统基于规则的推理是基于单调逻辑推理的。因此，在大数据中，因为所抽取的规则和数据来源于不同的信息源，很难保证规则之间的语义一致性。因此，面向大数据的语义推理是目前一个挑战性的问题。

第三节　知识可视化技术

知识可视化（Knowledge Visualization）是在科学计算可视化、数据可视化、信息可视化基础上发展起来的新兴研究领域，通过应用视觉表征手段以促进群体知识的传播和创新。一般来讲，知识可视化指的是所有可以用来建构和传达复杂知识的图解手段。与信息可视化的目标（简单地使存储的数据更容易被访问）不同，知识可视化试图通过提供更丰富的表达知识内容的方式以提高人们之间的知识传播和创新。

目前常用的知识可视化工具有概念图（Concept Map）、思维导图（Mind Map）、认知地图（Cognitive Maps）、语义网络（Semantic Networks）、思维地图（Thinking Maps）等几种〔赵国庆等，2005〕。

1. 概念图。概念图是用来组织和表征知识的工具，它通常将某一主题的有关概念置于圆圈或方框之中，然后用连线将相关的概念和命题连接，连线上标明两个概念之间的意义关系。在概念图中，节点代表概念，连线代表概念间关系。连线被贴上标签并用箭头符号指示方向，被贴上标签的连接解释节点之间的关系，箭头描绘关系的方向。因此，一个概念图实际上就是由形如"概念—标签连接词—概念"的诸多三元组组成的。概念图具有层次结构，最高级的概念处在顶端。可以用适合的关联词来说明不同层次的概念之间的关系，并确定不同分支之间的横向联系。概念图最大的优点在于对知识的体系结构（概念及其概念之间的关系）一目了然地表达出来，还突出表现了知识体系的层次结构。

2. 思维导图。思维导图最初是针对传统的草拟和笔记方法有埋没关键词、不易记忆、浪费时间和不能有效地刺激大脑等问题提出的。在草拟和笔记的办法成效越来越小的情况下，需要一种可以不断增多回报的办法，这种办法就是思维导图。思维导图是一种非常有用的图形技术，是对发散性思维的表达，因此也是人类思维的自然功能。随着计算机技术的发展，人们开发了一些用于绘制思维导图的计算机软件工具，如 FreeMind、MindManager 等。

3. 认知地图。认知地图也被称为因果图（Causal Maps），它将"想法"（ideas）作为节点，并将其相互连接起来。这些"想法"往往不同于概念（concepts），而大多是句子或段落。认知地图中，"想法"都是通过带箭头的连接线连起来，但连接上没有连接词，连接线的隐含意思是"因果关系"或"导致"，且没有层次的限制。认知地图可以用来帮助人们进行规划工作以促进小组的决策。

4. 语义网络。语义网络用于描述词语或概念的语义相似性或相关程度，是由节点和连接组成的网络，有连接词但不严格限制在层次结构上。与概念图一样，语义网络以概念和有意义的、不受限的连接词为基础，形成基本的实例或命题。语义网络不仅仅是二维的，也是多维的。语义网络可以非常大，包含成百上千的相互关联的概念。由于它非常大，使用者在某一时刻只能看到其中的一个部分，也就是与中心概念直接关联的概念。

5. 思维地图。思维地图一共可以使用括弧图（Brace Map）、桥接图（Bridge Map）、起泡图（Bubble Map）、圆圈图（Circle Map）、双起泡图（Double Bubble Map）、流程图（Flow Map）、复流程图（Multi - Flow Map）和树状图（Tree Map）等八种图来帮助阅读理解、写作过程问题解决、思维技巧提高。这八种图都是以基本的认知技巧为基础的，包括比较、对比、排序、归类和因果推理等基本认知技巧。与木匠使用一套工具类似，学生在建构知识时要使用多个图来提高基本的阅读、写作、数学以及问题解决能力和高级思维能力。

第十二章　云计算技术

云计算和大数据是一个硬币的两面，二者之间是相辅相成的。一方面，云计算是大数据的 IT 基础，是大数据成长的驱动力。另一方面，大数据是云计算的一个杀手级应用，随着数据规模越来越大、数据复杂性越来越高、数据处理越来越需要实时，就越需要云计算去处理。云计算是一种以资源租用、应用托管、服务外包为核心的新型计算模式，它使 IT 领域按需服务的理念得到了真正体现。通过整合分布式资源，构建应对多种服务要求的计算环境以满足用户定制化要求。另外，云计算并可通过网络访问其相应的服务资源，对资源共享和利用的效率高，可以实现系统管理维护与服务用户使用的解耦。整个服务资源的调度、管理、维护等工作由专门的人员负责，用户不必关心"云"内部的实现，因此云计算实质上是给用户提供像传统的电力、水、煤气一样的按需计算服务。目前，在学术界和工业界共同推动之下，云计算及其应用呈现迅速增长的趋势。国外的谷歌、IBM、微软、亚马逊，以及国内的阿里巴巴、腾讯、百度、浪潮等知名 IT 企业都在大力开发和推进云计算。

第一节　云计算概念的内涵

目前，国内外已经公开的不同文献和资料对云计算的定义和表述各不相同。云计算代表性的定义有以下几种形式。Geelan 在总结很多专家观点的基础上认为，云计算是一种能够在短时间内迅速按需提供资源的服务，可以避免资源过度和过低使用。而 Buyya 等人认为，云计算是一种并行的、分布式的系统，由虚拟化的计算资源构成，能够根据服务提供者和用户事先商定好的服务等级协议动态地提供服务。第三种观点来自 Vaquero 等人，他们认为，云计算是一种可以调用的虚拟化的资源池，这些资源池可以根据负载动态重新配置，以达到最优化使用的目的。用户和服务提供商事先约定服务等级协议，用户以用时付费模式使用服务。这三个定义表述来自不同的文献。前两个定义所强调的方面各有侧重。第一个定义强调了按需使用方式，而第二个定义则突出了用户和服务提供商双方事先商定的服务等级协议。第三个定义则综合了前面两种定义的描述，更好地揭示了云计算的特点和本质。

从历史的角度来看，云计算是分布式计算、网格计算、效用计算、虚拟化技术、Web 服务、网格计算等技术的融合和发展，其目标是用户通过网络能够在任何时间、任何地点最大限度地使用虚拟资源池，处理大规模计算问题。

云计算借鉴了传统分布式计算的思想。通常来说，云计算采用计算机集群构成数据中心，并以服务的形式交付给用户，使用户可以像使用水、电一样按需购买云计算资源。云计算与网格计算有着非常相似的目标。但是云计算和网格计算等传统的分布式计算也有着较明显的区别。首先，云计算是弹性的。部署于云计算平台上的应用能够适应资源的变化，能根据工作负载大小动态分配资源，并能根据变化做出响应。其次，网格计算强调异构资源共享，而云计算除此之外更强调大规模资源池的分享，通过分享提高资源复用率，并利用规模经济降低运行成本。最后，云计算在硬件设备、软件平台的设计不再一味追求高性能，而需综合考虑成本、可用性、可靠性等多种因素。

从 IT 技术的角度，有如下几个具体的方面，云计算和上述的传统技术也有明显的联系和区别。

1. 异构性：Web 服务仅支持软件层次上异构的服务，用户调用的服务可以是各种语言开发的功能模块，而网格计算和云计算模型均支持软件和硬件的异构资源聚合调用。

2. 虚拟化：Web 服务没有虚拟化，提供的是系统的功能模块，网格计算和云计算分别支持虚拟化的技术，并且云计算是对硬件资源、操作平台的虚拟化，而网格计算只是数据和计算资源的虚拟化。

3. 应用驱动：Web 服务用户通过调用服务提供者暴露给外界的 API，使用该系统需要的某个特定功能。网格计算是利用网络未用计算资源进行科学计算，云计算则提供给了普通用户需要的各种服务，如存储、计算、应用服务等，具有更宽泛的适用性。

4. 可扩展性：Web 服务扩展能力有限，网格计算提供服务主要通过增加节点来扩展处理能力。云计算可根据需求，重新动态自动配置资源池，具有较好的扩展性。

5. 标准化：Web 服务和网格计算经过不断的发展和成熟，在用户调用以及内部资源调用接口上，实现了较好的互操作性，而云计算由于本身发展的不完善性，在这方面还存在很多问题有待解决，制约了云计算的应用。

6. 节点操作系统：Web 服务和网格计算各节点都采用相同的操作系统，而云计算则比较灵活，提供了多种操作系统的虚拟机，为上层的云计算应用服务。

7. 容错性：云计算在实现机制上采取了冗余的数据副本，保证了不必像 Web 服务和网格计算那样数据执行失效后还需重新执行。

第二节　云计算的特征

通过对上一节的有关云计算的定义表述的分析，可以得出云计算的如下一些具体特征。

1. 弹性服务：服务的规模可快速伸缩，以自动适应业务负载的动态变化。用户使用的资源同业务的需求相一致，避免了因为服务器性能过载或冗余而导致的服务质量下降或资源浪费。

2. 资源池化：资源以共享资源池的方式统一管理。利用虚拟化技术，将资源分享给不同用户，资源的放置、管理与分配策略对用户透明。

3. 按需服务：以服务的形式为用户提供应用程序、数据存储、基础设施等资源，并可以根据用户需求，自动分配资源，而不需要系统管理员干预。

4. 服务可计费：监控用户的资源使用量，并根据资源的使用情况对服务计费。

5. 泛在接入。用户可以利用各种终端设备（如 PC 电脑、笔记本电脑、智能手机，以及其他各种网络智能化设备等）随时随地通过互联网访问云计算服务。

云计算具有上述特性使用户只需连上互联网就可以源源不断地使用计算机资源，实现了"互联网即计算机"的构想。云计算涵盖了数据中心管理、资源虚拟化、海量数据处理、计算机安全等重要问题。

第三节　云计算体系架构

云计算可以按需提供弹性资源，它的表现形式是一系列服务的集合。结合目前云计算的应用与研究现状，可以将云计算体系架构分为核心服务、服务管理、用户访问接口 3 层。其中，核心服务层将硬件基础设施、软件运行环境、应用程序抽象成服务。服务具有可靠性强、可用性高、规模可伸缩等特点，可以满足多样化的应用需求。服务管理层为核心服务提供支持，进一步确保核心服务的可靠性、可用性与安全性。用户访问接口层则主要是实现端到云的访问。具体如图 12-1 所示。

1. 核心服务层。

云计算核心服务一般可以分为三个子层，即基础设施即服务层（Infrastructure as a Service，IaaS）、平台即服务层（Platform as a Service，PaaS）、软件即服务层（Software as a Service，SaaS）。

IaaS 提供硬件基础设施部署服务，为用户按需提供实体或虚拟的计算、存储和网络等资源。在使用 IaaS 层服务的过程中，用户需要向 IaaS 层服务提供商提供基础设施的配置信息，运行于基础

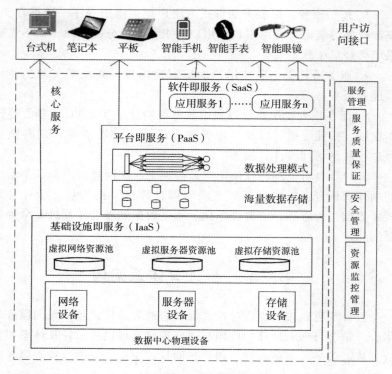

图 12 - 1　云计算体系架构

设施的程序代码以及相关的用户数据。为了优化硬件资源的分配，IaaS 层引入了虚拟化技术。借助于 Xen、KVM、VMware 等虚拟化工具，可以提供可靠性高、可定制性强、规模可扩展的 IaaS 层服务。

　　PaaS 是云计算应用程序运行环境，提供应用程序部署与管理服务。通过 PaaS 层的软件工具和开发语言，应用程序开发者只需上传程序代码和数据即可使用服务，而不需要关注底层的网络、存储、操作系统的管理问题。随着互联网应用数据量日趋庞大，PaaS 层需要对海量数据进行存储和处理，并利用有效的资源管理与调度策略提高数据处理的效率。

SaaS 是基于云计算基础平台所开发的应用程序。企业可以通过租用 SaaS 层服务解决企业信息化问题，如企业通过 GMail 建立属于该企业的电子邮件服务。Gmail 服务托管于谷歌的数据中心，企业不必考虑服务器的管理、维护问题。对于普通用户来讲，SaaS 层服务将桌面应用程序迁移到互联网，形成所谓的桌面云，使用者可以随时随地使用 PC、手机等智能化设备实现应用程序的泛在访问。表 12 -1 简单总结了 IaaS、PaaS 以及 SaaS 之间的区别。

表 12 -1　IaaS、PaaS 与 SaaS 的区别

	服务内容	服务对象	使用方式	关键技术	系统实例
IaaS	基础设施部署服务	需要使用硬件资源的用户	使用者上传数据、程序代码、环境配置	数据中心管理技术、虚拟化技术等	阿里云、亚马逊 EC2
PaaS	应用程序部署与管理服务	应用程序开发者	使用者上传数据、程序代码	海量数据处理、资源管理与调度技术等	谷歌 App 引擎、Hadoop 等
SaaS	基于互联网的应用服务	提供软件服务企业和需要使用软件应用的用户	软件使用者上传数据	Web 服务技术、互联网应用开发技术等	Salesforce CRM、阿里软件"钱掌柜"等

2. 服务管理层。

服务管理层主要是针对核心服务层所提供的各类服务提供可用性、可靠性和安全性方面的保障。服务管理包括服务质量（Quality of Service，QoS）保证和安全管理等。云计算平台规模庞大且结构复杂，很难完全满足所有的不同类型、不同需求用户的 QoS 需求。云计算服务提供商因此采用和用户协商的方法，通过制定服务等级协议让双方对服务质量的需求达成一致。如果服务提供商提供的服务未能达到 SLA 的要求，用户将得到补偿。另外，数据的安全性也是用户较为关心的问题。云计算数据中心采用资源集中式管理方式保存数据，但是数据中心的关键数据会因为断电、病毒入侵、黑客攻击等事件造成丢失或泄露。可以采用数据隔离、隐私保护、访问控制等安全与隐私保护技术以提升云计算环境下的数据安全性。最后，服务管理层也包括计费管理、资源监控等管理任务。

3. 用户访问接口层。

用户访问接口实现了包括命令行、Web 服务、Web 门户等形式的访问。命令行和 Web 服务的访问模式既可为终端设备提供应用程序开发接口，又便于多种服务的组合。Web 门户是访问接口的另一种模式。云计算通过 Web 门户将用户的桌面应用迁移到互联网，从而使用户随时随地通过浏览器就可以访问数据和程序以提高工作效率。由于不同云计算服务商提供接口标准不同，用户数据通常不能在不同服务商之间迁移。

一、基础设施即服务（IaaS）

IaaS 层是云计算的基础，通过建立大规模数据中心为上层云计算服务提供海量硬件资源，同时通过虚拟化技术的支持实现硬件资源的按需配置，并提供个性化的基础设施服务。

数据中心的资源规模与可靠性对上层的云计算服务有着重要影响，是云计算的核心。云计算数据中心具有自治性、规模经济与规模可扩展等特点。云计算数据中心存储大规模数据，因此需要系统在发生异常时能自动重新配置，并从异常中恢复，而不影响服务的正常使用。因为是通过对大规模集群的统一化标准化管理，通常采用大规模高性价比的设备组成硬件资源，因此单位设备的管理成本大幅降低并提供扩展规模的空间。

云计算数据中心的相关研究工作主要侧重以低成本、高带宽、高可靠的方式连接的数据中心网络拓扑设计与有效的绿色节能技术。由于大型的云计算数据中心由上万个计算节点构成，而且节点数量呈上升趋势。计算节点的大规模性对数据中心网络的容错能力和可扩展性带来挑战。传统的树型结构网络拓扑存在可靠性低、可扩展性差、网络带宽有限等缺陷，研究者提出了 VL2、PortLand、DCell、BCube 等新型的网络拓扑结构，使节点之间连通性与容错能力更高，易于负载均衡。同时，这些新型的拓扑结构利用小型交换机便可构建，使网络建设成本降低，节点更容易扩展。另外，为保证云计算数据中心规模庞大的设备正常工作，需要消耗大量的电能。据估计，一个拥有 5 万个计算节点的数据中心每年耗电量超过 1 亿千瓦时，电费达到 930 万美元。很明显，有效的绿色节能技术是解决能耗开销问题、降低数据中心运行开销的有效途径。

二、平台即服务（PaaS）

PaaS 层作为核心服务的中间层，既为上层应用提供简单、可靠的分布式编程框架，又需要基于底层的资源信息调度作业、管理数据，屏蔽底层系统的复杂性。在大数据环境下随着数据密集型应用的普及和数据规模的日益庞大，PaaS 层需要具备存储与处理海量数据的能力及其相应的资源管理与调度策略。

（一）海量数据处理技术

PaaS 平台不仅要实现海量数据的存储，而且要提供面向海量数据的分析处理功能。由于 PaaS 平台部署于大规模硬件资源上，所以海量数据的分析处理需要抽象处理过程，并要求其编程模型支持规模扩展，屏蔽底层细节并且简单有效。基于云计算的海量数据处理技术包括 MapReduce 并行程序编程模型。

MapReduce 运行于 GFS 之上。一个 MapReduce 作业由大量 Map 和 Reduce 任务组成。根据两类任务的特点，可以把数据处理过程划分为 Map 和 Reduce 两个阶段。Map 任务读取输入文件块，并行分析处理，处理后的中间结果保存在 Map 任务执行节点。Reduce 任务则读取并合并多个 Map 任务的中间结果。MapReduce 中的数据同步发生在 Reduce 读取 Map 中间结果的阶段，这个过程由编程框架自动控制，从而简化数据同步问题。由于 MapReduce 会监测任务执行状态，重新执行异常状态任务，所以程序员不需考虑任务失败问题。再次，Map 任务和 Reduce 任务都可以并发执行，通过增加计算节点数量便可加快处理速度。最后，在处理大规模数据时 Map/Reduce 任务的数目通常远多于计算节点的数目，因此有助于计算节点负载均衡。MapReduce 大大简化了大规模数据处理的难度。但 MapReduce 也存在灵活性低（很多问题难以抽象成 Map 和 Reduce 操作）、迭代算法实现效率较低、多数据集的交运算执行效率低等局限。

（二）资源管理与调度技术

副本管理技术是 PaaS 层保证数据可靠性的基础，有效的副本策略不但可以降低数据丢失的风险，而且能优化作业完成时间。目前，Hadoop 采用了机架敏感的副本放置策略，默认文件系统部署于传统网络拓扑的数据中心。目前 PaaS 层的副本调度大多局限于单数据中心，从容灾备份和负载均衡角度，需要考虑面向多数据中心的副本管理策略。

PaaS 层的海量数据处理以数据密集型作业为主，其执行性能受到 I/O 带宽的影响。但是，网络带宽是计算集群（计算集群既包括数据中心中物理计算节点集群，也包括虚拟机构建的集群）中的急缺的资源，因此 PaaS 层海量数据处理平台的任务调度需要考虑网络带宽因素。

为了减少任务执行过程中的网络传输开销，可以将任务调度到输入数据所在的计算节点，这就是面向数据本地性（data－locality）的任务调度算法。Hadoop 并行处理模型虽然保证数据本地性，其算法也易于实现，但是没有做到全局优化，在实际环境中不能保证较高的数据本地性。

任务容错机制可以让 PaaS 平台在任务发生异常时自动从异常状态恢复。以 MapReduce 为代表的容错机制在检测到异常任务时，会启动该任务的备份任务。备份任务和原任务同时进行，当其中一个任务顺利完成时，调度器立即结束另一个任务。虽然任务调度器实现了备份任务调度策略。但当一个任务的进度落后于同类型任务进度的 20% 时，任务调度器则把该任务当作异常任务，同时在异构集群中也很容易产生大量的备份任务。

三、软件即服务（SaaS）

SaaS 层面向云计算终端用户，提供基于互联网的软件应用服务。SaaS 应用必然会随着 Web 服务、HTML5、Ajax、Mashup 等技术的成熟与标准化而不断发展壮大。典型的 SaaS 应用包括谷歌

Apps、SalesforceCRM 等。谷歌 Apps 包括谷歌 Docs、GMail 等一系列 SaaS 应用。谷歌将传统的桌面应用程序（如文字处理软件、电子邮件服务等）迁移到互联网，并托管这些应用程序。用户通过 Web 浏览器便可随时随地访问谷歌 Apps，而无须下载、安装或维护任何硬件或软件。另外，谷歌 Apps 也为每个应用提供了编程接口，使各应用之间可以随意组合。其用户既可以是个人用户也可以是服务提供商。

第四节　虚拟化技术与存储技术

虚拟化技术是实现云计算资源池化和按需服务的基础，可以提供资源分享、资源定制、细粒度资源管理等功能。通过虚拟机封装用户各自的运行环境，有效实现多用户分享数据中心资源。用户利用虚拟化技术，配置私有的服务器，指定所需的 CPU 数目、内存容量、磁盘空间，实现资源的按需分配。将物理服务器拆分成若干虚拟机可以有效提高服务器的资源利用率，减少浪费，而且有助于服务器的负载均衡和节能。虚拟机快速部署技术和虚拟机在线迁移技术等技术，可以进一步满足云计算弹性服务和数据中心自治性的需求。虚拟机快速部署技术可以通过虚拟机模板预装操作系统与应用软件、对虚拟设备进行预配置等方式可以有效减少虚拟机的部署时间。虚拟机在线迁移技术是指虚拟机在运行状态下从一台物理机移动到另一台物理机，以提高系统可靠性、有利于负载均衡、有利于设计节能方案。

海量数据存储既要考虑存储系统的 I/O 性能，又要保证文件系统的可靠性与可用性。早期比较典型的海量数据存储技术如谷歌的谷歌文件系统（Google File System，GFS）、BigTable 以及亚马逊的 Dynamo 存储系统。

Ghemawat 等人为谷歌设计的 GFS 着眼于谷歌自身的应用特点，将一个大文件划分成若干固定大小（如 64MB）的数据块，并分布在计算节点的本地硬盘，为了保证数据可靠性，每一个数据块都保存有多个副本，所有文件和数据块副本的元数据由元数据管理节点管理。GFS 可以存取 PB 级的超大文件，通过文件的分布式存储，GFS 可并行读取文件，提供高 I/O 吞吐率，同时可以简化数据块副本间的数据同步问题，保证了文件可靠性。

Bigtable 是基于 GFS 开发的分布式存储系统，它将提高系统的适用性、可扩展性、可用性和存储性能作为设计目标。Bigtable 的功能与分布式数据库类似，用以存储结构化或半结构化数据，为谷歌搜索引擎、谷歌地球等应用提供数据存储与查询服务。Bigtable 将一整张数据表拆分成许多存储于 GFS 的子表，并由分布式锁服务 Chubby 负责数据一致性管理。Bigtable 以行名、列名、时间戳建立索引，表中的数据项由无结构的字节数组表示。然而，由于 Bigtable 需要管理节点集中管理元数据，所以存在性能"瓶颈"和单点失效问题。

亚马逊的 Amazon 的数据存储平台采用基于 P2P 结构的 Dynamo 存储系统，允许使用者根据工作负载动态调整集群规模。另外，Dynamo 采用零跳分布式散列表结构降低操作响应时间，Dynamo 利用文件副本机制应对节点失效，设计了最终一致性模型，弱化副本一致性，保证提高性能。

第五节　云计算安全

虽然云计算环境的 QoS 保证机制在一定程度上可以提高云计算的可靠性和可用性。然而，由于云平台上的应用程序/服务同底层硬件环境间的松耦合大大增加了数据安全与隐私保护的难度，以及云计算环境中的规模庞大的数据量（通常都是 TB 甚至 PB 级）导致传统安全机制在可扩展性及性能方面难以有效满足需求等问题，因此实现高安全性的云计算环境仍面临诸多挑战。随着云计算应用的不断深入，也带来的日益突出的安全问题。

云计算面临的核心安全问题是用户不再对数据和环境拥有完全的控制权。为了解决该问题，云计算的部署模式被分为公有云、私有云和混合云。公有云是以按需付费方式向公众提供的云计算服务（如 Amazon EC2、Salesforce CRM 等）。虽然公有云提供了便利的服务方式，但是由于用户数据保存在服务提供商，存在用户隐私泄露、数据安全得不到保证等问题。私有云是一个企业或组织内部构建的云计算系统。部署私有云需要企业新建私有的数据中心或改造原有数据中心。由于服务提供商和用户同属于一个信任域，所以数据隐私可以得到保护。受其数据中心规模的限制，私有云在服务弹性方面与公有云相比较差。混合云结合了公有云和私有云的特点：用户的关键数据存放在私有云，以保护数据隐私；当私有云工作负载过重时，可临时购买公有云资源，以保证服务质量。部署混合云需要公有云和私有云具有统一的接口标准，以保证服务无缝迁移。

工业界对云计算的安全问题非常重视，并为云计算服务和平台开发了若干安全机制。如 Sun 公司发布开源的云计算安全工具可为 Amazon EC2 提供安全保护。微软公司发布基于云计算平台 Azure 的安全方案以解决虚拟化及底层硬件环境中的安全性问题。Yahoo？为 Hadoop 集成了 Kerberos 验证，Kerberos 验证有助于数据隔离，使对敏感数据的访问与操作更为安全。

另外，也有一些云计算安全和隐私保护研究基于云计算核心服务层的 IaaS、PaaS 和 SaaS 展开。

1. IaaS 层的安全。虚拟化是云计算 IaaS 层普遍采用的技术，不仅可以实现资源可定制，而且能有效隔离用户的资源，但虚拟化平台并不是完美的，仍然存在安全漏洞。基于 AmazonEC2 上的实验，Ristenpart 等人发现 Xen 虚拟化平台存在被旁路攻击的危险。他们在云计算中心放置若干台虚拟机，当检测到有一台虚拟机和目标虚拟机放置在同一台主机上时，便可通过操纵自己放置的虚拟机对目标虚拟机进行旁路攻击，得到目标虚拟机的更多信息。所以研究新的资源管理方法以实现性能与安全隔离是一个研究热点。

2. PaaS 层的安全。PaaS 层的海量数据存储和处理需要防止隐私泄露问题。研究人员通过集成强访问控制和区分隐私的策略为处理关键数据提供安全和隐私保护。数据加密在安全和隐私保护方面具有传统的优势。然而，考虑到云计算数据量非常大，传统数据加密方法需要对关键词进行完全匹配，如果用户频繁访问，那么精确匹配返回的结果会非常少，因而造成系统的可用性大幅降低。在损失一定的精确度的情形下，模糊关键词匹配技术可能会成为隐私保护新的技术选择。

3. SaaS 层的安全。SaaS 层提供了基于互联网的应用程序服务，并会保存敏感数据（如企业商业信息）。因为云服务器由许多用户共享，且云服务器和用户不在同一个信任域里，所以需要对敏感数据建立访问控制机制。由于传统的加密控制方式需要花费很大的计算开销，而且密钥发布和细粒度的访问控制都不适合大规模的数据管理。研究人员开始探索基于文件属性的访问控制策略，在不泄露数据内容的前提下将与访问控制相关的复杂计算工作交给云服务器完成，从而达到访问控制的目的。

业务实践篇

第十三章　大数据与信息引导的
职务犯罪侦查

当今社会是一个以互联网普及运用、大数据广泛获取和深度应用以及智能化为主要特征的信息社会，开展职务犯罪侦查工作的社会条件发生了深刻变化。目前我国职务犯罪案件的智能化、隐蔽化、复杂化、群体化、跨区域、跨部门化的特点日益明显。APEC 2014 年会议发布的《北京反腐败宣言》中提出建立亚太经合组织反腐败执法合作网络。国内《刑事诉讼法》修订实施以来，特别是《刑法修正案（九）》实施及"两高"司法解释的制定出台，都对检察机关开展职务犯罪侦查工作提出了新课题。以审判为中心的诉讼制度改革，对传统刑事诉讼实践中事实形成的"以侦查为中心"的诉讼模式是一个巨大调整，诉讼制度改革对侦查工作的影响深远，对检察机关侦查阶段的证据质量、取证程序、证明能力、证明标准等提出了新挑战。信息引导侦查虽然已经被国外实践充分证明对查办职务犯罪行之有效，但是由于国内职务犯罪侦查在信息情报机制、模式、手段、取证等方面存在诸多问题而严重影响了效果。检察机关要应对上述挑战，就迫切需要利用信息化手段优化和改造传统侦查模式。大数据技术为新形势下国内检察机关向信息引导的职务犯罪侦查的转型，进而向智慧侦查发展，提高职务犯罪侦查办案效率和质量，提供了新机遇和新技术。要善于运用智能化手段，对大数据进行分析、处理、挖掘，实时关联犯罪嫌疑人的行为轨迹，从中找到犯罪规律和趋势，推动由事后追溯向事前预测、预警、预防转变。

第一节 基于大数据的职务犯罪
侦查的研究背景与意义

2014 年 APEC 会议发布了《北京反腐败宣言》，提出"建立亚太经合组织反腐败执法合作网络，设立秘书处以负责网络的日常运行，并期待这一网络早日建设成为亚太地区反腐败与执法机构间分享信息与交流经验、技术的非正式合作机制，从而为侦测、调查并起诉腐败、贿赂、洗钱与非法贸易提供便利"。修改后《刑事诉讼法》的实施和以审判为中心的诉讼体制改革给检察机关的侦查活动提出了更高的要求，体现在四个方面："尊重和保障人权"入法对检察机关侦查部门切实转变重打击轻保护、重口供轻其他证据，以及对包括犯罪嫌疑人在内的涉案当事人权益保障不够重视的侦查理念带来很大挑战，随着"以审判为中心"的诉讼制度的变化，检察机关必须进一步转变观念，加快实现从"由供到证"到"由证到供""以证促供""供证结合"的模式转变，弱化口供对案件侦查的决定作用，更加重视侦查活动中以客观证据为核心［王守安 2014］；强化司法权监督制约，对规范执法的要求进一步提高；相关法律制度调整将使侦查办案模式转向公开、透明；赋予了检察机关可以决定使用技术侦查的权力，技术侦查已经在国外实践中证明对查办职务犯罪是一种行之有效的手段。这为检察机关转变侦查办案模式提供了机遇。

然而，当前我国的职务犯罪侦查中，职务犯罪侦查信息情报机制缺位，习惯于由供到证的侦查模式过于单一，案件线索管理机制存在不足，技术侦查手段滞后，侦查取证工作面临破解难题和侦查资源配置无法形成合力等问题比较突出。检察机关要适应职务犯罪的新特点，解决职务犯罪侦查存在的问题，应对《刑事诉讼法》的实施和以审判为中心的诉讼体制改革给侦查活动带来的挑战和机遇，适应国际国内反腐败的新形势，就迫切需要借鉴国内外先进的情报系统，利用信息化手段优化和改造传统侦查模式，加快侦查模式的转变，优化侦查资源配置，实现信息引导侦查，推动职务犯罪侦查手段现代化，构建检察机关职务犯罪侦查情报系统。通过检察机关侦查情报系统规划建设，具体实现侦查情报信息的及时获取、案件线索的科学管理、线索初查的准确高效、侦查指挥的快捷有力、决策咨询的科学等。

信息技术的迅猛发展为新形势下的职务犯罪侦查工作提供了新的契机和途径，尤其是大数据技术，已经深刻地影响到社会、政治、经济、文化、司法等诸多领域。随着大数据时代的到来，西方发达国家更是着力构建大数据驱动的犯罪侦查和控制体系。大数据驱动犯罪侦查和控制体系利用大数据帮助警方分析历史案件、发现犯罪趋势和犯罪模式；通过分析各种信息源的数据，预测犯罪；利用大数据，优化警力资源分配，从而提高社会和公众安全水平。大数据已使犯罪侦查和控制模式发生根本性变革，利用大数据提升犯罪侦查和控制能力是未来的发展方向。检察机关的职务犯罪侦查工作模式也会受到大数据时代的冲击和影响。作为反腐败的重要力量，检察机关需要积极利用大数据技术，在职务犯罪线索的发现、侦查情报的获取、职务犯罪形势的分析以及刑事政策的制定等方面提高效率、提高查处职务犯罪的能力、提高科学决策的水平，以应对日益复杂、多样的职务犯罪形势。大数据技术为执法、司法机关提供了有效的工具，整合多种数据源能够让我们更全面地了解犯罪嫌疑人在作案期间的相关活动，行为模式分析可以揭示犯罪组织的组成或用以预测未来可能发生的犯罪行为；广泛收集数据能够帮助抓捕罪犯。最高人民检察院提出了"高度重视大数据在行政执法和刑事司法衔接、职务犯罪侦查、强化诉讼监督中的作用，探索研发检察机关电子证据云平台和智慧侦查平台，建设两法衔接平台，推动侦查指挥、远程取证、智能鉴定、行贿犯罪档案查询等检察业务流程再造，不断提高发现犯罪、惩治犯罪和法律监督的能力和水平"。

综上所述，基于大数据技术研究信息引导的职务犯罪侦查，具有重要的理论价值和现实应用价值。

第二节　国内外的研究和应用现状

一、从斯诺登事件、棱镜计划看美国的情报系统

从 2013 年 6 月开始，美国国家安全局合约外包商的员工爱德·斯诺登泄露了棱镜计划的内容。棱镜计划是一项由美国国家安全局（NSA）自 2007 年起开始实施的绝密电子监听计划，该计划的正式名称为 US - 984XN。"9·11"事件后，美国的《爱国者法案》赋予了政府搜集大宗数据的权力。"棱镜"监控的主要有 10 类信息：电子邮件、即时消息、视频、照片、存储数据、语音聊天、文件传输、视频会议、登录时间和社交网络资料的细节都被监控。通过棱镜项目，国家安全局甚至可以实时监控一个人正在进行的网络搜索内容；在过去 6 年中，美国国家安全局约 1/7 的情报依赖该项目提供原始数据。"棱镜"通过与政府关系紧密的跨国企业，已经把中国网络全部打通。电话、视频、邮件，甚至每一个人的刷卡和旅游记录，都有可能被一一传送到美国国家安全局情报人员的硬盘。通过获取大型网络服务器的数据，美国能全面获得特定用户的信息，能够完全掌握特定用户的实时状况，如从社交网站获取其社会关系，从电子邮件、聊天记录中获取其思想动态。美国收集了海量的数据之后，基于 Accumulo 系统对这些数据进行分析。Accumulo 是"棱镜"计划背后的数据支撑系统，它是美国国家安全局于 2007 年开始自主研发的系统，已在其中存储了数十 PB 的数据。Accumulo 系统支持多种格式的数据，有多级安全控制机制、大数据处理能力和灵活调整的能力。美国大数据和深度数据挖掘技术在情报系统中已有深入应用，可以从收集的海量信息中提炼出非常有价值的信息；通过把用户网络空间的身份与现实空间进行匹配，并将通信、银行、网络等每个领域该用户的数据信息贯穿起来，抽取每个领域该用户的数据信息，能全方位掌握这个人的行为特征。

二、社会网络分析方法和数据挖掘方法在刑事犯罪领域的应用

国内外学术界应用社会学的社会网络分析（SNA）方法来分析犯罪网络，以发现有关有组织犯罪的组织结构、人员分工、团伙核心及其成员间联系模式等有价值的情报信息。犯罪网络分析作为社会网络分析的一个分支，其研究和应用在国外已有较好的开展，而国内目前则处于起步阶段。社会网络分析（SNA）是指通过分析活动者之间的关联和交互模式来发现潜在的社会结构的一种社会学研究方法。

自 2001 年 "9·11" 恐怖袭击事件后，各国开始重视国家安全问题，其中美国的 CIA（Central Intelligence Agency）和 FBI（Federal Bureau of Investigation）等机构开始注重对犯罪数据的搜集、管理和分析，各地方政府也开始更加关注当地的犯罪活动情况，并加大了将计算机技术运用于犯罪案件侦破和预防犯罪的力度 [Chen et al.，2003]。美国的大学也展开了这方面的研究工作并开发了相应的软件系统，包括亚利桑那州立大学 Coplink（CrimeNet Explorer）[Xu and Chen，2005a]、卡耐基梅隆大学的 NETEST [Dombroski and Carley，2002]、佛吉尼亚大学 ReCAP [Brown，1998]、ICIS（Intelligent Criminal Identification System）[Bogahawatte and Adikari，2013] 等，具体情况如表 13 - 1 所示。犯罪数据挖掘的概念最早由亚利桑那州立大学 Hsinchun Chen 等人提出，犯罪数据挖掘就是基于智能提取和智能分析技术帮助执法部门搜捕犯罪团伙并对其成员的行为模式进行预测 [Chen et al.，2003；Chen et al.，2004]。亚利桑那州立大学的人工智能实验室的 COLINK 科研项目（受美国国家科学基金委、国土安全部和国家司法协会资助）结合数据可视化技术开发了功能强大的 Coplink 专门的犯罪网络分析产品，Jennifer Xu 等人通过分析相关犯罪事件报道，构建犯罪网络，并基于社会网络分析法分析犯罪网络结构，但只是基于两个罪犯的名字是否同时出现在同一上下文作为关联条件，并以出现的次

数作为关系的权重［Xu et al. ，2004；Xu and Chen，2005b］。Y. Xianga 等对双曲线树（Hyperbolic Tree）和层次列表（Hierarchical List）两种犯罪网络可视化方法的应用和比较［Xianga et al. ，2005］。

表 13 - 1　国外大学研制的典型的犯罪分析软件系统

系统名称	研究单位	主要功能
ReCAP	美国佛吉尼亚大学	研究数据融合和数据挖掘技术在抓捕犯罪分子中的作用辅助抓捕的智能警用系统。应用计算机程序进行数据分析辅助司法部门抓捕犯罪嫌疑人。
NETEST	美国卡耐基梅隆大学	研究层次贝叶斯的推论模型、偏好网络理论和多代理系统等技术分析恐怖组织结构，进而预测犯罪网络规模以及犯罪人员之间关系，设计了一个对恐怖组织网络的结构进行估计的工具，为犯罪网络分析提供了一种参考方法。该工具的应用能辅助司法部门分析恐怖分子组织结构，发现新的恐怖袭击线索。
Coplink (CrimeNet Explorer)	美国亚利桑那州立大学	将社会网络分析的关系分析和位置分析方法引入犯罪网络分析中，设计出了一个犯罪网络知识发现体系（CrimeNet Explorer），该体系采用一种概念空间方法来建立犯罪网络，并应用层次聚类方法来进行子网分析，根据度、强度、中介度等度量参数和 Dijkstra 最短路径算法来进行犯罪网络结构分析，采用 MDS 和 SVD 算法来进行网络的可视化。
ICIS	Kaumalee Bogahawatte 等人	在 2013 年提出了一个智能的犯罪分子识别系统 ICIS，该系统利用聚类方法来识别每个个体的犯罪模式和利用朴素贝叶斯分类来寻找最有可能的犯罪分子，并显示出这个人的详细信息，这样就能够将目击证人和法庭证物没有呈现出来但又存在的证据充分利用起来。

国外，数据挖掘在实际的犯罪领域也得到了很好的应用，比如，美国联邦调查局（FBI）利用数据仓库技术建立了国家犯罪信息中心（NCIC），利用数据挖掘技术在情报分析、调查取证、犯罪预警等方面取得了好的效果。国外公司也加强了犯罪挖掘分析的软件研发，代表性的产品有 IBM 的 i2、美国 Palantir 公司的 Palantir Gotham 和 Palantir Metropolis，具体情况见表 13 - 2。

表 13 - 2　国外犯罪挖掘分析的代表性产品

产品	研发公司	功能	用途
i2 系列产品	IBM	一款专门为调查、分析、办案人员设计的可视化数据分析软件，可以将结构化、半结构化和非结构化数据转化为图形，提供多维度的数据建模：根据业务分析目标，对同一数据从不同角度进行建模，建立网络、时间、空间和统计等多个视图。自动布局：提供网络布局、组织布局、最小交叉布局、主题行布局、时间序列布局等多种布局方式。	主要应用在公安、国防、安全、银行、保险、纪检委、海关、工商税务等组织机构，为案件分析、反洗钱、反欺诈、反腐反贪、关联交易等调查分析提供支持。
Palantir Gotham 和 Palantir Metropolis	美国 Palantir	多源异构数据集成搜索和发现：Ontology 来搜索发现结果和关系。知识管理：所有知识的权限控制。知识在不同的用户之间共享、协同工作。算法引擎：对于通用领域问题，提供通用算法来挖掘趋势。	Palantir 的客户包括美国国家安全局 NSA、联邦调查局 FBI、中央情报局 CIA 和其他反恐、军事机构。Palantir 的大数据技术广泛运用于国防、反诈骗、网络安全、情报分析、行为监控、案例管理、灾害防范、危机应对等领域。

目前国内对犯罪数据挖掘方法的研究起步相对较晚。文献［乔少杰等，2008］提出了一种利用个性特征判别矩阵计算个性特征矢量各个维度权重的新方法，借助符合用户个性特征的正态分布模型模拟真实的邮件通信行为，同时为了挖掘犯罪网络的核心成员，提出了一种基于社会网络分析挖掘犯罪组织核心成员的算法 CNKM（Crime network Key member mining），并利用时间序列分析方法对邮件的收发规律进行深入分析，发现异常通信事件。一些文献［唐德权等，2011］提出了基于相同犯罪特征频繁子图结构的挖掘犯罪规律算法（GDMCR）并利用其分析犯罪规律及网络核心成员。一些文献［林和等，2007］以粗糙集方法为基础，利用关联规则对犯罪人员数据库的犯罪人员的职业结构进行定量分析、推断和提取规则等。

目前借鉴社会网络分析技术的犯罪网络分析方法主要是针对普

通刑事犯罪领域，如恐怖组织犯罪，而结合职务犯罪领域特点的分析方法研究较少，尚需针对职务犯罪特点、多信息源数据融合场景的进一步研究。

三、国外侦查情报系统应用现状和组织管理架构

情报信息工作是一项长期的系统工程，国外发达国家都十分重视情报信息在打击贪污贿赂等犯罪、引导侦查的重要作用。国外发达国家和地区在侦查情报信息平台方面，普遍做法是依托一个纵向贯通、横向集成、互联互通、高度共享的信息网络平台，整合和盘活信息资源并形成有效情报，如英国的情报核心分析系统（ICAS）、美国的比较数据系统（COMPSTAT）、加拿大的自动化犯罪情报信息系统（ACIIS）和我国香港特区的警队刑事情报系统（FCIS）等［任磊石，2005］。

国外的情报信息组织管理架构主要分为两种：集中管理型和分散管理型，具体情况如表 13－3 所示。

表 13－3　国外的情报信息组织管理架构的类型分类

类型	特点	典型国家
集中管理型	侦查首脑机关设立独立的综合性的情报信息机构，地方各级侦查部门也设立相应的机构。侦查首脑机关的情报信息机构负责全国各相关侦查部门的情报信息建设的规划、指导、协调、管理和监督，同时自己也建立强大的情报信息系统，实现情报信息的汇总、分析和研判。	日本、俄罗斯
分散管理型	一般是将情报信息的采集、汇总、分析、研判乃至系统建设等工作分属不同的职能部门，没有统一的组织管理部门。侦查首脑机关虽然也设有情报信息部门，但并不负责地方侦查部门的组织管理，互不隶属，互相独立。	美国（联邦、地方都建有自己的情报系统，在联邦层面上，如联邦调查局、国土安全部等建立的情报信息系统；地方层面上，如纽约市警察局等建立的情报信息系统。）

国外为加强国家惩处犯罪的力度，提高查案效率，注意整合各方信息情报资源，供中央和地方各级侦查部门情报沟通、信息互享，下面给出典型国家和地区的情报信息平台，如表 13 - 4 所示。

表 13 - 4　典型国家和地区的情报信息平台

国家	典型示例
美国	著名的情报信息平台系统如国家刑事犯罪信息中心（NCIC）、美国金融犯罪执法网络（FINCEN）、埃尔派索毒品情报中心、国家执法电子通讯系统（NLETS）、美国犯罪历史记录中心（CHRI）等在各类犯罪侦查中发挥着重要的作用，其中美国国家刑事犯罪信息中心（NCIC）早在 1920 年就建立。联邦调查局 1992 年建立了刑事司法服务处，该处是联邦调查局最大的内设处，发挥着联邦调查局所有刑事司法核心和情报中心库的作用，该处目前向全美 19000 个执法机构提供刑事司法信息服务。对于情报收集与共享，联邦调查局要求：无论情报人员还是行动人员，都要随时搜集和上报情报信息，并输入本部门的数据库。各不同执法部门情报中心之间互相联网，可以进行情报的交换和查询，并严格规定，只有提供了情报的部门，才能享受反馈的情报资料，不提供就不能享受情报技术中心的信息支援。
英国	20 世纪 90 年代末，内政部门专门设立了国家犯罪情报局，2004 年该局并入新组建的国家打击有组织犯罪局，作为情报主管部门，该局在英格兰、苏格兰、北爱尔兰都设有办事机构，经费直接由中央政府拨款，其采取各种手段广泛收集信息，分门别类，建立信息库，研究犯罪的发展趋势，中央和地方各级侦查部门实现信息情报共享，大大降低了司法成本。
俄罗斯	内务部采用的是信息统一化管理模式，下设有内务部总信息中心，各州内务局设有州信息中心，各市、区内务局一般都设有信息科。下一级信息中心的业务归上一级信息中心指导，并负责将所收集的信息提供给上一级信息中心。内务部信息系统不仅服务于内务机关，而且还面向俄罗斯反间谍机关、检察机关、对外情报局、俄罗斯税务警察局等。

四、国内公安机关和检察机关侦查情报系统建设应用现状

国内公安机关在侦查情报系统的建设相对成熟，检察机关还处于探索起步阶段。

公安机关的情报系统建设应用状况。公安机关的"大情报系统"是公安机关"金盾工程二期"建设的核心信息化项目，其基

本思路是在整合各警种、各部门信息资源的基础上，将公安机关内部的各种信息资源和通过其他渠道获取的相关社会信息资源，经过汇集、整合后挂接到情报信息综合应用平台上，根据综合情报部门以及相关业务部门的情报研判需求，合理进行信息组织和资源配置，开发设计出满足多种需求的情报分析研判功能，开发分析研判展现工具；以满足宏观决策、作战指挥和一线行动等情报研判需求。公安机关已经初步建立起了服务于全国公安机关的情报信息门户网站、情报信息管理子系统、信息资源汇集整合子系统、数据分析挖掘子系统、情报研判应用子系统、信息推送发布子系统、人员轨迹查询子系统和系统管理子系统以及部级情报信息综合数据库等应用系统。

我国检察机关侦查情报系统应用现状。作为解决职务犯罪侦查难题的关键举措，最高人民检察院结合职务犯罪侦查工作的实际需要，先后出台了《关于加强检察机关职务犯罪侦查信息化建设的意见》和《关于检察机关职务犯罪侦查信息化建设的实施方案》，拉开了检察机关侦查信息化建设工程的大幕。自 2010 年开始，最高人民检察院开展职务犯罪侦查信息化建设，对侦查信息化建设作出了部署，提出了建立涉案信息快速查询通道，推进信息共享机制建设，加强对各类侦查信息的收集与整理，逐步建立门类齐全、内容准确、检索便利的职务犯罪侦查信息数据库，探索信息引导侦查机制等具体要求。各级检察院探索开展了侦查信息化工作，并取得了初步成效。最高人民检察院检察技术信息研究中心建设了电子数据云平台。

五、典型系统和应用案例

（一）基于并行化复杂事件处理技术的语义驱动的职务犯罪线索实时推荐系统

随着互联网的快速发展，网络的信息呈指数式增长，为案件侦查提供更加广阔的途径。依靠网络开展职务犯罪线索收集将成为检察机关侦查的新方法。因此，如何从海量的数据中快速地查找有价值的线索并实时地推荐给相关部门是职务犯罪案件侦查亟须解决的问题。而现有的一些犯罪线索信息推荐方法主要是利用用户定义的关键词集合，根据网页提取的关键词与关键词集合进行匹配，算出其匹配的关键字的个数，根据个数的大小决定其推荐价值。传统的这种方法忽略了关键词之间的语义关系且处理过程是集中式的。华北电力大学控制与计算机工程学院大数据与知识工程研究所马应龙教授团队研发了一套基于并行化复杂事件处理技术的语义驱动的职务犯罪线索实时推荐系统，针对职务犯罪的贪污贿赂犯罪、渎职侵权犯罪建立了犯罪语义树，适用于互联网大数据环境下的职务犯罪侦查场景。

该系统主要包括：首先分析网站的结构，编写爬虫程序爬取指定深度的网页文本，使用页面解析技术抽取网页文本的标题、发布时间和正文。然后使用关键词提取技术对正文进行处理，得到一个关键词集合，将每个网页文本的 URL、标题、发布时间和关键词集合存入消息系统。其次依据某一具体犯罪类别的术语的分类关系，由领域专家将词汇库中的术语构建成一棵犯罪语义树，图 13 -1 和图 13 -2 分别构建了职务犯罪中贪污受贿罪和渎职罪的犯罪语义树。根据树中下层结点的出现预示着上层结点的出现的语义规则，匹配消息系统中每条消息的关键词集合，得到一个关于犯罪语义树的每层结点的匹配个数集合。最后编写 CEP 的事件模式计算每个网页文本的总权值，设定结点所在的层数便是其权值，因此总权值的计算公式则是树中每层结点的匹配个数与其权值的乘积之和，使用多个 CEP 引擎并行处理计算总权值的事件模式，对每个网页文本的总权值进行归一化和降序排序，将排在前面的网页文本推荐给用户。该系统通过提出的复杂事件处理技术保证了事件处理的实时性，并行化处理保证了海量数据的处理能力，同时在关键词匹配过程中加入关键词之间的语义关系，提高推荐的准确性，能够适应大数据的应用场景。

（二）惠农扶贫资金项目数据共享信息系统

为加强扶贫领域职务犯罪的源头治理，重庆市检察院以构建

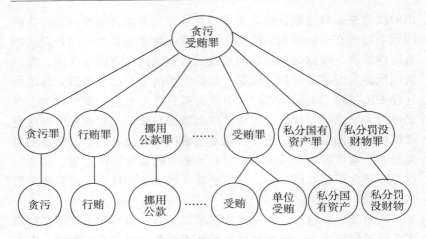

图 13 - 1　贪污受贿罪的犯罪语义树

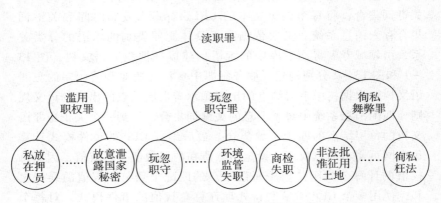

图 13 - 2　渎职侵权罪的犯罪语义树

"动态、共享"的数据信息平台为着力点，研发惠农扶贫资金项目数据共享信息系统并在全市检察机关部署运行，推进惩防涉农领域职务犯罪专项工作，取得了良好成效。系统包括四个功能模块：一是扶贫人员档案模块，收录扶贫工作人员档案，使资金项目"有人可找、有责可究"；二是扶贫资金档案模块，记录资金使用流程，明晰"钱从哪里来，又到了哪里去"；三是贫困户档案模块，识别扶贫对象，掌握资金发放情况；四是扶贫工程档案模块，建立农网改造、扩建道路等扶贫工程档案。提供五种分析研判方式：一是贫困户对比查询，用以查出违规领取扶贫资金的黑户；二是资金对比查询，用以查验资金发放与实际所得是否一致；三是工程对比查询，提示扶贫工程资金使用异常；四是报表分析，分析资金分布、走势，进行工作预防；五是数据分析研判，根据数据异常情况，分蓝色、橙色、红色进行工作预警。全市检察机关使用系统以来，已发现惠农扶贫领域职务犯罪线索 63 条，立案查办 25 人。

第三节　大数据环境下职务犯罪向智慧侦查转型发展的展望

大数据为检察机关实现智慧侦查模式提供了技术基础。智慧侦查模式是信息引导侦查模式的进一步升级，需要在线索发掘、初查、侦查取证和侦查决策等方面发挥大数据的作用，充分借助数据分析工具的智能辅助作用。职务犯罪"数据人"模型的构建和职务犯罪嫌疑人社会关系网络分析可以说是智慧侦查的一部分基础性工作。

一、职务犯罪"数据人"模型的构建

职务犯罪"数据人"这个概念，是从普通刑事犯罪领域的犯罪画像而衍生过来的。通过大数据分析技术，进行海量信息的搜索，对犯罪嫌疑人进行全方位、立体化的刻画，显现出职务犯罪嫌疑人的全貌，信息系统建立"数据人"模型。

当然这个"数据人"的建立是一个逐步完善的过程。首先建立基本的信息档案（如姓名、身份证号码等），"数据人"的雏形就在信息系统中诞生了。其次通过不断地搜索、收集、鉴别各种信息来完善这个"数据人"，整个过程是反复循环的。这个搜索过程需要侦查信息平台强大的信息资源库和海量数据分析能力做支撑，不断搜索出该犯罪嫌疑人有关的各种信息，包括财产、社会关系、

通信、兴趣爱好和身体状况等。系统会根据被验证为真实的信息按一定的关联规则扩大搜索，发现并筛选新的信息，不断扩大这个犯罪嫌疑人的专属信息库。最后各种数据信息汇总到一起，构建起完整的职务犯罪"数据人"模型。

二、职务犯罪嫌疑人社会关系网络分析

职务犯罪尤其是贿赂犯罪就是权力与利益的交易，有交易必然有交易主体，交易主体之间必然要建立联系，而中国又是一个人情社会，绝大多数的交易都不可能发生在"陌生人"之间，因此，对犯罪嫌疑人的社会关系网络分析是有价值的。基于社会网络分析技术的犯罪网络分析方法在普通刑事犯罪领域已经有很好的应用，如恐怖组织犯罪，我们可以借鉴并结合职务犯罪领域的特点，融合多源信息建立相应的分析方法。社会关系信息的来源主要包括：组织人事部门的档案信息、公安部门的户籍信息、计生部门的人口信息等官方数据，从行贿、受贿犯罪嫌疑人的通信工具、纸质电话号码簿、搜查中获得的名片簿，从电信营运商的手机、固定电话通信记录，利用 QQ、微信、电子邮件的通信记录，利用 QQ 空间、微信朋友圈、微博等社交网络上的联系人信息。对上述多源信息进行融合、分析、碰撞、比对，构建起社会网络关系图，"一图值千言"，从而启发侦查人员的思考，为侦查决策提供有益的参考。

三、大数据环境下检察机关实现信息引导侦查模式的对策

大数据时代，一个大规模生产、分享和应用大数据的信息世界扑面而来，不仅为检察机关侦查办案提供了海量信息，也极大拓展了检察机关办案的方式方法，为检察机关实现情报信息引导侦查模式转型提供了新机遇。情报信息引导侦查模式对于提高侦查工作效率、侦查工作科技和信息含量，规范执法办案行动，提升办案效果和水平可以发挥明显推进作用。结合实践应用，提出以下几条对策建议：

一是要转变侦查理念，树立"大数据"意识。在侦查中做到"数据为王"，在信息社会任何犯罪都有"信息痕迹"，也为走情报信息引导侦查模式创造了条件。对信息的广泛搜集、研判和利用，对分析线索价值、梳理侦查方向、找准侦查切入点、突破犯罪嫌疑人心理防线至关重要。因此，侦查工作必须树立多角度、多维度的信息观，真正把数据信息作为侦查工作的"第一资源"，把搜集挖掘信息、分析利用信息作为开展侦查工作的基础工作。

二是建立情报信息引导侦查工作机制，推动侦查工作重心转移。总体要求是要将侦查工作从单一、直接获取证据为中心前置调整为广泛搜集、研判、利用数据信息为中心，并由此探明事实真相、获取定案证据、证明犯罪事实。基本思路是突破原先那种过分依赖审讯、口供、"由供到证"的办案模式，代之以数据信息为基础和引导，拓展侦查视野和空间，把侦查着力点放在分析研判涉案信息、线索上来，从中找出更多的侦查思路和侦查方法，实现从传统的办案模式向先发制人、主动出击转变，真正形成侦查工作的主动性和预见性。

三是建设和应用侦查情报信息平台。工欲善其事，必先利其器，依托互联网、"大数据"构建的侦查情报信息平台，是情报信息引导侦查的一项基础工程。信息收集主要源于外部共享平台、内部数据库群和互联网，收集的方法根据具体情况可以采取外部数据同步导入、外部数据自动导入、外部数据手工导入和手工录入等方式。信息研判是大数据的本质特征，通过对数据的分析可以揭示出凭直觉难以发现的有价值信息，包括对线索型信息的分析研判，对犯罪动向趋势、发案特点进行监测分析并提出研判意见，发掘事物之间隐含的关联，指引侦查方向等；在方法上，要运用大数据可视化分析技术，图形化的展示分析成果。侦查情报信息平台拓展涉案信息查询共享渠道，如户籍、银行、房产、证券、工商、社保、国资委、组织人事、国土、婚姻登记、交通、出入境等部门，建立信息渠道，广泛收集各类侦查基础信息，为情报信息分析研判、线索初查、案件突破和查办提供支撑。侦查信息综合平台实现对职务犯罪线索、情报信息的集中统一管理、查询和分析研判。

四是做好侦查情报信息平台建设的统筹规划，顶层设计。目前侦查情报信息平台没有具体的统一标准，导致各地各级检察机关甚至一个检察院内的各个部门（反贪局、反渎局）都分别建设侦查情报信息平台，造成重复建设，难以互联互通，也形成了不少信息壁垒和信息孤岛，平台的规模效应难以体现。因此，建议侦查情报信息平台主要在最高人民检察院和省级院层面来建设，并统一数据标准和格式，实现系统间的互联互通和信息共享，市级院和基层院主要是使用平台，有条件的地市级院经审批可以建设本地的侦查情报信息平台。

五是研发适应职务犯罪特点的侦查情报信息平台。目前许多检察院建设的侦查情报信息平台多是公安机关采用的软件系统的简单移植，公安机关主要办理普通刑事犯罪案件，检察机关办理的职务犯罪在犯罪主体、犯罪客体、犯罪的主客观要件、犯罪对象、犯罪手段等诸多方面都与公安机关办理的刑事案件有较大差异。职务犯罪侦查的侦查重心、所需要获取的信息种类（如更关注资金类、财产类和身份类信息）、对信息的分析应用方法等方面都有自己的特点，侦查信息平台系统建设应用都要体现出来。而简单移植，往往造成"水土不服"。因此，要深入挖掘职务犯罪侦查信息平台的需求，与高校、科研院所、企业深度合作，借鉴国外研究成果和国内公安实践经验，研发适合检察机关办案的职务犯罪侦查情报信息平台软件。

六是信息化初查，实现从外调初查向网上初查、秘密快速获取信息转变 [蔡宁，2016]。要有效突破案件，使犯罪嫌疑人在第一时间认罪服法，就必须加强初查工作，实现办案重心前移，在立案前广泛收集涉案信息，提前固定相关证据，将实行精确打击的要求提到立案之前，把握办案的主动权。在信息共享基础上不断扩展各种信息来源渠道，推行网上初查，提高初查的秘密性和证据的准确性；注重初查工作质量和效率，围绕犯罪构成要件，在初查阶段可以采取询问、查询、勘验、鉴定等不限制人身自由、财产权利的调查措施，收集、调取相关证据材料，尽可能多地获取为审讯突破提供足够支撑的证据和各种信息。这样有利于适应开放、透明、信息化的侦查办案新形势。

七是信息支撑的交互式讯问，实现漫谈阔论式的粗放式讯问向侦查信息支撑下的精准发问转变。要高度重视第一次讯问，精心做好讯问前各种证据收集、信息分析等工作，同时加强讯问与外围取证的配合互动，对犯罪嫌疑人供述的内容，快速取证、固证，为案件后期侦查打下坚实基础。对犯罪嫌疑人立案后，每一次讯问都要周密制定讯问计划，灵活运用讯问谋略，运用全程同步录音录像，有效地固定证据，并同时进行其他证据的收集，不给犯罪嫌疑人翻供的机会。要正确把握律师提前介入对侦查工作有利的因素，在律师的参与下，通过与其交流沟通，能及时了解律师对证据和案件情况的意见，有利于我们发现办案工作存在的瑕疵，有针对性地补强证据，更全面地收集、审查和运用证据，更客观地认定案件事实。采用微表情分析、测谎技术来甄别口供真伪、判断嫌疑程度、摸透犯罪嫌疑人心理。

八是建立一支专业化的情报信息分析研判队伍，专职这项工作，切实提高发现线索、犯罪的主动性，实现情报信息引导侦查。侦查情报信息平台建立后，更重要的是需要一批相对专业、固定的高素质情报信息分析研判人才，既要懂信息技术又要熟悉侦查实践，有强烈的数据意识，能够把侦查需求同数据挖掘、数据分析结合起来，充分发掘各类信息价值，善于分析利用各种信息为侦查工作所用，为自行侦查案件工作提供技术支持和信息支撑。在司法改革机构管理推行大部制、机构扁平化的背景下，可以在职务犯罪侦查部门设置职务犯罪侦查情报组，为各个侦查办案组提供情报信息的收集、分析和研判服务；基层院由于人员数量限制，需要配备专职情报分析员。

第十四章 "互联网 +"时代
背景下的检务公开

在"互联网 +"时代，检察机关通过互联网进行检务公开，为人民群众提供高效、便捷、全天候的服务，实现司法为民、司法便民，已成为大势所趋。检察机关通过互联网尤其是移动互联网提供检务信息公开和便民服务，可以增强检察工作透明度，让人民群众更便捷地了解、监督检察工作，以公开促公正，提高司法公信力。

第一节 国家政策要求检务公开顺应
"互联网 +"时代的发展

党的十八届三中全会、四中全会对司法公开，保障人民群众的知情权、参与权和监督权等方面提出了明确要求。十八届四中全会提出"构建开放、动态、透明、便民的阳光司法机制，推进审判公开、检务公开"，"保障人民群众参与司法""依法及时公开执法司法依据、程序、流程、结果和生效法律文书，杜绝'暗箱操作'。加强法律文书释法说理，建立生效法律文书统一上网和公开查询制度"等一系列司法改革要求。曹建明检察长指出"要善于运用信息网络技术，拓宽司法公开的广度和深度。互联网媒体是检察机关正面发声、维护司法公信力的重要载体，也是深化检务公开、提高检察工作亲和力的重要平台"。最高人民检察院《关于全面推进检务公开工作的意见》提出了"构建阳光检务平台，网上实现检察服务大厅各项服务功能"。这为检务公开的发展提出了新的要求。

互联网所具有的开放、透明、互动等特点，与司法公开有着天然的连接优势，可以极大地提高信息的覆盖率和公众的参与度。司法要克服"司法神秘主义"，揭开其"神秘的面纱"，就需要为公众了解司法提供最快捷、最方便的渠道和平台。因此，检察机关要以服务民众，满足人民群众司法需求为目标，以互联网为基础平台构建应用检务公开系统，确保人民群众方便、快捷、有效地查询、获知关注的案件信息，办理相关业务，让数据多跑路，群众少跑腿，体现司法为民、便民，以公开促公正。

第二节　互联网时代国内外网上司法公开的现状

一、美国的网上司法公开

美国的司法机构开放度非常高，形成了一整套的司法公开制度体系。司法公开是美国司法的重要传统、核心理念和主要经验，也是提升司法公信力的重要保障。联邦法院和州法院一般都在自己的法院网站公布以下审务信息：法院的联系方式和地址、法院诉讼规则和条例、法院的内部规定、所有案件的流程信息、与案件有关的全部实质性书面意见等，同时法院必须对各类信息定期更新，并提供多种电子下载格式，如加利福尼亚州法院网站可以检索查阅加州初审法院、上诉法院和最高法院的全部审判信息，包括判决书、审判流程、争议焦点、判决日期和相关判例等。美国联邦最高法院的工作信息、案件审理日程等都在网站上公布，以便公众可以从中选择旁听公开审理的案件。

二、国内法院系统网上司法公开现状

最高人民法院先后出台《关于推进司法公开三大平台建设的若干意见》《关于人民法院在互联网公布裁判文书的规定》《关于人民法院执行流程公开的若干意见》等规范性文件，依托现代信息技术，推进审判流程公开、裁判文书公开、执行信息公开三大平台建设，运用网络、微博、微信、移动新闻客户端等载体，进一步拓展司法公开工作的广度和深度。地方各级人民法院不断创新司法公开举措，增加了司法透明度和司法公信力。

三、国内检察系统检务公开现状

1998 年 10 月，最高人民检察院发布《关于在全国检察机关实行"检务公开"的决定》拉开了检务公开的序幕。2006 年 5 月，中共中央发布《关于进一步加强人民法院、人民检察院工作的决定》，要求"继续深化检务公开，增强检察工作透明度"。十八届三中全会通过的《关于全面深化改革若干重大问题的决定》，对"推进检务公开"做出了明确部署。目前检务公开出现纵深发展态势，在内容上已经扩展至检察工作各个方面，即由过去注重检察职能公开向注重办案流程公开、检察活动公开继而向坚持相关政策、统计数据及工作结果公开。层级上已经从检察系统自行探索的阶段上升到中央"顶层设计"的层面，成为新一轮深化司法体制，推进改革、推动法治中国建设的重要组成部分。

案件信息公开是检务公开的核心和"龙头"，网上公开生效法律文书是案件信息公开的重点。在互联网公布法律文书重要目的是满足公众对司法的知情权和监督权；同时通过法律文书公开的倒逼机制，不断提升检察官的能力和水平，解决相关问题，加快检察官职业化进程，促进司法公正，提升司法公信力；通过上网公布真实的起诉书、不起诉决定书等法律文书，推动全社会的诚信体系建设，切实履行检察机关的社会责任。

最高人民检察院制定下发《人民检察院案件信息公开工作规定（试行）》，对案件程序性信息如何查询、重要案件信息如何发布、法律文书如何公开、辩护与代理预约等重要问题做了全面详尽的规定，《关于深化检察改革的意见（2013—2017 年工作规划）》（2015 年修订版）将生效法律文书上网作为重要改革内容。2015 年 6 月，全国检察机关第五次公诉会议专门对法律文书公开和释法说理改革做出部署。最高人民检察院还先后下发了《关于加强对刑事申诉复查决定书网上公开工作指导的通知》和《关于刑事申诉检察部门贯彻实施〈人民检察院案件信息公开工作规定（试行）〉有关问题的通知》，对刑事申诉复查决定书网上公开工作进行细化。

四、典型应用案例：人民检察院案件信息公开网

为了深化司法公开，强化"阳光检务"，最高人民检察院于2014年10月在全国检察机关上线运行人民检察院案件信息公开网。通过技术设置，案件信息公开网与统一业务应用系统实现全面对接，自动强制抓取相关案件信息，有效搭建起案件程序性信息查询、辩护与代理、重要案件信息发布和法律文书公开四大平台。全国检察机关案件信息公开工作全面展开，内地32个省、自治区、直辖市检察机关在"同一平台"上，按照"同一标准""同一程序"为群众提供案件信息公开服务。随着公开工作的不断深化，检务公开实现了三个转变：一是从公开的内容上来看，从侧重一般事务性的公开向案件信息的公开转变；二是从公开的对象上来看，从针对当事人等特定主体的小范围、局部公开向面向社会公众的大范围、全面公开转变；三是从公开的主体和方式来看，从各地检察机关的分散公开向全国集中的公开转变。检察机关案件信息公开进入信息化、常态化、规模化的快速发展轨道。在案件信息公开工作快速推进的同时，始终坚持以公开为常态、以不公开为例外的原则，将案件信息公开情况作为案件办理的必须步骤，由案件管理部门专门负责对案件信息公开工作进行督促检查、定期通报，确保"该公开的一律公开"，真正实现"看得见的正义"。

截至2016年12月31日，全国各级检察机关在人民检察院案件信息公开网共发布案件程序性信息4494548条、重要案件信息204738条、法律文书1587940份。3年来，人民检察院案件信息公开网"四大平台"功能不断完善，有效提升了检察工作的亲和力与公信力。在重要案件信息发布方面，2016年共发布重要案件信息108100件，同比增长36.2%。其中立案阶段发布重要案件信息14928件；批捕阶段发布重要案件信息30257件；起诉阶段发布重要案件信息48584件；抗诉阶段发布重要案件信息274件。从案件性质上来

看，职务犯罪案件 34649 件，热点刑事案件 30965 件。在案件程序性信息查询方面，2016 年共接受 63192 人次申请查询，同比增长 33.9%。在法律文书公开方面，2016 年共发布法律文书 832059 份，同比增长 20.2%。其中公开起诉书 779478 份、刑事抗诉书 1191 份、不起诉决定书 49492 份、刑事申诉复查决定书 1888 份。在受理辩护与代理预约方面，2016 年共受理辩护与代理网上预约申请 55317 件，同比增长 68.6%，处理 55126 件，处理率 99.7%。

目前，检察机关在不断推进人民检察院案件信息公开网升级完善和功能拓展的同时，也在不断丰富公开形式，加强新媒体公开平台建设，开通案件信息公开微信服务，推动案件信息公开更加高效、更加具有针对性，也更加方便、快捷。最高人民检察院在全国检察机关部署应用了案件信息公开微信平台。该平台除承载案件信息公开网四大功能外，还直接对接司法系统律师数据库。案件程序重大节点变动信息将向当事人及法定代理人、辩护人、诉讼代理人等及时主动推送，律师微信注册后可以申请查询案件、办理预约事项等。

人民检察院案件信息公开网是面向互联网运行的一个系统，所以安全保障是放在第一位的。人民检察院案件信息公开网是全国统一部署使用，最高人民检察建立平台供全国各级检察院使用。案件信息公开平台放在了国家电子政务外网运行平台上，利用国家电子政务外网的相关设施资源，采用了租用云计算平台的方式。最高人民检察院主要做了以下几个方面的工作：第一，在规划设计方面，将案件信息公开网的安全等级定义为等级保护三级，按照等级保护三级的标准进行建设。第二，在运行维护方面。一是组建了运维团队。调派两名到三名人员专门负责案件信息公开网的运行管理和日常维护，制定了工作规则、岗位规则、工作程序，同时加强与研发单位的沟通，及时完成软件升级完善。二是加强日常监控。国家信息中心电子政务外网管理办公室也有专门的团队来负责保证网络的宽带、计算能力、存储能力、防护能力，进行一天 24 小时的监控，和最高人民检察院团队进行对接保障。三是对下级检察院进行技术指导。制定了维护手册、操作手册，在内网设立了专栏，负责发布人民检察院案件信息公开网运行过程中出现的问题及解决方案汇编，供各地参考。人民检察院案件信息公开网开通以来运行稳定，状态良好。

第三节 检察机关网上检务公开系统
建设应用中存在的问题

检察机关检务公开系统的建设和应用目前尚处于探索阶段，存在以下问题：

第一，检察机关存在重视内网上的业务系统建设应用，轻视互联网上的应用的问题，由于怕出现安全保密的问题，不愿、不敢在互联网上部署应用系统，对外提供检务公开和办事服务。

第二，服务项目较少、层次不高。我国各级检察机关的网站在线服务比例仍然偏低。在线公共服务业务范围覆盖率低，且存在有名无实的在线项目，网上能够办理、办结的事项较少。一些在线办事栏目，既没有后台的受理系统，也没有建立处理公众申请的工作机制和制度保障体系，公众提交的办事申请得不到及时处理。一方面，后台服务资源的整合力度不够，缺少制度创新；另一方面，在线办理流程烦琐，网站服务人性化程度较低，网上办事的实用性和易用性不强。

第三，集成、整合程度不够。各级检察机关陆续建成了业务系统，并在互联网上提供服务，但是由于上述系统当初建设时均为独立开发，系统之间相对独立，目前无法实现流程衔接和数据资源共享，存在条块分割，各自为政的情况。因此在顶层设计上，需要对已有的案件信息公开系统、控告、举报、申诉、行贿犯罪档案查询等各业务条线的网上办事要求进行需求整合、资源整合、应用集成，形成统一的、综合性的"一站式"网上办事平台。

第四，比较分散、集中程度不够。各地检察机关在建设方式上存在分散建设，许多地市级院和县级院都建立了自己单独的技术平台，缺乏集约性，基层院往往缺少技术人员，运维跟不上，造成安全事故出现；同时信息资源的规模效应难以显现，造成重复投资、重复建设。

第五，统一规划不够，未形成合力。现有管理机制不能满足检察机关网上一站式检务公开系统统一规划管理的需要，往往出现各部门各自为政，需求统筹不够，不能形成合力。系统要通过网上一站式办事服务展现一体化的形象，提供无缝隙的检务服务，是涉及检察机关的系统工程，相关部门都需要在其中担负责任，特别需要有统一的规划管理。

第四节 "互联网＋检务公开"的内涵、特征及系统建设应用需注意的问题

一、"互联网＋检务公开"的内涵和特征

对检察机关来说，笔者认为"互联网＋检务公开"就是要以互联网平台为基础，实现信息技术与检察业务的跨界融合，连接检察机关服务的对象，并按照一定的服务模式提供服务，助力建设开放、透明的检察机关，体现司法为民、便民，保障人民群众的知情权、参与权和监督权，提升检察工作的亲和力和人民群众对检察工作的满意度，以公开促公正，提升司法公信力，推动检察工作创新发展。

"互联网＋检务公开"具有以下特征：

一是要以互联网尤其是移动互联网为工作平台和基础设施。二是以用户为中心，也就是以服务的对象为中心，使用户的知情权、参与权、监督权得到充分保护，要根据不同类别用户的不同需求来分别满足。三是以数据主要是大数据为新的生产要素，有针对性地锁定用户需求；基于对网站海量用户访问行为进行大数据分析和挖掘，提炼用户需求，指导检察机关提供更加个性化的网上服务，并通过对用户访问规律和点击行为的动态监测，有针对性地改进网上服务，精准推送服务内容，使在线服务向智慧化、精准化、主动化的方向发展。

二、"互联网＋检务公开"系统建设应用要注意的问题

一是检务公开要注意加强公民隐私保护。《人民检察院案件信息公开工作规定（试行）》第 19 条和第 20 条对公民隐私保护做了规定，如"人民检察院在案件信息公开系统上发布法律文书，应当采取符号替代等方式对下列当事人及其他诉讼参与人的姓名做匿名处理"。

二是充分利用信息技术提高网上公开法律文书的质量，减轻检察官的负担。各级检察院要把信息技术应用到裁判文书的技术处理工作中，充分利用相关智能软件，一方面减轻检察官的工作负担，另一方面通过技术手段查错纠错，争取良好的工作效果。（1）可以采用法律文书智能校对技术，它可以依据法律法规、司法解释和文书样式，运用文书智能分析引擎，对法律文书的信息完整性、格式规范性、逻辑一致性、法律依据准确性以及文书中的错别字等信息项进行全面校验，并通过相应的提示显示错误或存疑的内容，引导检察官进行修改，同时，将文书按照标准样式进行自动排版，并能附注法律条文和生成后续类文书，提高法律文书质量和效率。（2）可以采用法律文书屏蔽技术，它采取匿名技术，基于自然语言处理和机器学习技术自动屏蔽法律文书中的公民隐私等敏感信息，代替人工处理，提高文书上网的工作效率。

第五节　检务公开系统的评价指标

通过基于科学、合理的评价指标来进行检务公开系统的建设应用情况的评估，推进检务公开工作的科学发展。检务公开系统应当从不同角度、不同侧面、不同层次建立起综合性、立体化的评价指标。

一、评价指标的功能和确定原则

评价指标具有以下几方面的功能：一是评价功能，评价网上检务公开系统的实际成效。在构建评价指标中，通过确立科学合理的

评价指标和具体的量化数据，并借助定量分析的测评方法，可以改变过去单纯依靠主观感受获得抽象认识的方法，通过对具体数据的分析判断，对网上检务公开系统的建设应用状况进行科学评价。二是比较功能，通过评价指标对不同检察机关的网上检务公开系统的建设应用状况进行测评，并可以对测评结果进行评价。建立科学合理的网上检务公开系统评价指标，可以对同一检察机关不同时期网上检务公开系统的建设应用实际状况进行测评，从而可以对测评结果进行纵向比较分析；可以对同一时期不同检察机关网上检务公开系统的建设应用实际状况进行测评，从而可以对测评结果进行横向比较分析。三是引导功能。通过检察机关网上检务公开系统测评结果的公开，可以对检察机关在这方面的建设应用具有引导作用，可以使各个检察机关比较客观、全面地了解自己建设应用的情况，引导其不断改进这方面的检察工作，完善有关制度和工作机制，推进网上司法为民服务的能力和水平。

网上检务公开系统指标主要是为了较为准确地衡量和反映网上检务公开系统建设应用状况，为进一步促进检察机关网上检务公开、为民服务提供有益参考。相关指标的确定主要本着以下原则：一是目的导向原则。网上检务公开系统测评是为推动网上检务公开系统建设应用服务的，应该与系统的提升密切相关，能够体现网上检务公开系统的主要要素，从而保证对网上检务公开系统建设应用具有明确的导向作用。二是系统性原则。网上检务公开系统评价指标的构建应当按照系统论的要求，将影响网上检务公开系统建设应用的各种要素都纳入评价指标，并对各种评价指标进行升级，保证各级评价指标之间相互关联、密切联系，但又不存在交叉，同级评价指标之间相互独立，没有相互包含关系，形成一个多方面、多层次的完整系统。三是精练简便原则。为了保证网上检务公开系统评价指标既能够全面地反映出网上检务公开系统的实际状况，又便于实践操作，在构建其评价指标时不宜过多、过复杂，保证网上检务公开系统评价指标既精练又简便。四是指标具有可采集性，历史和当前数据采集是可靠方便和科学的。五是指标具有可扩展性，可根据实际发展情况对指标内容进行增减和修改。

二、构建评价指标

根据以上的原则以及网上检务公开系统建设应用的主要内容，指标主要可分为业务指标、性能指标、服务能力指标、用户体验指标、隐私保护指标五个维度，见表 14 - 1。专家评价从五个方面来确定相应的分值，采取用户模拟和实地考察的方式进行。除了专家模式外，另一种是用户模式，通过满意度指标来衡量。满意度是指用户对网上检务公开系统的业务办理的满意程度。

表 14 - 1　网上检务公开评价指标

评价指标分类	具体指标	指标描述
业务指标	信息公开度	信息公开度考察检察信息公开的广度和深度；按照以公开为原则，以不公开为例外的原则。
	服务项目覆盖度	服务项目覆盖度指网上提供服务的项目占检察院应该提供业务服务的比例。
性能指标	可访问性	系统能够正常提供服务、供用户正常访问的能力。
	用户访问响应速度	用户访问响应速度指的是用户在进行业务操作时操作请求传递给服务器的时间加上服务器反馈信息到用户的时间。
服务能力指标	便捷度	包括一次性告知制度、多种形式的办事指南、多种服务方式（微信、短信、邮件等）、引导式服务等。
	办结率	用户网上申请的事项在规定的时间办结的数量占总的申请数量的比率。
	办结周期	用户网上申请的事项平均办结的时间。
用户体验	用户体验	用户体验是公众在使用政府提供的政府网站的过程中建立起来的心理感受。系统应充分考虑到使用人员的业务特点和操作习惯，提供友好的人机交互界面，确保用户操作简便快捷，提高用户体验。
隐私保护	隐私保护	网上公开的信息要去除个人隐私信息。

第六节　检务公开系统的管理机制

检察机关检务公开建设及其后的日常运行将涉及办公室、控告、申诉、预防、案管、新闻宣传、信息技术等多个条线，为了明确任务分工和责任主体，保障网上检务公开的日常运行，十分有必要参考各地政府部门政府信息公开系统的相关管理制度，结合检察机关实际需求，制定检察机关网上检务公开系统管理机制。

一是建立协作配合机制。检察院要树立检务公开全院"一盘棋"意识，统筹兼顾，全面推进。检察院的办公室切实担负起组织、协调职责，案件管理部门要担负起案件信息公开的主管职责，并定期统计、通报检务公开工作情况，信息技术部门担负平台建设和技术保障的职责，其他部门也要按照各自工作职能和相关规定要求，分工负责、密切配合，做到案件信息、法律文书信息流转承办、审批、报送、反馈、管控等规范，合力推进这项工作。

二是建立健全公开信息审核把关机制。按照谁办理谁审查、谁把关谁负责的原则，做好检务公开信息的内容审查、技术处理和质量把关工作。加强对信息的保密检查和管理，根据检务信息类别、定密标准建立分级审查程序，明确审查责任。重大敏感案（事）件处理应对进展或结果信息发布，按照《检察机关重大敏感案（事）件处理应对办法》办理。

三是建立网上检务公开系统的栏目负责制。"网上举报和申诉"由控申部门负责；"行贿犯罪档案查询"由预防部门负责；"法律法规咨询"由研究室负责；"检察法律文书""案件程序性信息查询""依申请公开""律师预约接待"由案管办负责；"人大代表、政协委员联络"由办公室负责；"意见建议箱"由纪检监察处负责；其他栏目也由相应的部门负责；网站信息保密审查与监督工作由院保密委员会办公室负责；网站技术支持和技术保障工作由信息技术部门负责。

四是建立健全风险评估和应急处置机制。对网上检务公开系统拟公开的内容应当进行风险评估，建立预警机制，对可能因公开而引起较大负面社会影响的要制定应急预案，加强风险防控。要密切关注案件信息公开后的舆情态势，全面收集、研判检务信息公开引发的社会舆情，认真做好处理应对等工作，及时回应社会关切。

五是建立健全民意收集转化机制。网上开展民意收集活动，开展群众满意度调查，收集人民群众对检察机关在办案、工作作风、队伍建设等方面的意见和评价，征求社会各界对检察机关重大工作部署、重要规范性文件的意见和建议。探索引入第三方调查机构调查，增强民意调查、收集和人民群众满意度的客观性。加强民意转化应用，促进检察工作提质增效。

第十五章　大数据环境下的涉检网络
舆情监测系统

　　随着互联网的发展，网络正在成为反映社情民意的主要渠道。互联网已成为思想文化信息的集散地和社会舆论的放大器。由于网络的开放性和虚拟性，网上舆情已经越来越复杂，对社会的影响也越来越复杂。互联网聚集的人气、展开的场景与揭示的真相，推动新闻事件的发展、形成网络舆论，甚至直接影响社会主流舆论。往往一个细小的事件，经过网络的发酵，随即演变为震动各界的社会热点事件。越来越多的案件当事人通过网络来传播和放大自己的声音，这已成为网络时代控告、举报、申诉等领域的一个重要特征。对检察机关来说，如何加强对网络舆情的及时监测、有效引导、及时消除负面消息的影响，维护检察机关公平正义的社会形象，如何对网络舆论危机在最短的时间内进行积极化解，防止舆情危机的扩散，做好涉检领域舆情的趋势研判，是现阶段摆在检察机关面前的重要任务。另外，涉检网络舆情监测技术可以作为辅助检察业务的有力手段，要善于运用网络舆情，解决目前检察工作面临的一些问题，如在职务犯罪侦查中，腐败线索相对缺乏，发现手段相对单一、低效、准确率低。因此，对于揭露社会事件背后涉及职务犯罪的，要增强情报意识，注意从中发现案件线索，拓展查案途径。要把网络舆情作为听取民声民意的渠道，吸取其中的建设性意见和建议，努力使网络舆情成为促进科学决策、改进检察工作的助推力量。采用网络舆情监测技术，研究面向涉检的特定领域、特定人群的互联网舆情动态、智能化的信息采集手段，可以实现对互联网上各种涉检舆情信息的全面、高效、及时地采集。针对涉检舆情线索缺乏自动化、准确的线索研判和甄别手段的问题，结合职务犯罪侦查的基本业务特点，研究智能化、高准确度的涉检线索综合研判方法以及自动化线索甄别手段，实现对涉案重要舆情进行自动、及时、准确的甄别和预警，以帮助检察机关最大程度地挖掘线索价值，提高线索初查成案率，辅助领导决策。

第一节　涉检网络舆情的概念和分类

网络舆情是指网民通过互联网表达和传播的各种情绪、态度、意见、意愿的总和。网络舆情的产生：公众对现实生活中某些热点、焦点问题所持的有较强影响力、倾向性的言论和观点通过互联网途径扩散与传播，从而行成网络舆情。网络舆情产生过程中经常出现传统媒体与网络媒体的互动，具体情况如图 15－1 所示。

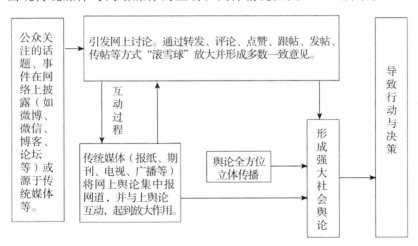

图 15－1　网络舆情的产生过程

网络舆情具有以下特点，如表 15－1 所示。

表 15 - 1　网络舆情的特点

特点	描述
直接性	通过微博、微信、博客、贴吧、论坛、新闻点评网站，网民可以立即发表意见，下情直接上达，民意表达更加畅通。
突发性	网络舆论的形成往往非常迅速，一个热点事件的发生、一种情绪化的意见，就成为一个舆情快速爆发的导火索。
互动性	在对某一问题或事件发表意见、进行评论的过程中，常常有许多网民参与讨论，网民之间经常形成互动场面。
偏差性	由于发言者身份隐蔽，并且缺少规则限制和有效监督，网络成为一些网民发泄情绪的空间。
丰富性	主题极为宽泛。网民分布于社会各阶层和各个领域，网上信息海量内容包罗万象。网民可以在不受任何干扰的情况下预先写好言论，随时在网上发布，发表后的言论可以被任意评论和转载。
群体极化	指团体成员一开始即有某些偏向，在商议后，人们朝偏向的方向继续移动，最后形成极端的观点。

　　涉检网络舆情指与检察机关履行职责或其他执行公务活动有关的和与检察机关工作人员有关的网络舆情。从分类上看，按性质可以分为：正面舆情、负面舆情、中性舆情；按重要性可以分为：一般舆情、重大舆情和紧急重特大舆情；按业务范围划分：侦查监督舆情、公诉舆情、控告举报舆情、申诉舆情、刑事执行检察舆情、职务犯罪侦查舆情和民事行政检察舆情等。

第二节　网络舆情监测系统的总体架构

　　互联网信息浩如烟海，即使只是监测检察机关重点关注的一些互联网网站，网络舆情监测系统所需要收集和处理的信息量也是极其巨大的。另外，不同的业务部门因自身的业务不同所关注的舆情信息也是各不相同，如何从海量的互联网信息中挖掘出满足不同部门需要的舆情信息是网络舆情监测系统的核心工作。图 15 - 2 是网络舆情监测系统的总体框架。系统分为舆情信息采集、舆情数据处理和舆情信息查询和展示三层，分别从舆情信息获取、舆情数据处理和舆情数据展示三个层面描述舆情系统的工作流程。其中，舆情信息采集层根据用户的监测目标以尽可能小的代价从互联网上尽可能全地下载所有舆情信息；舆情数据处理层将所采集到的舆情信息进行预处理、过滤和分析；舆情信息查询和展示层根据用户提供的启发式信息给出查询结果，并自动实时监测本地信息库，发现重要舆情信息时向用户示警。

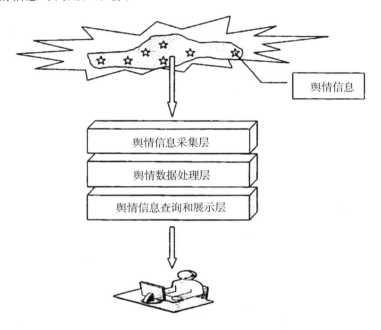

图 15 - 2　网络舆情监测系统总体框架

第三节　网络舆情的动态信息采集

目前，网络上的涉检舆情信息有一些重要特点。首先，涉检网络舆情通常出现在一些 Web2.0 网站上，以微博、帖吧、论坛和门户网站为主。这些网站允许用户通过实名注册或者匿名登录的方式发布和回复帖子。其次，不难发现，在职务犯罪中，与腐败案件相关的有一些特殊地区和特殊人群。比如，有些地区生产煤炭、矿产资源，有些涉及与国民经济发展联系紧密的行业，这样特殊的地区或行业往往更有可能会发生腐败案件；而涉案的人群往往都掌握一定的权力，因此更有可能存在权力寻租、权钱交易等腐败现象。

涉检网络舆情监控系统需要能够处理以下几个方面的问题。首先，基于微博、帖吧、论坛、门户网站等 Web 页面元素的元数据描述，结合页面结构、布局及其他相关的页面分析技术，能够通过面向涉检的特定领域（如反腐高发行业、地区）和特定人群的页面过滤和采集技术实现互联网涉检舆情的高效、动态、智能化的抓取。既支持基于在办案件侦查的聚化领域、人群的舆情、综合虚拟身份信息的采集，又支持面向职务犯罪预防业务的特定领域的有效涉检信息采集。其次，对涉众性、敏感性、涉及易激动、有上访倾向的"四类"群体案件，能够进行有效、及时的舆情采集、监控和跟踪处置。通过对涉检舆情在网上引起的舆论传播、整体走势、网民观点和负面效果等网络信息以及案件本身信息以及和犯罪嫌疑人相关人、事、物舆情的监测，实现对办案网络风险的全面管控，并且能够根据涉案舆情的紧急程度及所处办案阶段进行预警。

舆情信息的采集是网络舆情监测系统的前提和保证，以最少的代价抓取最全面的舆情信息是采集效果的唯一衡量标准。网络爬虫（Crawler）是一种按照一定的规则，自动地抓取万维网信息的程序或者脚本。根据预先设定的一个或若干初始种子 URL 开始，以此初始化爬虫的 URL 抓取队列，在爬行过程中不断从 URL 抓取队列中获得一个 URL，进而访问并下载该页面。页面下载完成之后网页信息抽取程序将页面信息保存，同时将当前页面上抽取到的新的 URL，保存到 URL 抓取队列，直到满足系统停止条件。由于网络舆情信息分布分散，论坛、博客、微博以及新闻等网站都是舆情信息的主要爆发点，各种类型的网站结构各异，传统的以单一爬虫的采集方法具有采集的垃圾信息过多、可配置性较差等缺点，因此，涉检舆情监控系统需要面向涉检的特定领域、特定人群，针对不同

类型的站点设计不同的爬虫是一种相对明智的做法。可以采用如下
几种爬虫技术相结合的方式实现高效的舆情信息动态采集。

1. 元搜索爬虫。元搜索爬虫通过调用已有的比较著名的搜索
引擎（如百度、Google、Bing 和雅虎等）提供的服务，同时根据舆
情监测用户提供的关键词和时间等启发式信息配置搜索引擎的高级
检索，以尽可能多地获取和舆情相关的检索结果，从中提取各检索
项的 URL，并下载对应页面。

2. 定点爬虫。定点爬虫根据用户预先设定的舆情爆发站点的
URI，按照通用爬虫的抓取原理对目标网站进行采集，但采集的深
度通常相对较浅，且采集的范围仅限于某一个网站或某一网站的一
个板块。

3. 论坛爬虫。论坛爬虫是专为论坛网站设计的一类爬虫。由
于论坛网站的链接种类繁多，无效链接较多，并且由于其链接的动
态性和同一话题分布在多个页面的特性，导致传统爬虫在论坛站点
会出现"爬虫陷阱""爬行的页面质量低下"和"相同话题下的页
面丧失了页面关系"等问题。相对于通用爬虫对论坛网站的采集，
论坛爬虫具有下载效率高，更新速度快等特点。

4. 微博爬虫。微博具有传播速度快、页面结构复杂和内容动
态显示等特点，因此直接通过爬虫下载难度较大。但微博站点通常
都提供相关开放的平台，可以通过使用相关的开放服务获取到微博
内容。严格意义上微博爬虫并不是下载页面的爬虫，只是调用相关
站点开放平台获取微博内容的程序，本书为使其与其他爬虫在名称
上保持一致，因此将其一并称为爬虫。

5. 爬虫调度。爬虫调度模块是整个信息采集层的管理和控制
者。用户首先确定好要监测的目标，如"和本单位相关的所有网
络舆情信息"，提供相关启发式信息（舆情信息的时间范围、监测
目标的类型以及所需的配置信息等）后，爬虫调度模块将根据用
户提供的相关信息，选择合适的爬虫进行抓取。同时，用户可以通
过爬虫调度模块启动和停止某一监测项目，以实现对监测项目的
管理。

第四节　涉检网络舆情信息的分布式存储

考虑到涉检舆情信息的数据规模很大，而且数据的类型也具有多样化特点，因此采用非结构化数据库存储舆情信息是非常合适的，可以利用关系数据库和非关系数据库各自的优点进行相应数据存储。具体来说，系统采用 Mysql 关系数据库结合 Hbase 非关系数据库的典型 SQL + NoSQL 的系统结构。Mysql 作为一款经典的开源 SQL 数据库，具有体积小、速度快的优势，相关技术成熟，优化方案完善，具有非常好的数据查询能力。但是 Mysql 存储和检索不定长字符串较不方便，特别是对于网页信息，页面内容长度的变化区间非常大，如果将这类文本信息直接存储在 Mysql 数据表中，存储和查询效率均不理想。

Hbase 是一种 NoSQL（Not – Only – SQL）数据库，作为 Apache 云计算家族中的一员，基于 Google 的 BigTable 所设计实现，具有良好的分布性和可扩展性。Hbase 摒弃了关系型的特点，采用简单的 API 进行增、删、改、查（Create，Read，Update and Delete，CRUD），再加一个扫描函数，在较大的键范围或全表范围上迭代扫描。

Hbase 结构如图 15 – 3 所示。底层上，Hbase 基于 Zookeeper 和 HDFS 实现，它的数据均存储在存储文件中，这类存储文件在 Hbase 中称为 HFile，文件内部即是经过排序的键值映射结构。这类存储文件由 Hadoop 提供的分布式文件系统 HDFS 进行分布式存储。而在实际的 Hbase 操作中 HDFS 通常是不可见的，Hbase 通过提供的 API 操作的是其 Master 和各个 Region Server 节点。

Hbase 的表结构由 row key 和 column 组成，其中 row key 是行键，每一个 row key 在 Hbase 中对应单独的一行数据。column 是列，一行数据可以有多列。因为调用时往往是一条信息进行完整调用，所以可以将信息使用 Json 形式保存，这样在 Storage 中只用一列即可存储该数据。

图 15 - 3 Hbase 结构示意

第五节 涉检网络舆情的数据处理

舆情信息采集层为舆情监测提供了舆情获得和发现的基础数据，数据处理层的任务是在此基础上进行过滤和分析。更复杂的数据处理和分析是舆情监测与传统信息检索工作的重要区别，随着文本挖掘技术的快速发展，一些新的文本挖掘技术（如基于本体的挖掘技术）为舆情监测技术的进步带来的新的动力。舆情数据处理和分析过程如图 15 - 4 所示。

首先，通过舆情信息采集层获取的网页根据其页面特性将分别用基于结构的网页信息抽取方法或基于模板的网页信息抽取方法抽取其中的文本信息，或直接存入数据库中。其次，需要存入索引的文本信息将进一步做文本分词和索引处理。再次，采用基于本体的文本分类方法对存入索引的文本进行过滤，以去除和检测目标不符的信息。最后，经过基于本体的聚类方法后得到舆情热点。通常本体的构建过程比较复杂，利用已有的本体并做适应性修改可以大大减少工作量，同时对用来进行文本挖掘的本体进行质量评估，可以保证本体的质量和聚类效果。

1. 网页信息抽取。在舆情信息采集层或取到的数据将分为三个部分：由全网爬虫和定点爬虫采集到的网页通过基于机构的网页信息抽取的方法提取网页文本信息，提取到的通常是大文本信息，

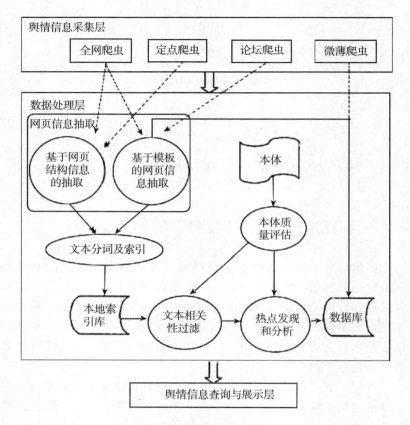

图 15 - 4 舆情数据处理和分析过程

将存入本地索引库中；由论坛爬虫抓取的网页采用基于模板的网页信息抽取方法提取网页文本信息，其中的大文本信息将存入本地索引库中，而其他信息如发帖人的相关信息、发帖时间、点击量、回复量等将存入数据库中；由微博爬虫获取的数据通常都是结构化的，因此不需要进行数据抽取过程，可以直接保存到本地而不需要文本抽取的过程，同时由于微博信息结构相对复杂、文本较短，因此其内容更适于存入数据库中。

2. 文本分词及索引。由信息抽取模块抽取并需要放入索引文件中的数据将分为三类。第一类是需要检索的文本,将被 ICTCLAS 分词器分成一个个词组成的词串存入索引文件中。索引采用倒排表的结构存储,这种索引结构被认为是信息检索领域最有效、最灵活的索引结构。每个词作为一个索引项指向每一个包含该词的文档。这样,当需要搜索包含某个词的文档时,只需返回该词指向的文档即可。第二类是需要被挖掘的文本,同样会将被 ICTCLAS 分词器分词,同时还需要向量化,但可以不以倒排表的格式存储。剩下的数据则只需正常存储即可。值得注意的是从网页中抽取到的信息可能既属于第一类又属于第三类,如文章标题;也可能同时属于第一类、第二类和第三类,如文章正文,也可能只属于第三类,如时间。数据最终的用途将决定其具体的存储方式。

3. 文本相关性过滤。尽管网络舆情监测系统采用多样化的抓取方式抓取 Web 上以各种形式存在的网络舆情信息。但基于关键词的元搜索采集技术并不能保证基于关键词的各大搜索引擎返回的所有结果都是与舆情监测用户相关的,更不用说由于搜索公司和广告商的利益关系,现有的各大著名搜索引擎返回的结果中充斥大量广告信息。同样地,采用网站监测、论坛监测和微博的方式同样不能判断抓取的数据是与舆情监测相关的。大量无关的、噪声的数据将对舆情的分析和发现产生严重影响。

本系统采用基于统计机器学习的文本分类方法对无关文本进行过滤。在系统运行一段时间,系统积累了一定量的数据之后,用户将从当前监测项目所监测的结果中选择一部分和用户监测目标相一致的文本作为正例样本,另外再选取一部分垃圾作为反例样本进行训练得到该监测项目的过滤模型。但文本相关性过滤模型训练好后,系统在该监测项目下抓取到的数据将直接通过该项目的过滤模型进行过滤,以保证舆情热点发现的效果和质量。

4. 热点发现分析。经过文本相关性过滤后,所得到的数据将是和舆情监测目标相关的信息。采用文本聚类分析的方法可以将这些舆情信息划分为一个个文本簇,通常这些文本簇中的文本可以被当成一个个舆情热点，发现当前监测项目下的热点，这对舆情的正确处理具有良好的指导意义。

通常网络对于某一热点事件的报道会持续一段较长的时间，聚类分析程序却不能探知一个事件的开始和结束，因此当前聚类分析得到的文本簇并不能完整地代表一个热点事件，需要将当前的聚类结果于已有的聚类结果进行合并，这样不仅能保证热点事件的完整性，同时可以统计出热点事件的发展趋势。

5. 本体与本体质量评估。本体网络模型不仅可以减少文本向量空间的维度，同时还能提高文本挖掘的精度，也可以更好地解释聚类的结果。

第六节　基于语义网的涉检网络舆情语义关联模型构建

语义网的核心是本体。本体是一种知识表示模型，以网络图的方式描述实体与实体之间的语义关联。在本系统中，本体主要用于构建舆情监测系统中语义关联模型，为了更好地过滤收集到的数据文本，同时也为了提高舆情信息监测的准确率，以便给用户推荐更相关和精确的舆情信息。通过本体知识表示技术，需要为经过采集和信息处理（如分词、索引）而生成的一些重要词建立语义关联。首先，采用基于统计机器学习技术，如 LDA（Latent Dirichlet Allocation）技术，从大规模海量文档信息中挖掘出潜藏的涉检特定领域的主题信息，并将挖掘出的重要主题作为构建语义网络的语义节点，进而采用深度学习方法，研究语义网络中语义节点之间的语义关联技术。上述可称为自下向上的语义网络关联建模。

另外，为了更为准确地分析研判，利用检察领域的专家丰富的检务专业知识，分析研究语义网络节点及其之间的语义关联，以自上向下方式手工构建语义网络。研究自上向下和自下向上的两种方法的代价权衡策略，最终构建完整的语义网络关联模型。基于已构建的面向涉检舆情的语义网络关联模型，研究涉检舆情信息的语义相似度计算方法，为准确地分析和研判涉检舆情的语义相关性和准确性提供可量化的计算研判方法。

通过利用语义网络关联模型对涉检舆情关键语义进行多维建模，结合语义网络中节点之间语义关联的不同权重，可以准确量化涉检舆情的语义相关度，方便进行量化的预判和甄别。基于语义网络的舆情语义模型有助于涉检舆情的自动化、智能化的分析与准确研判，可以解决传统技术所导致的分析研判准确率低的问题。

第七节　网络舆情信息的查询与展示

舆情信息查询与展示层是与舆情监测系统的效果展示和与用户交互的部分。该层反映了舆情监测系统的主要功能：这些功能包括元搜索功能、本地搜索、热点查看功能和舆情预警功能。具体如图15-5所示。

1. 全网搜索。全网搜索功能为舆情监测提供全网范围内的舆情信息检索，相对于通过单个搜索引擎的检索来说，其搜索结果更加全面，无关信息更少。和全网爬虫一样，全网搜索采用元搜索引擎技术，但全网搜索不需要下载检索项中的 URL 对应的页面，只需将各大搜索引擎返回的检索项提取出来，去除广告信息和重复信息，重新排序，并对检索结果进行缓存，最后展现给用户即可。

2. 本地搜索。本地搜索功能为舆情监测用户提供本地存储的舆情信息的搜索服务。给定检索关键词后，搜索的条件可进行配置，如设置时间范围、监测的类型（全网监测、定点监测等）、在页面中出现的位置（标题或正文）等，搜索模块根据搜索条重数据库或本地索引中读取到满足条件的数据返回给用户。

3. 热点查看与统计。和热点事件相关的信息都在聚类分析之后存储于数据库中，在展示热点信息时先从数据库中读取热点事件的信息，但包含在某一热点事件中的文档仍然存储于本地索引中，所以在读取热点事件信息后要根据热点事件中包含的文档编号，从索引中将相应的文档读取出来。而热点事件的关注度（通常用包

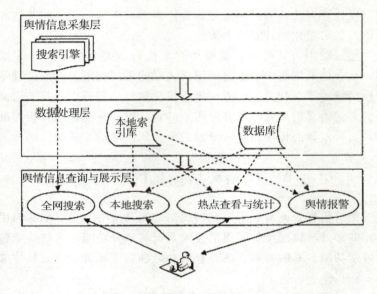

图 15 - 5   舆情信息查询与展示交互

含于该事件的文档数表示）则可以从数据库中统计出来。

4. 舆情预警。舆情的爆发具有突然性，舆情预警功能旨在让舆情监测工作人员不在工作岗位时也能了解到舆情发展状况，同时也能让不直接参加舆情监测工作，但和舆情监测工作相关的人员能及时得到舆情监测的信息。舆情预警功能定时根据用户设置的一组关键词搜索本地索引和数据库，以短信和邮件的形式自动发送给相关人员；另外，用户重点关注的热点事件在出现关注度增长时也可以以舆情预警的形式发送给相关人员。

第十六章　面向智慧检务的知识库构建

知识库是一类特殊的数据库，可以用于知识采集、知识整理和提取等领域知识的管理，为了将来的知识计算与知识服务提供基础。知识库中的知识可能来源于不同的数据源，需要管理和处理的知识容量规模可能非常大。一般来说，通过领域专家手工构建知识库虽然有较高的知识库质量，但是所构建的知识库毕竟规模小、知识覆盖率低、更新缓慢，手工知识库构建过程需要耗费大量的时间和人力。在互联网数据容量呈指数级增长的大数据时代，知识库的手工构建很明显无法满足知识计算和知识服务的需求。因此，如何自动构建一个大规模的知识库成了当今研究的热点。构建面向智慧检务的知识库系统有助于整合不同类型的检察业务知识，从而帮助检察人员更为全面、准确、高效地提升业务水平。面向智慧检务的知识库构建所需要的数据源有统一业务应用系统、电子卷宗系统、检察行业的相关常识和标准以及互联网上的相关知识。这些来自不同数据源的数据大部分是非结构化的，不能直接被机器识别和理解，因此如何结构化这些数据并将其融合形成完整的知识库是急需解决的问题。

第一节　对电子卷宗库采用 NLP 方法抽取新知识

目前大多数检察院的案卷是采用传统的档案管理模式，即纸质物理管理模式。检察院每年不断产生大量的案卷以及历史档案，且不说占用办公空间，仅仅就从这些海量档案中统计数据、查阅和调用相关具体信息等都需要人员物理操作，因此管理成本高、管理效率极低。一方面，这些问题直接影响了办案进度，并加重了工作人员的负担。另一方面，检务人员对案卷的大量接触和物理操作会对案卷卷宗造成一定破坏，而且也很容易被认为是故意破坏或篡改，因此将直接影响司法公正、造成严重后果。

近年来，利用信息化技术开始进行档案管理的电子化。实现档案管理的电子化，可以更好地解决传统档案模式管理的不足。检务人员可以通过网络调阅档案，做到只需键入索引号或关键词（如档案号）既可在短时间内调阅原始的案卷影像，从而降低借阅非电子化材料的频率，保证档案材料的安全，也大大简化了维护工作，提高了工作效率。

案卷影像处理是案卷管理的核心子系统，它利用图像数字化技术设备（如高速扫描仪）将文件信息的影像录入计算机系统，主要包括案卷影像扫描和管理应用两大部分。使用高速文档扫描仪及扫描软件对案卷文件进行电子化扫描，并优化案卷电子文档图像。案卷扫描具有自动倾斜校正、自动去污、自动分文件等自动处理功能，扫描人员也可根据原件的实际情况做相应的调整。处理后的图像导入系统数据库进行历史性存储，并被建立文件检索。通过直接输入检索的字段即可检索到相关文件，查找方便。

电子案卷系统是面向智慧检务的知识库的重要的信息来源。然而，电子案卷系统中的信息大多是通过图像文件的方式存在的，虽然有简单的文件索引，但是电子卷宗的内容本身还是无法理解的。智慧检务需要一种智能化的方式，让计算机可以"理解"和处理电子卷宗的一些内容从而帮助检务人员提高办案效率。其核心需要解决的问题是如何结构化电子卷宗的知识内容。

为了结构化电子卷宗的知识内容，需要进行如下几个步骤的操作：

1. 将电子卷宗的图像文件转换成文本。可以通过基于光学字符识别（Optical Character Recognition，OCR）等相关技术识别出卷宗的页面图像中文本，并将其转换成对应的文本文件。实际上，后续的处理都是基于文本文件进行的。

2. 对卷宗文本文件进行分词、去停用词等预处理。中文句子和英文句子最大的不同在于，组成中文句子的字符是连续的。英文句子的词通过空格可以天然的分割开，分词过程相对比较简单。为了自动化处理中文句子，需要对具有连续字符的中文句子进行分词，从而将一个中文句子转换成一个由多个汉字的词所组成的集合。很明显，一个汉语句子的分词准确性会直接影响将来对该句子含义的理解。

分词算法的不同产生的分词结果不同。例如，有一文本串："南京市长江大桥"。找到的所有匹配的词条是：南京、市、长江、大桥、南京市、长江大桥、市长、江大桥、江大、桥。这样，同样的句子会有多种可能的词的集合。如"南京、市、长江、大桥"，"南京、市长、江大桥"，等等。合理的分词算法对于更为准确的句子分词至关重要。现有的分词算法大致可以分为三类：基于词典的分词、基于统计的分词和基于理解的分词。基于词典的分词方法，又称为基于字符串匹配的分词方法或者机械分词方法。它是按照一定的方法将待分割的汉语字串与一个"充分大的"机器词典中的词条进行匹配，如果在词典中找到了该字符串，则匹配成功（识别出一个词）。基于统计的分词方法的主要思想是：由于词是稳定的组合，所以在上下文中相邻的字同时出现的次数越多，就越可能构成一个词。因此，字与字相邻出现的频率或概率可以反映成词的可信度。基于理解的分词法在分词的同时对句子的语法、语义进行分析，并利用语法和语义信息对歧义现象进行处理。该分词系统通常包括三大部分：分词子系统、语法语义子系统、总控部分。在总控部分的协调下，分词子系统可以获得有关词、句等的句法和语义信息，从而对分词是否存在歧义进行判别，这样就模拟了人对句子的理解过程。

在中文分词里，一直有两大难题没有得到完全突破，一个是中文歧义问题，另一个是新词识别问题。例如，句子"乒乓球拍卖完了"，可以切分为"乒乓、球拍、卖、完、了"，也可以切分为"乒乓球、拍卖、完、了"。如果没有上下文其他的句子作提示，那么谁也不会知道"拍卖"在这里要不要算作一个词。对于新词，其中最典型的就是人名。人是可以很容易地就理解句子"王军虎去广州了"中,"王军虎"是个人名,所以是个词,但是要让计算机去识别就非常困难了。假如把"王军虎"作为一个词收录到字典中,全世界有无数个名字,而且每时每刻还有许多新增的人名,那么收录这些人名就将成为一项非常巨大的工作。即便这项工作可以实现,还会存在一定问题,如在句子"王军虎头虎脑的"中,"王军虎"就不能被算作一个词了。

3. 基于电子卷宗文本文件的概念抽取。概念抽取任务包括抽取概念的属性、建立概念层次结构以及确定概念实例。概念抽取以及概念层次结构的建立需要结合检务领域的相关业务标准分类体系以及常识性的开放分类体系(如百科分类体系),进而重塑概念分类的上下位关系,并最终获得一棵概念层次结构树。检察业务相关的分类标准中,每一个分类就是一个概念,开发分类体系中的每一个分类也可以看成是一个概念。可以将分类标准的已有的分类层次结构转换成概念层次结构。同时也可以结合特定类型电子卷宗的行文特点,总结出行文模式,进而抽取概念及概念层次结构。如果将百科词条看成是概念的实例,那么要确定一个概念有哪些实例,就需要判断一个词条与它的开放分类之间是否具有上下文关系,具有上下位关系的词条可以看成是分类的实例。概念的关系包括继承(子类)关系(subclassof)、实例关系(instanceof)、属性关系(relation)、内涵和外延(domain and range restrictions)、等同关系(equivalence),等等。建立概念层次关系就是对子类关系(上下位)、实例关系、部分和整体关系及等同关系等诸多关系的抽取过程。

第二节 基于统一业务应用系统进行
关系数据库知识抽取

检察业务统一业务应用系统的业务数据通常都是存储在关系数据库中。关系数据库中的数据还需要进一步处理,一方面是为了将来自不同数据源的信息通过统一的表示方式融合到知识库；另一方面，对关系数据库中的数据进一步处理也是对数据进行二次挖掘形式更丰富的可用知识的过程。其本质的核心技术问题就是基于关系数据库的知识抽取，抽取的知识需要能够用本体、知识图谱等目前最普遍的知识表示工具描述。无论是本体还是知识图谱，利用RDF的三元组表示模型，它们最终其实都表示成基于图的描述，也就是说，它们背后的潜在描述模型在理论上实际上是一致的。

关系数据库和本体都是一种组织和存储知识的模型，两者之间存在一定的语义相关性。关系数据库中的数据记录之间的联系都是用关系描述的，所以关系数据库中的关系可能对应着本体中的概念或者属性。如果数据库中的关系之间存在继承关系，那么对应的两个本体的概念之间也存在继承关系。数据库中的元组都可以转化成本体中的实例。因此，从关系数据库到本体进行自动转化是可行的。

从数据库中抽取信息并转换成本体信息的过程分为两个步骤：首先从数据库中抽取本体概念，形成概念模型，其次将数据库中的数据进行迁移。具体步骤如下：

1. 将数据库表经过一组转换规则后，数据库中的表名转换成本体中的类名，表中属性转化成本体中的数据属性，表中的属性名即本体中的数据属性名。其中，数据属性的定义域是关系所对应的本体中的类，值域是表中的属性所对应的数据类型。

2. 经过转换规则后完成了数据库到本体的基本模式转换。但是数据库中表与表之间的关系以及属性的相关性还需要去挖掘。因此，还需要根据数据库中表的主键、数据属性等进一步进行处理。

3. 通过以上对数据库的模型进行抽取后，需要对数据库中的数据进行迁移形成本体知识库，具体来说，就是将数据库中表的记录转换成本体的实例。

通过转化规则和处理规则以及数据迁移就完成了将关系数据库信息抽取变成知识库知识的过程。

第三节　检察行业信息标准化

检察行业信息的标准化是实现智慧检务的必要环节。具体的检察业务可能涉及不同类型的来自产品、流程、组织、操作等方面的信息。而这里不同方面的信息因为历史等原因在具体的实际操作和运用过程中都不尽相同。与检务相关的各种类型的数据也因为没有命名、归档、陈述、说明、流程和操作等方面的统一标准化规范而难以共享。另外，如果检察行业信息不进行标准化，那么相关的检察业务数据就很难进行信息化，因此不利于将来基于检务大数据的知识处理、计算和服务，会严重影响和阻碍智慧检务的发展。

检察行业信息标准化的成果就是形成可行的行业标准规范。1983 年，我国在 GB 39.5.1《标准技术基本术语》中对标准定义如下：标准是重复性事物或概念所做的统一规定，它以科学，技术和实践经验的综合成果为基础，经有关方面协商一致，由主管部门批准，以特定形式发布，作为共同遵守的准则和依据。

该定义具体地说明了下列四个方面含义：

1. 制定标准的对象是重复性事物或概念。虽然制定标准的对象早已从生产，术领域延伸到经济工作和社会活动的各个领域，但并不是所有事物或概念，而是比较稳定的重复性事物或概念。

2. 标准产生的客观基础是"科学、技术和实践经验的综合成果"。也就是说，一是科学技术成果，二是实践经验的总结，并且这些成果与经验都要经过分析、比较和选择，综合反映其客观规律性的"成果"。

3. 标准在产生过程中要"经有关方面协商一致"。也就是说，标准不能凭少数人的主观意志，而应该发扬民主，与各有关方面协商一致，"三稿定标"。如产品标准不能仅由生产制造部门来决定，这样，制定出来的标准才能考虑各方面尤其是使用方利益，才更具有权威性、科学性和使用性，实施起来也较容易。

4. 标准的本质特征是统一。这就是说标准"由标准主管机构批准以特定形式发布，作为共同遵守的准则和依据"的统一规定。不同级别的标准是在不同适用范围内进行统一，不同类型的标准是从不同侧面进行统一。此外，标准的编写格式也应该是统一的，各种各类标准都有自己统一的"特定形式"，有统一的编写顺序和方法，"标准"的这种编写顺序、方法、印刷、幅面格式和编号方法的统一，既可保证标准的编写质量，又便于标准的使用和管理，同时也体现出"标准"的严肃性和权威性。

制定行业标准化规范需要遵循一些通用的标准化基本原理，通常是指统一原理、简化原理、协调原理和最优化原理。统一原理的目的是保证事物所必须的秩序和效率，从一组对象中选择确定一致规范，应能包含被取代对象所具备的必要功能。简化原理则是为了经济有效地满足需要，对标准化对象的结构、形式、规格或其他性能进行筛选提炼，剔除其中多余的、低效能的、可替换的环节，精练并确定出满足全面需要所必要的高效能的环节，保持整体构成精简合理，使之功能效率最高。协调原理则通过有效的方式协调好系统内外相关因素之间的关系，使标准的整体功能达到最佳，并产生实际效果。最后，最优化原理对标准系统的构成因素及其关系进行选择、设计或调整，使之达到最理想的效果。

完整的标准化体系应该涵盖标准以及标准制定、运行和管理的整个过程。要制定和贯彻标准应遵循的标准化管理方针、原则、组织制度和标准体制，制定和贯彻标准使用过程中运用的方式、方法和组织形式。

值得注意的是，制定新的标准和规范，通常也需要参考一些来自国际、国内、行业等不同组织的已有标准。虽然说，随着时间的推移、技术的革新，这些标准显得过时了，但是它们对于新标准的建设仍然具有非常重要的借鉴意义。

为了方便实现基于业务信息和数据的智能化知识服务，信息标准化通常会采用一定格式的语言。如 XML 标准、本体语言、统一建模语言（Unified Modeling Language，UML），等等。采用这些形式化的、计算机可处理的语言来描述业务信息和数据，可以大大方便将来业务数据的自动化、智能化处理。为了实现智慧检务，检务业务信息的标准化已经是迫在眉睫的任务。目前，很多行业和组织为了实现自身业务的信息化、智能化以及知识化服务的目标，根据自身业务特点开发了很多的相关标准规范。

第四节　多源知识融合和基于知识库的查询、统计及预测

一、多源知识融合

国际上目前已建成的知识库有 DBpediaHI、WikiTaxonomy、YAG02、NELL、Probase、KnowItAll 等。这些不同的知识库将不同来源的信息整合起来，为不同服务对象提供结构化信息浏览和检索服务。比如，DBpedia 是世界上最大的多领域知识本体之一，2013年 9 月发布的版本已拥有 400 万个条目，涉及人物、地点、音乐专辑、影片、电动游戏、疾病等多个类别。就规模而言，Probase 知识库拥有的概念最多，其核心概念目前约有 270 万个，概念总量达到千万级。它是基于概率化构建的知识库，支持针对短文本的语义理解。然而，包含实体最多的是 WolframAlpha 知识库，它有 10 万亿个实体，数量之大令人咂舌。DBpedia 知识库可以从英文维基百科的词条页面中萃取信息框、分类、重定向链接等结构化或者半结构化信息，以强化维基百科的搜索功能，并将其他数据集链接至维基百科，将这些数据以链接数据（Linked Data）的形式发布到互联网上，这样就可以为许多创新而有趣的应用提供资讯服务，如地图整合、关系查询、文件分类与标注等。

很明显，目前已有的知识库通常是一种面向领域、多应用、多服务的用于存放海量知识的仓库，需要集成来自很多信息源的不同数据类型的数据。构建面向智慧检务的知识库，涉及检察业务方方面面，其数据来源广泛，从日常运营的统一业务平台数据，到历史的电子卷宗数据，再到来自互联网的实时数据等。面向智慧检务的

知识库构建必须将这不同数据源的信息进行统一整合和融合。

面向智慧检务的知识库的构建从逻辑角度讲，包括知识获取和知识融合两个方面。其中知识获取的主要目的是通过电子卷宗数据库、统一业务应用系统数据库以及开放网页等不同数据源，利用在线百科、检察行业信息标准化规范、核心词表等共享规范，结合相关智能化数据抽取和挖掘算法从中抽取出概念、实例、属性和关系。

知识融合的主要目的是实现知识的时序融合和多数据源融合。具体来说，面向智慧检务业务的知识库应该包含两部分：通用知识库和领域知识库。

通用知识库是用于存储众所周知的常识性知识的通用知识库。通用知识库中的知识可能通过如下的方式获得：从维基百科等在线百科（如维基百科、百度百科等）中直接抽取获得。相关的技术包括：使用爬虫技术抓取相关页面；结合不同百科的页面结构抽取有价值的属性值对知识；利用自然语言处理技术挖掘属性值对知识；利用聚类、分类等相关技术；等等。

领域知识库中会包含多个来自不同特定领域的知识库。基于每一个领域知识的特点不同，每一个特定领域知识库又可进一步划分为通用基础库、领域基础库和领域网络库。具体来说，通用基础库是指从常识知识中选取的和领域相关的知识构成的知识库。领域基础库是用来描述领域相关的其他基本知识。领域基础库中的知识主要来自领域字典、核心词汇表等。甚至可以考虑对检察业务进行更细小的领域划分并分别构建相应的特定领域知识库，比如，检察业务电子卷宗可以分成自侦、侦监、公诉、民行等不同领域。为了获取当前最新最实时的领域知识，领域网络库从开放的互联网网页中抽取领域相关的最新知识。随着网页数量的不断增加和内容的不断更新，领域知识库可实现自适应增长。

最终面向智慧检务的知识库将由上述这些知识库的构建共同完成知识获取的全过程。此外，还可以利用已有的公开知识库，如Freebase、YAGO 等实现知识进一步融合。

二、基于知识库的查询、统计、预测

面向检察业务的知识库可以提供查询、统计和预测等功能。这些功能需要结合大数据可视化技术，能够为用户提供可视化的分析和处理。知识库查询需要采用基于语义的查询，是为了实现更准确地返回用户真正需要结果，从而避免传统的基于关键词的语法查询准确度低的缺陷。考虑到面向智慧检务的知识库的知识可以采用属性值对的形式存放，因此传统的基于本体的语义查询功能可以用于执行语义查询，具体可以采用 SPARQL 等语义查询语言。

统计分析和预测服务因为通常是基于大数据基础上的，用户通常也需要在较短的时间之内获得相关分析和预测结果。因此，将统计和预测的相关计算进行并行化处理。采用类似于 Hadoop 等并行处理框架，以加速分析和预测的过程。

第十七章　检察机关与公安、法院信息共享业务协同平台

最高人民检察院明确提出了要建设与公安、法院等其他司法部门的诉讼信息交换与共享平台。针对检察机关和公安、法院的信息共享需求，首先建立了业务交互模型，其次给出了信息共享业务协同平台的系统框架结构，最后给出了共享平台的安全解决方案，并分析了本方案的特点。本方案可以减少公检法之间的信息孤岛，通过信息共享，检察机关可以加强对公安、法院的法律监督，并提高工作效率。

第一节　公检法信息共享的研究应用背景

随着检察机关信息化建设和应用的深入，检察机关和公安、法院之间的信息共享问题日益迫切，逐渐表现在以下四个方面：

一是检察院和公安、法院之间业务交互量较大。以 2011 年的案件数据为例，全国检察机关共依法批准逮捕各类刑事犯罪嫌疑人908756 人，提起公诉1201032 人，依法决定不批准逮捕151095 人、不起诉39754 人，从中可以看出，每年公安机关移送审查逮捕、移送审查起诉的案件量都在百万件左右，相应检察院要审查逮捕、审查起诉的案件量、法院需进行刑事审判的案件量都是巨大的。

二是检察院和公安、法院之间的业务交互工作目前基本采用人工送达的方式，由手工操作完成，报送的材料主要是大量纸质的法律文书和案卷材料，需要耗费大量的人力、物力和时间，效率较低。

三是检察院和公安、法院之间的信息资源没能实现共享，数据重复录入，造成资源浪费，由于信息不能共享交换，数据需要重复采集录入，一宗刑事案件，检察和公安、法院需各采集一次，不仅浪费人力重复录入，数据的准确性和一致性也受到影响。

四是检察院的法律监督业务（如侦查活动监督、审判和执行监督）由于缺少相应的公安、法院的信息以及信息化手段的支持，在实际工作中很难有效开展。

最高人民检察院在《"十三五"时期科技强检规划纲要》中明确提出要建设与公安、法院等其他司法部门的诉讼信息交换与共享平台。检察机关统一业务应用系统在全国的推广部署应用为信息共享平台的建立奠定了基础。因此，研究检察机关与公安、法院的信息共享、业务协同平台具有重要的理论和实际意义。

第二节 公检法业务交互模型

《刑事诉讼法》规定了在刑事诉讼中，公检法分工负责、互相配合、互相制约的原则。公安机关提出批捕请求，检察机关依法批准逮捕，公安机关执行逮捕；检察院向法院提出公诉，法院审理和判决案件，其过程由检察院进行检察监督。本章归纳分析了检察院和公安、法院之间的业务交互关系，给出了检察机关与公安、法院业务交互模型，如图 17-1 所示。

在检察机关和公安的交互过程中，在侦查阶段，公安机关进行立案、提请批准逮捕、批捕复议、批捕复核、提请批准延长羁押期限、侦查活动、移送起诉、不起诉复议、不起诉复核和补充侦查等活动，检察院则相应地进行立案监督、审查批准逮捕、批准延长羁押期限、侦查活动监督和审查起诉等监督活动。

在检察机关和法院的交互过程中，在公诉阶段，检察机关负责进行提起公诉、支持公诉、判决裁定结果审查、抗诉、出席二审以及二审判决裁定结果审查等活动，法院则进行立案审查、审判、判决裁定、二审立案审查、二审审判和二审判决裁定等活动。

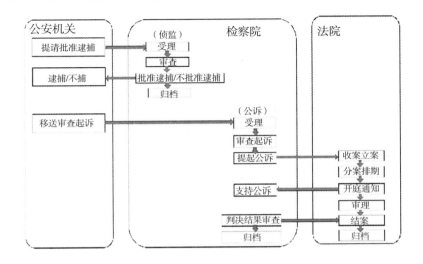

图 17 - 1 检察机关与公安、法院业务交互模型

从该模型中，可以看出检察院和公安、法院之间的具体的信息共享和业务协同需求。系统的设计过程，仍然需要对该模型进行细化，确定它们之间的业务交互关系。

第三节 系统框架体系结构

本方案主要由三部分构成：信息共享业务协同应用平台、信息安全支撑平台和信息标准规范构成，并通过共享协同平台与公安、法院的业务系统交互。其中，信息共享业务协同应用平台是核心，它又由六层构成，自下而上分为基础设施层、信息资源层、数据传输层、共享协同层、应用层和信息门户层。图 17 - 2 给出了系统的框架体系结构。

一、基础设施层

包括电子政务网、检察专网、服务器等硬件设施以及操作系统

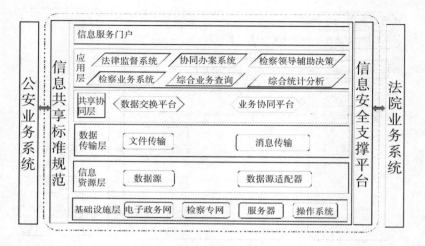

图 17 – 2　系统框架结构

等基础软件平台。

二、信息资源层

　　该层主要包括数据源和数据源适配器。数据源指数据信息的存储地，包括有关系数据库（如 Oracle、SQL Server、DB2 和 Sybase）、格式化文本、应用程序等。数据源适配器则负责与具体的数据源（包括数据库、结构文本和应用程序）交互，从数据源中获取数据，转换成系统中的公共数据表示，并提供编码操作，或者接收到数据后进行解码，转换成系统中的某种公共数据表示，然后存储到数据源中。

三、数据传输层

　　系统必须提供多种数据传输可靠保障机制，以保障将待交付的业务数据，在正确的时间，以准确的方式，及时地送达目的业务系统，满足效率、稳定性、可靠性和安全性等方面的要求；同时还需要支持传输失败控制，在网络和系统发生故障等各种情况下应确保消息不丢、不重。系统包括消息传输和文件传输两种方式。消息传输可以通过消息中间件实现；文件传输可以通过文件传输中间件实现。

（一）消息传输

以消息为载体，实现政法各部门业务系统之间信息传递功能，具体可实现一个业务系统向另一个业务系统传输各种业务数据，包括数据库结构化数据、文书材料等。以点对点（PtP）消息方式传输业务数据，最明显的特征是数据发送之前，数据的发送者和接收者是已知和确定的，发送者只能有一个，而接收者可以有多个；在发送之前应由发送方指明该数据的发送者和接收者；数据的接收方在接收到数据之后也能知道该数据的发送者。消息传输功能具体包括一对一方式、一对多方式、广播方式三种数据传递类型，支持异步、同步、应用级自动回执等功能。

（二）文件传输

当前检察机关与公安、法院在办理批捕、移送审查起诉、公诉业务时，除了以数据库形式的结构化数据之外，还有较大部分文书材料的扫描件、语音数据、多媒体数据等需要交换，此部分的信息量与结构化数据相比，数据量相对较大，检察机关与公安、法院信息共享业务协同平台应该考虑提供以文件方式的信息传输功能，以便于对这些非结构化数据在业务系统之间的快速、可靠传输。

四、共享协同层

共享协同层由数据交换平台和业务协同平台构成。

（一）数据交换平台

数据交换平台实现检察院和公安、法院之间的数据交换；同时实现检察机关上下级之间的数据交换。数据交换平台要包括以下功能：共享数据目录维护管理、共享数据内容的采集和更新、共享数据的访问、共享数据的权限管理以及数据映射转换。数据映射转换包括检公间（检察院—公安机关之间）的映射转换和检法间（检察院—法院之间）的映射转换。

（二）业务协同平台

业务协同平台的关键是将所有的业务流程进行相关的统一管理，是以业务流程管理为核心的全新的信息管理系统，用于设计、运行、管理、监控这些跨部门、跨系统的业务协同和信息交换系统中复杂的业务流程。协同工作平台可将业务应用流程和底层数据流程分离开，使业务流程能高效适应不断变化的业务流程的需求。业务流程管理工具使协同工作平台可以将工作人员、信息系统和业务流程进行快速和全面的集成，从而提供独立的可实时操作的、集成化的流程管理系统。业务协同平台可以采取 BPEL 技术。

五、应用层

应用层提供基于信息共享平台的综合应用。综合应用系统是建立在信息共享平台基础之上的，利用信息共享平台及其共享资源库，为检察机关各部门提供服务。这些综合应用包括：协同办案、法律监督、综合业务查询、综合统计分析、检察领导辅助决策、检察业务系统。

（一）协同办案

检察院与公安、法院等部门，利用共享平台的业务协同功能，依托公安的业务信息管理系统、检察机关统一业务应用系统、法院诉讼信息管理系统，可以实现公安机关报捕和报诉、检察院批捕和审查起诉、法院公诉业务的网上工作协同。

开发检察院与公安交互的系统，包括公检批捕系统、公检侦查羁押延长期限批复系统、公检审查起诉系统、公检刑事立案监督系统、公检复议系统；检察院与法院的交互系统，包括检法公诉系统、检法抗诉系统。实现检察院与公安、检察院与法院的协同办案，提高办案效率和质量。

（二）法律监督

法律监督子系统通过公检法的信息资源共享体系，采集公安和法院的执法基础信息，构建执法监督综合数据库，并以此为基础进行大数据分析，提供监控、预警、分析预测和呈现等功能，实现对公安和法院的执法过程的综合监督。

执法监督子系统功能包括事前、事中和事后监督三个环节。事前监督主要指执法信息公开的监督，包括执法行为的法律依据、程序、条件、时限等规定的信息公开。事中监督可实现实时监督、预警纠错等功能；实时监督指对执法过程进行实时监督，包括时限监督、程序监督、异常情况监督等；预警纠错指系统对执法过程涉嫌超期羁押等违规行为在超期前发出预警提示，对超出执法时限、违规办案的执法行为发出纠错指示。事后监督指对办结的执法行为进行监督，对办案效率、效果及投诉等情况进行评估，并作数据统计和技术分析。

法律监督的内容，对于法院系统，重点监督有无超审限办案现象、是否依法公开审理、财产保全是否依法进行、执行程序是否合法、执法是否公正和案件审理质量等情况；对于公安机关，重点监督以权谋私、刑讯逼供、超期羁押等情况。

（三）综合业务查询

信息共享平台综合查询系统，提供访问共享数据的各种查询功能。

（四）综合统计分析

基于信息共享平台提供的各部门的共享信息，例如，包括公安、检察机关和法院的完整的犯罪人员综合信息和案件综合信息，提供综合的统计查询和分析功能。

（五）检察领导辅助决策

检察领导辅助决策系统，在共享数据的基础上，借助于数据仓库、数据挖掘等科学技术手段，实现辅助领导决策的统计、监测、分析、预测和决策支持等功能。

（六）检察业务系统

检察业务系统（主要指检察机关统一业务应用系统）包括侦

监、控申、公诉、民行、反贪和反渎等业务系统，可以充分利用信息共享平台，减少数据的重复录入，同时及时获取相关业务部门交互的信息。

六、信息服务门户

信息服务门户是检察机关各类人员业务数据访问的门户。检察机关信息共享业务协同平台，涉及不同级别、不同部门的业务人员，以及不同种类的信息服务，通过信息门户的建立，可以为业务操作人员提供统一的信息访问入口和操作环境。信息门户系统以个性化、集成化、可视化的方式提供方便、快捷、直观的信息服务。相关人员可以根据自身的性质、特征以及个人爱好设置个性化访问界面，并且通过个性化的界面访问整合各种系统的信息资源。信息门户系统需要一个门户支撑平台（Portal）的支持，门户支撑平台提供个性化内容过滤与展示、页面布局、界面编辑、单点登录等功能。

第四节 安全支撑平台及信息共享标准规范

一、安全支撑平台

在检察院、公安和法院的信息共享平台的建设中，对网络和信息安全都有较高的要求，若不能确保业务信息在共享和交换中的安全、可靠、准确和及时，共享平台的建设则会失去基础。安全支撑平台以密码系统为基础，身份认证（CA）为表现形式，并根据用户身份与角色，对系统的数据访问权限和操作权限进行管理和控制，为整个系统提供安全保障。主要从以下六方面来考虑：一是采用网闸技术，在保障公检法纵向专网安全隔离的前提下接入共享平台，既保证了公检法各部门网络的相对独立性，又实现了与其他政法部门之间的信息互通。二是采用电子身份认证技术，对用户的身份进行识别和认证，确保用户身份的真实性和有效性。三是采用加密技术，对业务协同中的数据进行签名和加密，确保信息在传输过程中的安全性和完整性。四是采用电子签章技术，确保相互交换和传输数据的唯一性。五是采用访问控制技术，使在共享协同平台中合适的用户访问合适的资源；提供完善的授权访问与控制，以及存证、查证的功能。六是加强管理监督，通过技术手段，实现系统日志、安全审计、数据流跟踪管理功能，防止数据在传输中被拆封和丢失，确保对数据存储、转发、确认等各个环节的全方位监控。

二、信息共享标准规范

信息共享标准的规范化建设是检察机关与公安、法院信息共享业务协同平台建设的主要内容。该标准包括两部分内容：信息资源标准和业务流程标准。信息共享标准的建立过程中，要依据最高人民检察院已发布的检察业务应用系统标准，包括检察信息分类代码规范、数据格式规范、数据交换规范和数据交换平台建设标准。根据标准化对象的不同，信息资源标准可分为数据标准和元数据标准。其中，数据标准主要解决结构化信息的采集、处理、存储、交换和共享，具体包括信息分类编码标准、数据交换格式标准等。应分别建立检公共享数据交换标准和检法共享数据交换标准。而元数据解决信息源的发现、定位和描述。业务流程标准是业务处理过程和具体处理环节的规范化表达。标准化的业务流程是保障信息共享、业务协同的先决条件。没有规范化的业务流程，不可能实现业务的计算机处理。

第五节　方案特点分析和实施建设需要注意的问题

一、方案特点分析

通过建设信息共享平台，将检察院、公安和法院的业务交互，从传统手工方式转变为网络化、流程化的业务协同模式，提高了工作效率和办案质量，增强检察机关的法律监督能力。首先，使用信息共享平台，在检察院、公安和法院之间流转案件基本信息、犯罪嫌疑人信息、证人证词、笔录及法律文书等材料，实现业务数据共享，避免了数据重复采集录入，将节省大量的人力、物力和时间，提高工作效率。其次，打破"信息孤岛"，提高了检察机关的工作水平。在检察机关日常办公、办案、审案和业务管理过程中，常常需要公安、法院的相关信息数据，如人口信息、车辆信息、出入境信息、刑满释放人员信息和审判信息等，由于目前依靠人工上门查询的方式不方便工作，需要花费大量的人力，效率低。再次，通过信息共享平台，可以有效解决检察机关对公安、法院的信息查询查证难的问题，能有效提升法律监督的工作水平。最后，及时传递信息，为检察机关领导决策提供更准确的依据。建立信息共享平台，可以方便地实现检察院、公安和法院间各类信息的及时传递和报送，对社会治安和社会稳定情况进行分析预测，为领导的决策提供准确可靠的依据。

二、实施建设需要注意的问题

1. 标准建设。在信息共享业务协同的过程中，要加强信息共享标准和业务协同标准的规范化工作。

2. 积极推动检察机关规范业务系统应用。实现信息共享、业务协同应用的前提条件是各业务部门必须开展本部门的信息化应用，如检察机关统一业务应用系统，同时要依托公安、法院的业务管理系统开展业务协同建设。

3. 稳步推进共享平台建设。根据我国检察机关网络基础设施、信息安全管理、技术队伍和建设投资等情况的综合分析，考虑检察机关统一业务应用系统主要在最高人民检察院和省级院部署的客观情况，结合公检法间对信息共享和业务协同的实际需求，建议共享平台原则上主要在最高人民检察院、省级院进行建设。

第六节　典型应用案例

江苏省苏州市为促进政法各部门之间司法办案信息资源共享，实现政法系统各部门及时衔接、高效协同和有效监督，由苏州市委政法委牵头，苏州市检察院具体承办，建成了覆盖市、县两级的政法信息综合管理平台，推动了政法工作科学化、规范化。该平台通过打造案件协同、其他协同、流程监督、决策支持、知识管理、系统管理等六大功能模块，建立了覆盖提请逮捕、移送审查、检察起诉、法院审判等业务主线的案件协同系统，涵盖了全市两级政法单位的业务范围。自 2013 年平台全面运行以来，全市公安机关交换至平台的刑事立案、破案信息 102672 条，全市检察机关通过平台受理审查逮捕案件 31409 件、受理审查起诉案件 56951 件、向法院提起公诉 48853 件，法院通过平台流转判决书 44511 件，全市办理刑事案件在政法信息平台流转率达 95.34%。政法信息综合管理平台打破了政法部门之间的信息壁垒，为苏州政法部门开展自我监管、接受外部监督提供了更直观、更有效的途径，提升了司法规范化水平。依托平台，实现了苏州政法机关之间电子卷宗、法律文书等办案信息的及时、快速、全程网上流转，减少了重复录入和纸质文件传递，提升了工作效率。将公安机关的发案破案信息、刑事调查信息、司法行政机关社区矫正活动信息等纳入了检察机关的监督视野，减少了以往监督资源不足、监督范围不全、监督渠道不畅的弊端。实现了办案程序公开、办案期限警示，有效防止了违反规定互借办案时间、送达文书不及时、时间倒签、纸质法律文书随意撤回修改等不规范现象。

第十八章　检察机关行政执法与刑事司法衔接信息共享平台

　　行政执法与刑事司法衔接工作（以下简称"两法衔接"）是检察机关会同公安机关和有关行政执法机关实行的旨在防止以罚代刑、有罪不究，及时将行政执法中查办的涉嫌犯罪的案件移送司法机关处理的工作机制。本章针对"两法衔接"的需求，首先，分析了检察院和行政执法单位、公安机关之间的业务交互，建立两法衔接业务交互模型。其次，根据信息共享和业务协同需求，建立了系统框架体系结构。再次，给出信息共享平台的主要设计，包括主要功能、数据结构、网络和信息交换系统的设计。最后，给出了方案的实施效果分析。通过该平台，各个机关可以实现案件移送、网上备案、案件办理流程的跟踪和监控，执法动态的交流和业务疑案的研讨等，可以增强执法的整体合力，提高执法的透明程度，提升查处破坏社会主义市场经济秩序违法犯罪工作的质量和效率。

第一节　"两法衔接"信息共享平台的研究应用背景及业务交互模型

一、研究应用背景

　　目前，"两法衔接"工作由于缺乏有效的衔接和监督手段，在一些行政执法领域，有案不移、有案难移、以罚代刑的问题仍然比较突出。破坏市场经济秩序的犯罪案件出现发生多、查处少；处罚多、移送少；立案多、判决少的"三多三少"现象。其中主要原因就是行政执法机关、公安机关、检察机关在查处案件中缺少必要的沟通和信息交流。这些问题的存在，导致了行政执法行为的封闭运行，容易在行政执法过程中形成部分"利益共同体"，影响社会主义市场经济秩序的健康发展；导致行政执法力度弱化，不利于打击合力的形成。

在国家政策层面，2001年7月，国务院颁布了《行政执法机关移送涉嫌犯罪案件的规定》，这是首次通过法规形式确立"两法衔接"机制。2011年2月，中办、国办以文件形式转发了《关于加强行政执法与刑事司法衔接工作的意见》，明确要求：各地要充分利用已有的电子政务网络和信息共享公共基础设施等资源，将"两法衔接"信息共享平台建设纳入电子政务建设规划，拟定信息共享平台建设工作计划，明确完成时间、加大投入、加快工作进度，充分运用现代信息技术实现行政执法机关、公安机关、人民检察院之间执法、司法信息互联互通。行政执法机关应当在规定时间内，将查处的符合刑事追诉标准、涉嫌犯罪的案件信息以及虽未达到刑事追诉标准，但有其他严重情节的案件信息等录入信息共享平台。各有关单位应当在规定的时间内，将移送案件、办理移送案件的相关信息录入信息共享平台。加强对信息共享平台的管理，严格遵守共享信息的使用权限，防止泄密。积极推进网上移送、网上受理、网上监督，提高衔接工作效率。

2011年9月，最高人民检察院下发的《"十二五"时期科技强检规划纲要》中提出"贯彻落实中办转发的《关于加强行政执法机关和刑事司法机关衔接工作的意见》，加快推进行政执法机关与刑事司法机关信息共享平台及其相关制度建设"。

十八届三中全会通过的《中共中央关于全面深化改革若干重大问题的决定》提出"完善行政执法与刑事司法衔接机制"。十八届四中全会通过的《中共中央关于全面推进依法治国若干重大问题的决定》提出"健全行政执法和刑事司法衔接机制，完善案件移送标准和程序，建立行政执法机关、公安机关、检察机关、审判机关信息共享、案情通报、案件移送制度，坚决克服有案不移、有案难移、以罚代刑现象，实现行政处罚和刑事处罚无缝对接"。

2015 年最高人民检察院修订的《关于深化检察改革的意见
(2013—2017 年工作规划)》第 31 条健全行政执法与刑事司法衔接
机制方面，提出"配合有关部门完善移送案件标准和程序，建立
与行政执法机关的信息共享、案情通报、案件移送制度，坚决克服
有案不移、有案难移、以罚代刑现象，实现行政处罚和刑事处罚的
有效衔接。推进信息共享平台建设，明确信息共享范围、录入时
限，建立责任追究机制"。

因此，研究和建设应用行政执法与刑事司法衔接信息共享平台
具有重要的理论和实际意义。"两法衔接"信息共享平台（以下简
称信息共享平台），是在行政执法与刑事司法相衔接工作机制框架
下，运用现代科技手段，实现执法信息资源共享的网络平台。该平
台实现行政执法机关之间、行政执法与刑事司法之间、行政执法与
执法监督之间的信息互联互通，实行涉嫌犯罪案件网上移送、网上
办理、执法动态交流和业务研讨、案件信息的流程跟踪和监控，促
进行政执法机关依法查处行政违法案件，确保涉嫌犯罪案件及时进
入司法程序。

二、业务交互模型

行政执法单位将案件信息及相关文书材料通过自己的办案流程
移送到公安机关，公安机关再移送检察机关，案件的每一个办理环
节和状态，所涉及的行政执法单位都可查询，检察机关在案件的办
理过程中可以充分发挥法律监督职能。"两法衔接"业务交互模型
如图 18 - 1 所示。从该模型中，可以看出检察院和行政执法机关、
公安之间的具体的信息共享和业务协同需求；系统的设计过程，仍
然需要对该模型进行细化，确定它们之间的业务交互关系。

第二节　系统框架体系结构

"两法衔接"信息共享平台分五个层次，分别是基础层、信息
交换层、应用层、界面展示层、用户层，如图 18 - 2 所示。

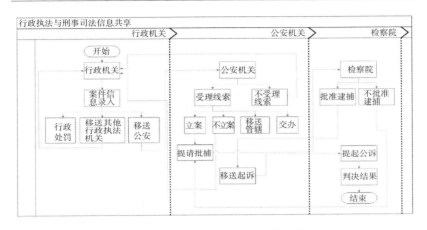

图 18 - 1 "两法衔接"业务交互模型

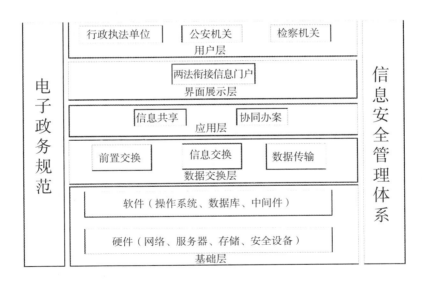

图 18 - 2 系统框架体系结构

1. 基础层由硬件平台和软件平台构成：系统的硬件平台由网络设备、数据服务器、应用服务器、存储设备和网络安全设备组成；软件平台由操作系统、数据库、中间件等组成。

2. 数据交换层主要通过数据交换中间件和消息传输中间件，实现与各行政执法机关、公安机关、检察机关的行政执法案件信息的数据交换。系统针对各单位不同的数据库开发不同的数据接口软件，接口软件通过前置机从各单位数据库中读取有关数据，并将数据自动传输、加载到"两法衔接"系统的数据库中，以供共享、流转、分析利用等。

3. 应用层部署协同办案、信息共享等应用系统。

4. 系统通过信息门户集中展示各项业务功能，并为各成员单位用户提供服务。各成员单位用户采取"一站式"登录的方式，根据平台为用户设置的权限进行不同的工作。

5. 平台能够为行政执法机关、公安机关、检察机关提供"两法衔接"工作服务。各成员单位的用户使用连到电子政务网的计算机，直接登录平台的门户网站，就能够完成相应的工作任务。

"两法衔接"平台按照电子政务规范和信息安全管理体系的要求进行建设。

第三节　系统的主要设计

一、系统的主要功能设计

1. 案件录入：案件录入提供两种方式，一种是行政执法机关的工作人员登录系统，填写案件信息的 WEB 表单；另一种是通过信息交换平台自动抽取行政执法机关的业务系统中符合"两法衔接"要求录入的案件信息，并自动加载到系统的案件信息库。

2. 案件移送：案件移送功能提供给行政执法机关把案件移送给公安机关审查立案。支持两种情形的移送功能：行政执法机关直接移送案件、检察机关建议行政执法机关移送案件。

3. 立案监督：检察机关通过平台提供的案件信息，监测行政执法机关的案件移送工作、公安机关的立案活动，及时发现该移送不移送、该立案不立案、不应当立案侦查而立案侦查等情况，及时上网建议移送或实施立案监督，确保执法衔接工作落实到案件层面。

4. 案件咨询交流：行政执法机关在查处过程中遇到案情复杂、疑难，性质难以认定的案件，可以通过"案件咨询交流"功能，就涉嫌犯罪的定罪标准、证据的收集和固定等问题进行咨询。公安机关、检察机关通过该平台及时予以回复。

5. 案件监控预警：案件经手单位（经手的行政执法单位和司法机关），对于经手办理的案件可以跟踪了解其所在的状态和环节，掌握案件办理状态。"两法衔接"业务通过办案期限预警提醒功能，及时发现即将到期的案件，及时提醒相关行政执法单位的负责人和案件承办人，从而有效防止案件超期。"两法衔接"业务的多个业务环节都有法定的期限限制，根据衔接机制的规范要求，对行政执法机关移送线索的时间、公安机关受理线索的立案或不立案时间、检察机关受理建议立案监督的处理时间等均设置了严格的控制程序。对不及时处理或超期处理的情况，系统会自动预警提示或报警提示，从而保证各项执法活动的及时规范运行。

6. 分类查询：根据录入的信息，对查处和打击破坏市场经济秩序违法犯罪情况，按发案时间、区域、系统、行业及违法犯罪的行为特征等自动分类归档排序，实现了方便快捷的案件信息查询。

7. 案件全过程监测：系统提供案件信息全过程监测功能，对案件各个环节的情况进行监测，包括行政受理、行政立案、行政处罚、行政复议、移送司法、刑事立案、不予刑事立案和审查逮捕等案件的每个环节进行监测。

8. 网上文书制作：文书制作包括法律文书和工作文书的制作。检察机关的侦监部门可以网上制作法律文书，如《要求说明不立案理由通知书》《要求说明立案理由通知书》等，其他行政执法单位也可以制作本单位的行政执法文书。

9. 网上文书实时传送：制作好的法律文书或工作文书，可以实时传递到相应的行政执法单位或公安机关。例如，检察机关的侦监部门网上制作的法律文书，如《要求说明不立案理由通知书》《要求说明立案理由通知书》等，可以实时传送到对应的公安机关。

10. 文书模板管理：系统提供法律文书和工作文书的模板制作，具有新增文书模板、修改文书模板和删除文书模板等功能。系统配置已有的常用法律文书和工作文书的模板。系统管理人员根据业务需要，自定义文书模板，方便业务扩展的需求。

11. 辅助决策：系统支持柱形图、饼图、折线图、条形图、面积图、散点图、气泡图、雷达图等多种图表分析功能。对于趋势分析的需求，可以使用柱形图或条形图展现。通过统计分析，检察机关、行政执法机关、其他司法机关领导能实时、全面、清晰地掌握区域内破坏市场经济秩序违法犯罪的特点和规律，便于及时加强工作指导和相关对策设施的分析研究。

12. 网上审查逮捕报批：公安机关网上报送《逮捕犯罪嫌疑人意见书》电子版，并填写报批案件信息和犯罪嫌疑人信息，并附相关卷宗的电子版信息；检察机关侦监部门进行审查批捕，并将审查结论录入系统，及时反馈给公安机关。检察机关侦监部门可以重用公安部门的案件信息，减少大量重复录入工作；同时公安机关也可以快捷地获得案件的批捕情况。

13. 对下级检察机关工作情况的监督：检察机关登录后可以对本地区所属的行政执法机关、公安机关对行政执法案件的办理情况进行监督。下级院通过该平台将对本地区行政执法案件的监督情况向上级院进行备案、请示、汇报，上级院接到下级院的备案及请求汇报后进行答复。上级院发现下级院监督不到位时可以督促下级院。

14. 与最高人民检察院检察机关统一业务应用系统侦监软件的接口：协同办案系统设计参考了检察机关统一业务应用系统数据格式规范和信息分类代码规范，并需考虑与全国检察机关统一业务软件侦监软件的接口，方便协同办案系统和检察机关统一业务软件侦监软件的对接。

15. 系统管理：采用分级管理机制，整个系统的管理分成系统管理员和应用管理员，系统管理员负责系统的整体运行情况；涉及应用设置、人员注册等日常管理工作由应用管理员负责。

二、系统案件信息的数据结构

案件信息由行政受理信息、行政立案信息、行政处罚信息、行政复议信息、移送司法信息、刑事立案信息、不予刑事立案信息、案件批捕信息等部分构成，如图 18 - 3 所示。根据业务需求，案件信息的数据结构也可以扩展。

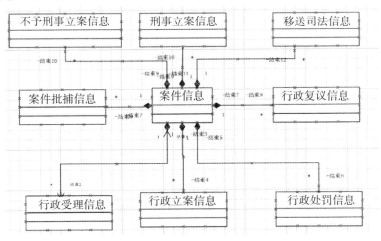

图 18 - 3　"两法衔接"系统案件信息的数据结构

三、系统的网络设计

网络平台是"两法衔接"信息共享平台建设的基础。行政执法机关、公安机关、检察机关等单位都是平台的组成部门，对于每个独立的单位来说，既有横向部门间的信息交互，又有纵向行业部门的信息交互。本网络主要是横向部门间的信息交互。考虑到国家电子政务网已在全国建成应用，可以充分利用电子政务网资源，采用 VPN 虚拟网络技术组成"两法衔接"信息专网。

四、"两法衔接"信息共享平台数据信息的采集

"两法衔接"信息共享平台提供三种信息采集方式：网上 WEB 录入、存储介质导入、从行政执法单位的数据库中抽取。

（一）网上 WEB 录入

行政执法单位的操作人员登录到信息共享平台中的协同办案系统后，填写 WEB 表单，可以手工将案件信息录入系统中，以实现信息的网上共享和网上流转。目前"两法衔接"系统中信息的采集使用的大部分都是这种方式。

（二）存储介质导入

对于已经使用计算机管理系统对行政执法案件进行管理的单位，有关案件的信息操作人员已经录入到本单位的计算机系统中了，如果再让操作人员将相同的信息录入信息共享平台的协同办案系统中，那就是重复录入，既增加了操作人员的工作量，也不能保证两套系统案件信息的一致性。针对这种情况在信息共享平台的协同办案系统中开发数据导入导出接口，操作人员可以利用存储介质将已录入的案件信息导入共享平台的协同办案系统中。

（三）从行政执法单位的数据库中抽取

对已经部署成熟应用的行政执法办案系统的单位，通过前置机可以直接从行政执法单位的数据库中将所需要的案件信息抽取，并通过消息中间件可靠传输到信息共享平台的数据库中。

五、信息交换平台设计

"两法衔接"系统与外部的行政执法单位和公安机关的业务系统存在信息交换，需要获得外部系统的办案数据信息。因此，需要建立一个数据传输和集成的平台，实现各机构之间及时、可靠地交换大量的数据信息。信息交换平台为数据库、文件系统等异构数据源提供包含提取、转换、传输和存储等操作的数据集成服务；系统

基于消息通信、FTP 以及 E - mail 等多种传输方式，可以自动、方便、快捷地实现数据的复制，完成基于数据的应用集成；必须设计一个统一的数据交换标准，通过统一的数据交换，实现系统间数据的有效共享。

信息交换平台针对不同单位的具体情况采取不同的方式进行数据的录入和交换。通过前置交换软件，对各行政执法单位已录入数据库中的案件信息进行有选择性的自动抽取，实现了数据共享，保证数据的准确性、及时性，避免了操作人员重复录入，减少了操作人员的工作量。数据交换系统采用 XML 技术和消息机制建立数据交换中心，提供统一信息格式转换、统一信息交换、统一安全消息传输等服务，实现各业务系统与异构数据库的消息可靠传输、信息交换和信息共享。数据交换以文件方式进行数据的批量传输。

信息交换平台系统设计。信息交换平台不仅集成不同地理位置、不同机关的业务数据，而且能集成异构数据源的数据，数据集成服务可以提供基于消息通信中间件、Ftp、E - mail 多种传输渠道、传送双方彼此独立的、用户界面友好的数据传输功能。一种机制可以自动地将不同形式的数据按一定的方式和频率自动地实现抽取、传输，接收端自动地接受并实现将不同形式的数据转换存储的功能。基于数据传输的信息交换平台结构如图 18 - 4 所示。

信息交换平台一般包含以下几个部分：发送向导、发送服务器、接收向导、接收服务器和底层可靠消息传输服务等。

发送向导、发送服务器和可靠消息传输服务构成了源数据导出端，与此类似，接收向导、接收服务器和消息中间件构成了目的数据导入端。发送向导运行在源数据导出端，是一个图形界面的管理工具，具有定义、管理数据导出项等功能。系统提供的导出定义包括定义数据来源、SQL 条件、触发条件、关键字处理、发送地址等内容。用户通过导出定义，可以方便地指定数据导出项。发送服务器运行在源数据导出端，具有查看日志信息以及进行系统配置等功能，它负责访问源数据库，获取传送的数据，并通过指定的通信方式如异步消息通信方式发送数据到用户定义的地址，能进行立即发

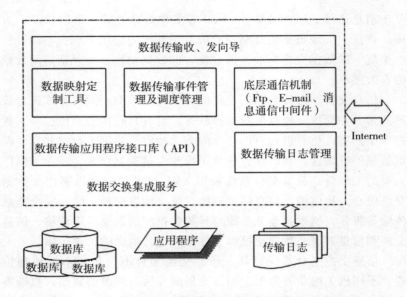

图 18 – 4　基于数据传输的信息交换平台结构

送和自动发送。接收向导运行在数据导入端，通过它可以方便地生成数据导入项，包括浏览并选择消息主题，定义源数据到目的数据的映射关系、过滤源数据、进行关键字处理等内容。接收服务器运行在数据导入端，它配置数据接收方式（如 Ftp 和 E – mail 服务器），接收方可以通过多种方式来接收数据，针对不同的数据接收要求进行数据流解码，按过滤条件和映射关系将数据存成用户指定的表或文件。它实现了自动接收和手工接收。

　　基于数据传输的数据集成支持多种类型的数据作为信息交换的对象，包括数据库的数据、带格式的文本文件、XML 文件。为了集成现有资源，充分地利用各种资源，以及考虑到系统的可扩充性要求，对数据库中数据的访问是通过 ODBC 或 JDBC 进行的，这样，基于数据传输的数据集成就可以支持所有提供 ODBC 或 JDBC 驱动程序的数据库。

　　综上所述，信息交换平台方案可以概括如下："两法衔接"信息共享平台提供三种信息采集方式：网上 WEB 录入、存储介质导入、从行政执法单位的数据库中抽取。其中第三种方式采用信息交换平台实现。

信息交换平台包括前置机、消息中间件和数据交换核心系统构成。前置机放到已建有业务系统的行政执法机关；前置机是负责从数据库中抽取数据的软件，前置机不需要行政执法机关提供任何数据接口，其本身连接到行政执法机关业务系统的数据库，就可以完成数据的抽取。其抽取是完全自动的，如确定时刻（晚上九点）、确定间隔（每天），实现数据的自动抽取。抽取的数据通过消息中间件可靠传输到信息共享平台，并通过数据交换核心系统自动加载到信息共享平台的数据库。检察机关、各个行政执法单位和公安机关通过协同办案系统，访问信息共享平台的数据库，从而实现信息共享。

第四节 方案的实施效果分析及实施建设需要注意的问题

一、实施效果分析

通过建设实施"两法衔接"信息共享平台，将检察院、行政执法单位、公安机关的业务交互，从传统手工方式转变为网络化、流程化的业务协同模式，提高了工作效率和办案质量，增强了检察机关的法律监督能力，主要表现在以下四个方面：一是在信息交互方面，从原来的"两法衔接"机制不健全、行政处罚执法不透明到系统实施后通过执法信息互通，增强了行政处罚透明度；二是在办案力度方面，从原来的案件备案不及时、缺乏案件管理监督机制到系统实施后通过检察机关的监督管理，加强了案件移送、立案的监督检查处理效率；三是在处理效率方面，从原来的案件移送、查处时限不明确，案件处理时间较长到系统实施后对案件移送流程处理时限严格控制，预警提醒，从而缩短办案周期；四是在合力打击方面，从原来的各部门协作配合不规范，缺乏部门联系，打击合力不强到系统实施后促使部门间信息沟通和业务交流，使部门间合力打击违法犯罪更有力。

二、实施建设需要注意的问题

1. 标准建设。信息共享标准的规范化建设是"两法衔接"信息共享平台建设的主要内容。信息共享标准的建立过程中，要依据和参考最高人民检察院已发布的检察业务应用系统标准，包括检察信息分类代码规范、数据格式规范、数据交换规范和数据交换平台建设标准。在信息共享业务协同的过程中，要加强信息共享标准和业务协同标准的规范化工作。

2. 充分考虑和全国检察机关统一业务应用软件的接口。目前检察机关统一业务应用系统已在全国推广部署应用，"两法衔接"平台要考虑和其对接，通过接口实现和统一软件（尤其是侦监模块）的信息共享。

第十九章　大数据与人工智能在推进智慧检务体系建设中的应用展望

　　大数据时代已然到来，人工智能更是迎来了新一轮的研发热潮，各类创新应用不断涌现。最高人民检察院出台的《"十三五"时期科技强检规划纲要》明确了"十三五"时期智慧检务建设的时间表和路线图。通过多年来检察信息化的持续发展和近年来电子检务工程的实施，已经具备了应用大数据与人工智能技术开展智慧检务应用的数据基础、网络基础、计算存储基础和应用基础。大数据与人工智能如何在检察系统落地，笔者结合个人思考，对大数据与人工智能技术在各项检察业务中的应用进行了展望。

第一节　智慧检务建设的时间表和路线图

　　智慧检务体系指检察机关以电子检务工程为抓手，大力构建"全面透彻感知、安全高效传输、知识支撑服务、新型智能应用、科学高效管理"五维一体的检察信息化应用体系。智慧检务秉持"智慧、融合、创新"理念，通过运用云计算、大数据、人工智能等新技术，促进检察工作与信息化深度融合。

　　2016年9月，最高人民检察院印发实施《"十三五"时期科技强检规划纲要》，明确了"十三五"时期智慧检务建设的时间表和路线图，即到2017年年底，建成覆盖全国四级检察机关涵盖司法办案、检察办公、队伍管理、检务保障、检察决策支持、检务公开和服务等在内的电子检务工程"六大平台"，积极探索推广大数据应用。"六大平台"涉及检察工作的各个方面。司法办案平台立足信息化与司法办案深度融合，实现网上办案、网上管理、网上监督、网上考评和业务数据统一管理，规范司法办案流程。检察办公平台通过公文办理的数字化、网络化，提高检察办公的效率和质量。队伍管理平台立足用信息化手段开展检察队伍管理和纪检监察工作，实现干部人事、绩效考核、内部监督等信息化管理。检务保障平台是实现检察机关计划财务装备、管理信息化和现代化的重要支撑，实现各级检察院预算执行信息、检务保障业务、管理过程全覆盖，有效提升检务保障综合能力。检察决策支持平台通过整合检察机关内外部数据资源，利用大数据分析，为检察工作提供决策支持。检务公开和服务平台通过建设"信、访、网、电、视频"全面融合的"一站式"检务办事服务系统，提升检务公开、检察宣传和服务群众水平。到 2020 年年底，建成国家检察大数据中心，建立检务大数据资源库，全国检察机关主要工作都在"六大平台"上运行。

第二节　利用大数据与人工智能技术开展智慧检务应用的基础

通过多年来检察信息化的持续发展和近年来电子检务工程的实施，已经具备了应用大数据与人工智能技术开展智慧检务应用的数据基础、网络基础、计算存储基础和应用基础。

一是数据基础。首先是 2014 年 1 月统一业务应用系统部署上线以来积累了海量的数据，截至 2016 年 12 月 31 日，统一业务应用系统中的全国检察机关案件数据量已突破 1100 万件、电子卷宗 200 余万卷、各类法律文书达 1 亿多份；全国各级检察机关在人民检察院案件信息公开网发布案件程序性信息 4494548 条、重要案件信息 204738 条、法律文书 1587940 份。随着电子检务工程的进一步实施，检务保障、队伍管理、检察办公等信息数据库也会逐步形成。然后是建成了全国四级检察机关互联互通的视频会议、远程视频接访、远程视频讯问系统，多年来对自侦部门积累的海量的同步录音录像职务犯罪讯问视频资源进一步整合，形成了海量的视频资源库。其次是通过"两法衔接"信息共享平台、职务犯罪侦查信息平台、政法机关信息共享平台的建设应用等，共享其他部门的信息资源。这为下一步的大数据分析和智能化应用奠定了良好的数据基础。

二是网络基础。在网络传输方面，检察内网已覆盖全国四级检察院，分支网络已覆盖大部分驻监狱、看守所检察室。部分地区还建设了检察工作网。同时，各级检察机关积极开展了基础网络升速扩容，网络传输速率、质量持续提升。

三是计算存储基础。各地检察机关积极推进检务云计算平台和检察数据中心建设，建设了大量的服务器和存储（SAN 和 NAS 存储），提供了强大的计算能力和海量的存储能力。

四是应用基础。在检务应用方面，司法办案、检察办公、队伍管理、检务保障、检察决策支持、检务公开和服务等电子检务工程"六大平台"建设正在稳步推进，检察机关信息化应用的深度和广度得到进一步提升。各地积极探索开展了语音识别、视频搜索、微表情分析等智能化应用。

第三节　大数据与人工智能技术在各项检察业务中的应用展望

一、公诉工作

大数据与公诉工作结合，笔者考虑主要有以下几点：

一是大数据辅助量刑建议。大数据智能量刑建议将相关法律规定、办案经验等有机结合，通过运用大数据分析技术和人工智能对海量的已决案件数据进行深入分析，为公诉人对未决个案的量刑建议提供参考，从而努力实现"同等情况，同等对待"的平等原则，有效防止同案不同诉或同案不同判，解决司法任意性问题。这需要研究量刑参考模型构建方法、量刑关键信息指标体系、量刑加重情节和减轻情节关键信息自动提取和同类相似案件量刑中地域因素分析和评估方法等。

二是辅助制作出庭预案。利用文本挖掘的技术进行出庭预案的组建；利用数据挖掘技术预判控诉双方主要辩论焦点，而且他们主要的证据应该是什么样的，了解控辩双方争议的诉求；利用社会关系网络分析去挖掘案件中人、事、物的关系。大数据还可以辅助判断证据材料的可采纳性程度，将证据材料与待证事实之间的关联关系作为标签，对这种关联关系是否成立进行大数据分析，评估证据与案件事实间的关联关系，通过量化评价，可以辅助公诉人预判证据被法庭采纳的可能性大小。

三是智能辅助生成起诉书。检察机关的统一业务应用系统和检察信息公开系统（举个例子 2016 年一年检察信息公开网发布起诉书 779478 份、刑事抗诉书 1191 份、不起诉决定书 49492 份）积累了海量的起诉书，最高人民法院裁判文书网发布了 2000 余万份的判决书，这为机器学习提供了海量的数据，可以发现各种不同类型案件的起诉书的规律。首先分析一下起诉书的构成。起诉书的格式由首部、被告人（被告单位）的基本情况、案由和案件的审查过程、案件事实、证据、起诉的根据和理由、尾部 7 个部分组成。案件事实证据部分是起诉书的重点，需要人工智能算法根据海量案件学习出来的经验，结合本案进行判断分析，这也是解决问题的难点。

大数据在公诉场景中的应用在数据分析方面，还可以作案件相关性分析，判断新的案件与以往案件的相似度，实现类案推送；做案件要素的关联分析，如地域/时间与某类案的关联、法官的习惯与判案的关联等为公诉人办案提供借鉴。

二、刑事执行检察业务

刑事执行检察业务种类众多，按案件类型可以分为十五大类：羁押必要性审查案件、羁押期限监督案件（含超期羁押、清理久押不决案件）、指定居所监视居住执行监督案件、强制医疗执行监督案件、减刑假释暂予监外执行监督案件、社区矫正执行监督案件、财产刑执行监督案件、临场监督执行死刑案件、刑事执行活动中监管事故及刑事被执行人死亡检察案件、刑事执行活动中职务犯罪案件、罪犯又犯罪案件、由刑事执行检察部门依法办理的举报和申诉案件、交付执行检察监督案件、其他履行职责中书面提出纠正违法通知书案件、检察长交办的其他案件等。笔者通过对执检业务进行深入思考，认为以下几方面可以利用大数据做些工作：

（一）羁押必要性线索智能自动发现

目前羁押必要性审查案件办理程序有明确的规定，但如何从大量的羁押人员中动态地发现哪些在押人员可能无羁押必要是一个难题。要探索研发能动态自动采集数据、自动判断可能无羁押必要的羁押必要性审查案件线索发现系统。一是要对羁押必要性审查的条件进行梳理，将审查条件数据化，如犯罪情节、赔偿情况等。二是制定科学的数据分析规则，将采集的数据自动分析后提出是否需要审查的建议。三是与侦监部门等办案部门协调，完善羁押必要性审查所需要数据的填录、推送功能。四是制定硬性的办案规则，明确规定哪些案件必须审查，哪些案件可以审查。

（二）财产刑执行监督智能分析

自动核查法院财产刑移送、立案、执行等执法活动情况，自动获取相应执法信息，及时掌握法院财产刑执行的情况，提升发现问题的能力；数据的分析利用很重要，东部沿海地区的某些基层法院为例，每年的财产刑判决上千件，金额过亿元，如此庞大的数据需要有强大的整理和分析能力，所以应当运用大数据分析软件进行分析整理。

（三）社区矫正监督违法违规线索智能发现

社区矫正犯人众多，如何发现社区矫正、监外执行（社区矫正）违法（违规）案件是一大难题。利用大数据分析软件，智能发现和识别社区矫正监督违法违规线索，提高刑事执行检察部门的办案质量和效率。

（四）刑罚执行监督智能分析

在刑罚执行监督方面，一是及时采集在押罪犯计分考核、奖惩情况，每月及时采集所有在押罪犯相关信息；二是对采集的信息自动进行审查、分析，对于当月考核过高、过低，累计过高、过低，考核分异常、奖惩异常等情况提示承办人，承办人根据提示情况进行审查；三是考核分、奖惩情况监督系统与监管信息系统对接，对提示的罪犯自动形成人员全景，承办人可直接查看该罪犯的各种监管信息；四是承办人根据审查需要设定各种条件进行基于大数据的智能分析，从中发现异常。

三、"检察数据铁笼"应用

（一）应用背景

习近平总书记指出"要加强对权力运行的制约和监督，把权力关进制度的笼子里"。李克强总理指出：把执法权力关进"数据铁笼"，让失信市场行为无处遁形，权力运行处处留痕，为政府决策提供第一手科学依据，实现"人在干、云在算"。建设实施"检察数据铁笼"工程，规范司法行为、规范司法权力运行、维护司法公正、提升司法公信力。加强司法行为标准化、办案流程规范化建设；对办案全过程实行节点监控、对法律文书和涉案财物统一监管、加强统计分析和案件质量预警、强化案件集中统一评查，促进严格规范司法，提高案件质量。用大数据编织制约司法权力的"笼子"，实现检察机关司法权力运行全程电子化、处处留"痕迹"，把制度的"软规范"转变成软件的"硬约束"，实现"人在干、数在转、云在算"，从而规范司法行为，规范司法权力的运行。

（二）如何编织"检察数据铁笼"

以统一业务系统为基础，编织"检察数据铁笼"，规范司法行为。以业务条线软件系统为竖条状经线，如统一业务应用系统已经建成的侦监、公诉、反贪、反渎、民行、控告、申诉、预防、刑事执行检察等业务条线软件；以综合软件系统为横向纬线，如案件流程监控系统、案件质量评查系统、案件涉案款物管理、案件数据审计系统、统计系统、案件数据深度综合分析系统、工作绩效考核系统；经线和纬线相互交织，编织"检察数据铁笼"。"检察数据铁笼"项目的建设过程，就是不断增加经线和纬线的过程。2017年要陆续上线的条线系统未成年人检察软件系统、职务犯罪侦查信息平台、职务犯罪记录子系统、侦查活动监督子系统、检委会会议子系统、网上控告子系统等条线软件，作为经线不断加入"笼子"。统一业务应用系统运行三年多来，河南省检察机关已经积累了案件59万余件、法律文书1041万余份、电子卷宗4万余卷，省院多年积累的大量案件、卷宗和法律文书等电子数据，作为编织"笼子"的数据基础。从2014年2月起，统一业务应用系统上线以来，已经建成了侦监、公诉、反贪、反渎、民行、控告、申诉、预防、人民监督员、刑事执行检察等业务条线软件，这些作为编织笼子的经线基础。案件质量评查系统基于案件质量评价体系，利用大数据分析，进行案件偏离度生成与自动预警等，对于案件超期或即将超期、文书不规范等问题，也都实现了动态跟踪、实时监督。司法责任制下的绩效考核系统不同于以往对单位考核的绩效考核系统，以统一业务系统日常办案过程中形成的检察官和检察辅助人员的执法档案为基础，实现对司法责任制下员额内检察官、作为司法辅助人员的检察官助理和书记员的绩效考核。案件数据审计系统实现对案件数据和用户日志的全过程反查，服务于司法责任制下案件质量责任终身负责和责任追究；通过检察人员执法电子档案，倒查谁受理的、谁办理的、如何办的、谁审批的、批的什么，全流程清清楚楚，承担责任明确；用户使用日志全程留痕，案件办理结束或者其他定期审计节点，通过查阅用户的操作日志，对相关办理过程进行审计跟踪。案件数据深度综合分析系统采用大数据可视化分析和人工智能等先进技术，辅助检察官办案（如基于案件大数据分析辅助公诉人提量刑建议），为领导提供决策支持。通过检察数据铁笼的编织建设实施，逐步增加经线和纬线软件，实现检察院的所有办案业务从案件受理、分案、办理、审批、用印、打印文书全过程电子化、处处留"痕迹"。"检察数据铁笼"工程把大数据指标嵌入司法办案的全过程，包括案件分配、权限管理、程序审批、质量评查、绩效考核等检察官办案、管理、评价的全过程。

四、其他业务应用

民行业务可以基于大数据技术做民事行政公益诉讼线索发现，重点关注生态环境保护、食品药品安全、自然资源保护等领域。侦查监督部门利用大数据技术做侦查活动监督和立案监督，智能发现办案线索。法律研究室以司法解释、地方法规（如省人大出台的预防职务犯罪条例）、最高人民检察院业务厅局的规范性文件为基础，可以研发面向检察领域的法律法规司法解释的知识图谱，建立基于司法知识图谱的智能化知识共享与服务体系。

第四节　总结展望

我们应该清楚地认识到把大数据、人工智能等新技术和新产品引入到检察系统，一方面可以提升我们检察机关的办案办公效率、执法能力和更加人性化的用户体验等；另一方面尚存在一些问题。比如语音识别技术，现在都认为识别准确率非常高（从公布的一些实验结果看），但实际上仍然有很多问题，比如在安静的环境中识别率比较高，而一旦有噪声准确率会迅速下降；目前对中文汉语的识别，若用户说的普通话比较标准，则识别准确率会比较高，但是若说的普通话不标准或是方言，则识别准确率会显著下降；再如两个人同时说话，就更难解决了。因此要把智能语音技术应用于我们检察机关的检委会会议、党组会、讯问犯罪嫌疑人等还有不少的路要走。

作为国家司法机关一名理性的法律人，需要思考人工智能和大数据技术带来的新的法律问题。比如，大数据分析过程中如何防止种族、民族等歧视？大数据环境下如何做好数据开放共享开发利用和公民个人隐私保护的平衡？如何对具有自主学习能力的驾驶汽车导致的交通事故进行法律责任的认定？当具有自主学习能力的人工智能系统造成损害，让其设计者和开发者承担责任可能遭遇原因果关系和可预见性这两大难题。这一系列的问题都需要科技界、法律界、产业界、政府、立法机关和司法机关的共同参与才能找到解决之道。诚然，正如对所有新兴技术的恐慌和担忧一样，对大数据和人工智能的担忧和规制也不能走过了头，以免法律伦理等规则成为阻碍大数据和人工智能创新和发展的桎梏。

最高人民检察院印发了《检察大数据行动指南（2017—2020）》。最高人民检察院提出各级检察机关要充分运用大数据等现代科技手段，不断提高执法效能和办案水平，引领检察工作现代化。海阔凭鱼跃，天高任鸟飞。利用大数据技术破解我们检察机关前进道路上的难题，探索的脚步才刚刚开始。检察大数据战略已然蓄势待发，必将在智慧检务体系的建设中谱写新篇章。

参考文献

中文著作

［阿里研究院 2016］阿里研究院：《互联网 + 从 IT 到 DT》，机械工业出版社 2016 年版。

［冯玉琳 等 . 2003］冯玉琳、黄涛、金蓓弘：《网络分布计算和软件工程》，科学出版社 2003 年版。

［郭瑜 2012］郭瑜：《个人数据保护法研究》，北京大学出版社 2012 年版。

［马化腾 等 . 2015］马化腾等：《互联网 + 国家战略行动路线图》，中信出版社 2015 年版。

［涂子沛 2012］涂子沛：《大数据：正在到来的数据革命》，广西师范大学出版社 2012 年版。

［徐继华 等 . 2014］徐继华、冯启娜、陈贞汝：《智慧政府：大数据治国时代的来临》，中信出版社 2014 年版。

［王克照 2014］王克照：《智慧政府之路：大数据、云计算、物联网架构应用》，清华大学出版社 2014 年版。

［曾华军，张银奎 . 2003］曾华军、张银奎：《机器学习》，机械工业出版社 2003 年版。

［张兆瑞 2015］张兆瑞：《智慧公安：大数据时代的警务模式》，中国人民公安大学出版社 2015 年版。

［中国计算机学会 2014］中国计算机学会：《CCF 2013 - 2014 中国计算机科学技术发展报告》，机械工业出版社 2014 年版。

［中国计算机学会 2015］中国计算机学会：《CCF 2014 - 2015 中国计算机科学技术发展报告》，机械工业出版社 2015 年版。

［中国计算机学会 2016］中国计算机学会：《CCF 2015 - 2016 中国计算机科学技术发展报告》，机械工业出版社 2016 年版。

［中国计算机学会大数据专家委员会 2015］中国计算机学会大数据专家

委员会、中关村大数据产业联盟：《中国大数据技术与产业发展报告（2014）》，机械工业出版社2015年版。

[中国计算机学会大数据专家委员会2016]中国计算机学会大数据专家委员会：《中国大数据技术与产业发展报告（2015）》，机械工业出版社2016年版。

[朱孝清2006]朱孝清：《职务犯罪侦查教程》，中国检察出版社2006年版。

中文译著

[崔嵩2010][英]杰瑞·莱特克里菲：《情报主导警务》，崔嵩译，中国人民公安大学出版社2010年版。

[金诚 等.2014][美]雷切尔·博巴·桑托斯：《犯罪分析与犯罪制图》，金诚、郑滋椀译，人民出版社2014年版。

[匡斌2014][美]桑尼尔·索雷斯：《大数据治理》，匡斌译，清华大学出版社2014年版。

[盛杨燕 等.2013][英]维克托·迈尔—舍恩伯格、肯尼斯·库克耶：《大数据时代——生活、工作与思维的大变革》，盛杨燕等译，浙江人民出版社2013年版。

[袁杰2013][英]维克托·迈尔—舍恩伯格：《删除：大数据取舍之道》，袁杰译，浙江人民出版社2013年版。

[周昕2014][美]埃里克·西格尔：《大数据预测——告诉你谁会点击、购买、死去或撒谎》，周昕译，中信出版社2014年版。

中文期刊

[白建军2015]白建军：《大数据对法学研究的些许影响》，载《中外法学》2015年第1期，第29~35页。

[北京市人民检察院课题组2011]北京市人民检察院课题组：《信息引导职务犯罪侦查机制研究》，载《国家检察官学院学报》2011年第19期，第121~130页。

[蔡宁2016]蔡宁：《加强能力建设 开创职务犯罪侦查工作新局面》，载《人民检察》2016年第18期。

[才世杰，夏义堃.2015]才世杰、夏义堃：《发达国家开放政府数据战

略的比较分析》，载《电子政务》2015 年第 7 期，第 17 ~ 36 页。

［曹建明 2015］曹建明：《做好互联网时代的检察工作 " + " 法》，载《中国法律评论》2015 年第 3 期。

［CCF 大数据专家委员会 2016］CCF 大数据专家委员会：《2016 年大数据发展趋势预测解读》，载《中国计算机学会通讯》2016 年第 12 期，第 40 ~ 45 页。

［CCF 大数据专家委员会 2017］CCF 大数据专家委员会：《2017 年中国大数据发展趋势预测及解读》，载《中国计算机学会通讯》2017 年第 13 期，第 52 ~ 54 页。

［陈康，郑纬民 . 2009］陈康、郑纬民：《云计算：系统实例与研究现状》，载《软件学报》2009 年第 20 期。

［程军，李琦 . 2014］程军、李琦：《智慧北京政务信息化总体框架研究》，载《测绘科学》2014 年第 39 期。

［程学旗 等 . 2014］程学旗、靳小龙、王元卓、郭嘉丰、张铁嬴、李国杰：《大数据系统和分析技术综述》，载《软件学报》2014 年第 25 期。

［崔勇 等 . 2002］崔勇、吴建平、徐恪、徐明伟：《互联网络服务质量路由算法研究综述》，载《软件学报》2002 年第 13 期。

［戴国忠 等 . 2013］戴国忠、陈为、洪文学、刘世霞、屈华民、袁晓如、张加万、张康：《信息可视化和可视分析：挑战与机遇——北戴河信息可视化战略研讨会总结报告》，载《中国科学：信息科学》2013 年第 43 期。

［董邦俊，黄珊珊 . 2016］董邦俊、黄珊珊：《大数据在侦查应用中的问题及对策研究》，载《中国刑警学院学报》2016 年第 2 期。

［杜小勇 等 . 2006］杜小勇、李曼、王珊：《本体学习研究综述》，载《软件学报》2006 年第 17 期。

［杜小勇 等 . 2009］杜小勇、王琰、吕彬：《语义 Web 数据管理研究进展》，载《软件学报》第 2009 年第 20 期。

［冯登国 等 . 2011］冯登国、张敏、张妍、徐震：《云计算安全研究》，载《软件学报》第 2011 年第 22 期。

［工业和信息化部电信研究院 2014］工业和信息化部电信研究院：《大数据白皮书（2014 年）》（2014 年 5 月）。

［关静 2013］关静：《智慧城市中的智慧政府：核心特征与目标设定》，载《长白学刊》2013 年第 3 期。

［郭平 等 . 2015］郭平、王可、罗阿理、薛明志：《大数据分析中的计算

智能研究现状与展望》，载《软件学报》2015 年第 26 期。

[何军 2015] 何军：《大数据与侦查模式变革研究》，载《中国人民公安大学学报》（社会科学版）2015 年第 1 期。

[胡志风 2016] 胡志风：《大数据在职务犯罪侦查模式转型中的应用》，载《国家检察官学院学报》2016 年第 24 期。

[黄刘生 等 .2015] 黄刘生、田苗苗、黄河：《大数据隐私保护密码技术研究综述》，载《软件学报》2015 年第 26 期。

[李国杰，程学旗 .2012] 李国杰、程学旗：《大数据研究：未来科技及经济社会发展的重大战略领域》，载《中国科学院院刊》2012 年第 27 期。

[李航 2016] 李航：《简论人工智能》，载《中国计算机学会通讯》2016 年第 12 期。

[李建峰 等 .2008] 李建峰、许舒人、马建刚：《面向大规模数据集成消息中间件系统设计实现》，载《计算机工程与设计》2008 年第 29 期。

[李蕤 2014] 李蕤：《大数据背景下侵财犯罪的发展演变与侦查策略探析——以北京市为样本》，载《中国人民公安大学学报》（社会科学版）2014 年第 4 期。

[李乔，郑啸 .2011] 李乔、郑啸：《云计算研究现状综述》，载《计算机科学》2011 年第 38 期。

[李荣珍，黄永锋 .2013] 李荣珍、黄永锋：《法院司法信息公开的初步研究》，载《法学杂志》2013 年第 4 期。

[李学龙，龚海刚 .2015] 李学龙、龚海刚：《大数据系统综述》，载《中国科学：信息科学》2015 年第 1 期。

[林闯 等 .2013] 林闯、苏文博、孟坤、刘渠、刘卫东：《云计算安全：架构、机制与模型评价》，载《计算机学报》2013 年第 36 期。

[林和 等 .2007] 林和、莫照、虞龙江等：《基于 Rough 集数据挖掘在犯罪人口数据库中的应用》，网址：http：//www. paper. edu. cn/releasepaper/content/200707 - 119。

[刘爱良 2012] 刘爱良：《美国司法信息公开制度及其对我国的启示》，载《湖南警察学院学报》2012 年第 24 期。

[刘雅辉 等 .2015] 刘雅辉、张铁赢、靳小龙、程学旗：《大数据时代的个人隐私保护》，载《计算机研究与发展》2015 年第 52 期。

[陆建英，郑磊 .2013] 陆建英、郑磊：《美国的政府数据开放：历史、进展与启示》，载《电子政务》2013 年第 6 期。

[罗博 2014] 罗博：《国外开放政府数据计划：进展与启示》，载《情报理论与实践》2014 年第 37 期。

[马建刚 等.2006] 马建刚、黄涛、汪锦岭、徐罡、叶丹：《面向大规模分布式计算的发布订阅系统的核心技术》，载《软件学报》2006 年第 17 期。

[马建刚 等.2008] 马建刚、黄涛、徐罡、汪锦岭、叶丹：《基于收益机制发布/订阅系统时间约束保障技术》，载《软件学报》2008 年第 19 期。

[马建刚 2009] 马建刚：《面向大规模数据分发的发布订阅系统关键技术研究》，中国科学院研究生院 2009 年博士学位论文。

[马建刚 2016] 马建刚：《以审判为中心背景下的大数据时代情报信息引导的职务犯罪侦查模式转型对策研究》，收录于《第六届中国检察基础理论论坛论文集》（2016 年）。

[马建刚 2014] 马建刚：《检察机关与公安法院信息共享业务协同平台框架》，收录于《科技强检电子信息系统研发与示范项目成果研讨会论文集》中国检察出版社 2014 年版。

[马建刚，马应龙.2016] 马建刚、马应龙：《大数据环境下情报信息引导职务犯罪侦查的对策研究》，收录于《第四届互联网刑事法制高峰论坛论文集》（2016 年）。

[马建刚，马应龙.2016] 马建刚、马应龙：《大数据时代下的智慧检务探讨》，收录于《全国博士后学术论坛论文集》（2016）。

[孟建柱 2016] 孟建柱：《坚持以创新为引领　提高预防各类风险能力——学习贯彻习近平总书记关于加强和创新社会治理重要指示》，载《求是》2016 年第 24 期。

[孟小峰 等.2015] 孟小峰、张啸剑：《大数据隐私管理》，载《计算机研究与发展》2015 年第 52 期。

[苗顶荣 2013] 苗顶荣：《关于确立警务云计算建设应用目标的建议》，载《公安研究》2013 年第 8 期。

[宁家骏 2015] 宁家骏：《"互联网＋"行动计划的实施背景、内涵及主要内容》，载《电子政务》2015 年第 6 期。

[欧阳剑 2016] 欧阳剑：《百度人工智能计算机的探索与实践》，载《中国计算机学会通讯》2016 年第 12 期。

[乔少杰 等.2008] 乔少杰、唐常杰、彭京等：《基于个性特征仿真邮件分析系统挖掘犯罪网络核心》，载《计算机学报》2008 年第 31 期。

[任磊 等.2014] 任磊、杜一、马帅、张小龙、戴国忠：《大数据可视分

析综述》，载《软件学报》2014 年第 25 期。

［任磊石 2005］任磊石：《国外警方情报信息建设概况》，载《公安研究》2005 年第 11 期。

［申德荣 等 .2013］申德荣、于戈、王习特、聂铁铮、寇月：《支持大数据管理的 NoSQL 系统研究综述》，载《软件学报》2013 年第 24 期。

［沈亚平，许博雅 .2014］沈亚平、许博雅：《"大数据"时代政府数据开放制度建设路径研究》，载《四川大学学报》（哲学社会科学版）2014 年第 5 期。

［宋杰 等 .2017］宋杰、孙宗哲、毛克明、鲍玉斌、于戈：《MapReduce 大数据处理平台与算法研究进展》，载《软件学报》2017 年第 28 期。

［苏金树 等 .2006］苏金树、张博锋、徐昕：《基于机器学习的文本分类技术研究进展》，载《软件学报》2006 年第 17 期。

［孙大为 等 .2014］孙大为、张广艳、郑纬民：《大数据流式计算：关键技术及系统实例》，载《软件学报》2014 年第 25 期。

［唐德权 等 .2011］唐德权、张悦、贺永恒等：《基于图数据挖掘算法的犯罪规律研究及应用》，载《计算机技术与发展》2011 年第 21 期。

［覃雄派 等 .2012］覃雄派、王会举、杜小勇、王珊：《大数据分析——RDBMS 与 MapReduce 的竞争与共生》，载《软件学报》2012 年第 23 期。

［覃雄派 等 .2013］覃雄派、王会举、李芙蓉、李翠平、陈红、周烜、杜小勇、王珊：《数据管理技术的新格局》，载《软件学报》2013 年第 24 期。

［王昊奋 2014］王昊奋：《大规模知识图谱技术》，载《中国计算机学会通讯》2014 年第 10 期。

［王璟璇，杨道玲 .2015］王璟璇、杨道玲：《国际电子政务发展趋势及经验借鉴》，载《电子政务》2015 年第 4 期。

［王利明 2013］王利明：《个人信息权的法律保护——以个人信息权与隐私权分界为中心》，载《现代法学》2013 年第 7 期。

［王鹏，陈涛 .2012］王鹏、陈涛：《电子政务中政府云计算战略研究》，载《电子政务》2012 年第 10 期。

［王守安 2014］王守安：《以审判为中心的诉讼制度改革对检察工作的影响》，载《人民检察》2014 年第 11 期。

［王元卓 等 .2013］王元卓、靳小龙、程学旗：《网络大数据：现状与挑战》，载《计算机学报》2013 年第 36 期。

［王元卓 等 .2014］王元卓等：《OpenKN—网络大数据时代的知识计算引

擎》，载《中国计算机学会通讯》2014 年第 10 期。

[万赟 2016] 万赟：《深度学习与人脑模拟》，载《中国计算机学会通讯》2016 年第 12 期。

[邬贺铨 2014] 邬贺铨：《大数据思维》，载《科学与社会》2014 年第 4 期。

[邬贺铨 2015] 邬贺铨：《"互联网＋"行动计划：机遇与挑战》，载《学术前沿》2015 年第 10 期。

[幸生，马建刚.2014] 幸生、马建刚：《检察机关行政执法与刑事司法衔接信息共享平台研究与设计》，收录于《科技强检电子信息系统研发与示范项目成果研讨会论文集》，中国检察出版社 2014 年版。

[薛涛，冯博琴.2005] 薛涛、冯博琴：《内容发布订阅系统路由算法和自配置策略研究》，载《软件学报》2005 年第 16 期。

[杨道玲，王璟璇.2015] 杨道玲、王璟璇：《中国电子政务"十三五"面临的机遇与挑战》，载《电子政务》2015 年第 4 期。

[杨思洛，韩瑞珍.2013] 杨思洛、韩瑞珍：《国外知识图谱的应用研究现状分析》，载《情报资料工作》2013 年第 6 期。

[殷明 2015] 殷明：《侦查讯问中的大数据解读与应用设想》，载《中国刑警学院学报》2015 年第 3 期。

[游巳春，王亚明.2014] 游巳春、王亚明：《情报信息主导职务犯罪侦查模式探讨》，载《人民检察》2014 年第 4 期。

[于戈 等.2011] 于戈、谷峪、鲍玉斌、王志刚：《云计算环境下的大规模图数据处理技术》，载《计算机学报》2011 年第 34 期。

[于施洋 等.2013] 于施洋、杨道玲、王璟璇、张勇进、王建冬：《基于大数据的智慧政府门户：从理念到实践》，载《电子政务》2013 年第 5 期。

[于施洋 等.2016] 于施洋、王建冬、童楠楠：《国内外政务大数据应用发展述评：方向与问题》，载《电子政务》2016 年第 1 期。

[于天敏 2014] 于天敏：《深化检务公开的思考》，载《人民检察》2014 年第 15 期。

[苑洪亮 等.2006] 苑洪亮、史殿习、王怀民、邹鹏：《内容发布订阅中支持订阅覆盖的路由算法研究》，载《计算机学报》2006 年第 20 期。

[余凯 等.2013] 余凯、贾磊、陈雨强、徐伟：《深度学习的昨天、今天和明天》，载《计算机研究与发展》2013 年第 5 期。

[虞海江 等.2006] 虞海江、马建刚、叶丹、李建峰：《基于发布订阅模

式的数据集成中间件系统设计实现》，载《计算机系统应用》2007 年第 14 期。

［张涵，王忠．2015］张涵、王忠：《国外政府开放数据的比较研究》，载《情报杂志》2015 年第 8 期。

［张宏江 2013］张宏江：《关于大数据的观察和思考》，载《中国计算机学会通讯》2013 年第 9 期。

［张啸剑 等．2015］张啸剑、孟小峰：《面向数据发布和分析的差分隐私保护》，载《计算机学报》2014 年第 37 期。

［张新宝 2015］张新宝：《从隐私到个人信息：利益再衡量的理论与制度安排》，载《中国法学》2015 年第 3 期。

［张玉清 等．2016］张玉清、王晓菲、刘雪峰、刘玲：《云计算环境安全综述》，载《软件学报》2016 年第 27 期。

［张兆端 2014］张兆端：《关于公安大数据建设的战略思考》，载《中国人民公安大学学报》（社会科学版）2014 年第 4 期。

［张志华 2006］张志华：《机器学习的发展历程及启示》，载《中国计算机学会通讯》2016 年第 12 期。

［赵国庆 等．2005］赵国庆、黄荣怀、陆志坚：《知识可视化的理论与方法》，载《开放教育研究》2005 年第 11 期。

［赵玎等．2013］赵玎、陈贵梧：《从电子政务到智慧政务：范式转变、关键问题及政府应对策略》，载《情报杂志》2013 年第 32 期。

［浙江大学历史数据研究小组 2014］美国总统行政办公室：《大数据：抓住机遇、保存价值》。

［周大铭 2015］周大铭：《我国政府数据开放现状和保障机制》，载《大数据》2015 年第 15 期。

［周民，吕品．2015］周民、吕品：《"互联网 ＋"政务外网——新时期国家电子政务外网发展思路》，载《电子政务》2015 年第 4 期。

［周明 等．2006］周明、陶李天、苏昊：《Web 2.0 及其影响》，载《中国计算机学会通讯》2006 年第 2 期。

［周水庚，等 2009］周水庚、李丰、陶宇飞、肖小奎：《面向数据库应用的隐私保护研究综述》，载《计算机学报》2009 年第 5 期。

［周志华 2017］周志华：《机器学习：发展与未来》，载《中国计算机学会通讯》2017 年第 13 期。

英文期刊与会议文献

［Aguilera et al. 1999］Aguilera MK, Strom RE, Sturman DC, Astley M, Chandra TD. Matching events in a content – based subscription system. In: Proc. of the 18th ACM Symp. on Principles of Distributed Computing (PODC 1999), New York: ACM Press, 1999. 53 – 61.

［Altinel and Franklin 2000］Altinel M, Franklin MJ. Efficient filtering of XML documents for selective dissemination of information. In: Proc. of the 26th Int' l Conf. on Very Large Data Bases (VLDB 2000). Cairo: Morgan Kaufmann Publishers, 2000. 53 – 64.

［Araujo and Rodrigues 2001］Araujo F, Rodrigues L. Quality of Service in Indirect Communication Systems. In: Proc. of Fourth European Research Seminar on Advances in Distributed Systems (ERSADS 2001). Bertinoro, 2001. http://www.cs.unibo.it/ersads/papers/araujo.ps.

［Baldoni et al. 2003］Baldoni R, Contenti M, Piergiovanni ST, Virgillito A. Modeling publish/subscribe communication systems: Towards a formal approach. In: Proc. of the 8th IEEE International Workshop on Object – Oriented Real – Time Dependable Systems. Guadalajara: IEEE Computer Society, 2003. 304 – 311.

［Banisar and Davies. 1999］Banisar D, Davies S. Global trends in privacy protection: An international survey of privacy, data protection, and surveillance laws and developments. Journal of Computer &Information Law, 1999, 18 (1): 3 – 111.

［Batini et al. 1986］Batini C, Lenzerini M, and Navathe S. A comparative analysis of methodologies for database schema integration. ACM Computing Surveys, 1986, 18 (4): 323 – 364.

［Behnel et al. 2006］Behnel S, Fiege L, MühlG. On quality – of – service and publish – subscribe. In: Hinze A, Pereira J, eds. Proc. of the 26th IEEE Int' l Conf. on Distributed Computing Systems Workshops. Lisboa: ACM Press, 2006. 20 – 25.

［Belokosztolszki et al. 2003］Belokosztolszki A, Eyers DM, Pietzuch PR. Role – Based access control for publish/subscribe middleware architectures. In: Jacobsen HA, ed. Proc. of the 2nd Int' l Workshop on Distributed Event – Based Systems (DEBS 2003). New York: ACM Press, 2003.

［Bengio 2009］Bengio Y. Learning deep architectures for AI. Foundations and

Trends in Machine Learning, 2009, 2 (1): 1 – 127.

[Bharambe et al. 2002] BharambeAR, Rao S, and Seshan S. Mercury: A scalable publish – subscribe system for internet games. In: Proceedings of the 1st Workshop on Network and System Support for Games (Netgames) . 2002. 3 – 9.

[Bogahawatte and Adikari 2013] Bogahawatte K, Adikari S. Intelligent criminal identification system. Computer Science & Education (ICCSE), 2013 8th International Conference on. IEEE, 2013: 633 – 638.

[Brown 1998] Brown, D. E. , The Regional Crime Analysis Program (ReCAP): a framework for mining data to catch criminals, Proc. of IEEE International Conference on Systems, Man, and. Cybernetics, 1998: 2848 – 2853.

[Buchmann et al. 2004] Buchmann A, Bornhövd C, Cilia M, Fiege L, Gärtner F, Liebig C, Meixner M, Mühl G. DREAM: Distributed reliable event – based application management. In: Levene M, Poulovassilis A, eds. Web Dynamics. Springer – Verlag, 2004. 319 – 352.

[Burcea et al. 2003] Burcea I, Petrovic M, Jacobsen HA. I know what you mean: semantic issues in Internet – scale publish/subscribe systems. In: Cruz IF, Kashyap V, Decker S, Eckstein R, eds. Proc. of the First International Workshop on Semantic Web and Databases (SWDB 2003) . Berlin: Morgan Kaufmann Publishers, 2003. 51 – 62.

[Calegari et al. 2007] Calegari S, Ciucci D. Fuzzy Ontology, Fuzzy Description Logics and Fuzzy – OWL. In: MasulliF, Mitra S, and Pasi G, eds. Proceedings of WILF 2007. LNCS 4578. Berlin: Springer, 2007. 118 – 126.

[Campailla et al. 2001] Campailla A, Chaki S, Clarke E, Jha S, Veith H. Efficient filtering in publish – subscribe systems using binary decision diagrams. In: Proceedings of the 23th International Conference on Software Engineering (ICSE 2001) . Toronto: IEEE Computer Society, 2001. 443 – 452.

[Cao and Singh 2004] Cao FY, Singh GP. Efficient Event Routing in Content – based Publish – Subscribe Service Networks. INFOCOM 2004.

[Cao and Singh 2005] Cao FY, Signh GP. MEDYM: Match – Early with Dynamic Multicast for Content – based Publish – Subscribe Networks. In: proc. of the 6th ACM/IFIP/USENIX International Middleware Conference. LNCS3790. Berlin: Springer – Verlag, 2005. 292 – 313.

[Carvalhoet al 2005] Carvalho N, Araujo F, Rodrigues L. Scalable QoS –

based event routing in publish – subscribe systems. In: Proc. of the 4th IEEE Int' l Symp. on Network Computing and Applications. Washington: IEEE Computer Society, 2005. 101 – 108.

[Carzaniga et al. 2001] Carzaniga A, Rosenblum DS, Wolf AL. Design and evaluation of a wide – area event notification service. ACM Trans. on Computer Systems, 2001, 19 (3): 332 – 383.

[Castro et al. 2002] Castro M, Druschel P, KermarrecAM, and RowstronA. SCRIBE: A large – scale and decentralised application – level multicast infrastructure. IEEE Journal on Selected Areas in Communication, 2002, 20 (8): 100 – 110.

[Chan et al. 2002a] Chan CY, Felber P, Garofalakis M, Rastogi R. Efficient filtering of XML documents with XPath expressions. The VLDB Journal, 2002, 11 (4): 354 – 379.

[Chenet al. 2003] Chen H, Chung W, Qin Y, et al. Crime data mining: an overview and case studies. Proceedings of the 2003 annual national conference on Digital government research. Digital Government Society of North America, 2003: 1 – 5.

[Chenet al. 2004] Chen H, Chung W, Xu J J, et al. Crime data mining: a general framework and some examples. Computer, 2004, 37 (4): 50 – 56.

[Chinenyanga and Kushmerick 2001] Chinenyanga TT and KushmerickN. Expressive retrieval from XML documents. In: Proceedings of the 24th Annual International ACM SIGIR Conference on Research and Development in Information Retrieval. 2001. 163 – 171.

[Chirita et al. 2004] ChiritaPA, IdreosS, KoubarakisM, and NejdlW. Publish/subscribe for rdf – based p2p networks. In: Proceedings of the 1st European Semantic Web Symposium. LNCS 3053. Berlin: Springer, 2004. 182 – 197.

[Cugola et al. 2001] Cugola G, Nitto ED, Fuggetta A. The JEDI event – based infrastructure and its application to the developmentof the OPSS WFMS. IEEE Trans. on Software Engineering, 2001, 27 (9): 827 – 850.

[Dalal and Metcalfe 1978] Dalal YK, Metcalfe R. Reverse path forwarding of broadcast packets. Communications of the ACM, 1978, 21 (12): 1040 – 1048.

[Dayal et al. 1988] Dayal U, Blaustein B, Buchmann A, et al: The HiPAC Project: Combining Active Databases and Timing Constraints. ACM SIGMOD Record 1988, 17 (1) .

〔Decker et al. 1999〕 Decker S, Erdmann M, Fensel D, and StuderR. Onto-broker: Ontology Based Access to Distributed and Semi – Structured Information. In Meersman R eds. Semantic Issues in Multimedia Systems. Proceedings of DS – 8. Boston: Kluwer Academic Publisher, 1999. 351 – 369.

〔Demet et al. 1998〕 DemetA, MehmetA, RahulB, Ugur C, Franklin MJ, WangJ, Stanley BZ. Research in Data Broadcast and Dissemination. In: Proceedings of the First International Conference on Advanced Multimedia Content Processing table of contents. 1998. 194 – 207.

〔Diao et al. 2003〕 Diao Y, Altinel M, Franklin MJ, Zhang H, Fischer P. Path sharing and predicate evaluation for high – performance XML filtering. ACM Trans. on Database Systems, 2003, 28 (4): 467 – 516.

〔Dilly et al. 2002〕 Dilly J, Maggs B, Parikh J, Prokop H, Sitaraman R, and Weihl B. Globally distributed content delivery. IEEE Internet Computing, 2002, 6 (5): 50 – 58.

〔Dombroski and Carley 2002〕 Dombroski M J, Carley K M. NETEST: Estimating a terrorist network's structure. Computational & Mathematical Organization Theory, 2002, 8 (3): 235 – 241.

〔Erhard et al. 2001〕 Erhard R, Philip A, Bernstein. A survey of approaches to automatic schema matching. VLDB Journal , 2001, (10): 334 – 350.

〔Eugster et al. 2000〕 Eugster PT, Guerraoui R, Sventek J. Type – Based publish/subscribe. Technical Report, DSC ID 200029, Lausanne: Swiss Federal Institute of Technology, 2000.

〔Eugster 2001〕 EugsterPT. Type – based publish/subscribe 〔PhD thesis〕. Swiss Federal Institute of Technology, 2001.

〔Eugster 2007〕 EugsterPT. Type – based publish/subscribe: Concepts and experiences. ACM Transactions on Programming Languages and Systems (TOPLAS), 2007, 29 (1): 1 – 50.

〔Eugster et al. 2003〕 Eugster PT, Felber PA, Guerraoui R, Kermarrec AM. The many faces of publish/subscribe. ACM Computing Surveys, 2003, 35 (2): 114 – 131.

〔Fidler et al. 2005〕 Fidler E, Jacobsen HA, Li GL, and Mankovski S. The PADRES Distributed Publish/Subscribe System. In: proc. of International Conference on Feature Interactions in Telecommunications and Software Systems (ICFI 2005),

Leisester, 2005.

[Fiege et al. 2004] Fiege L, Zeidler A, Buchmann A, Kilian – Kehr R, Mühl G. Security aspects in publish/subscribe systems. In: Proc. of the 3rd Int' l Workshop on Distributed Event – Based Systems (DEBS2004). Edinburgh: IEEE Computer Society, 2004.

[Foster et al. 2002] Foster I, Kesselman C, Nick J, andTuecke S. Open Grid Services Architecture: Distributed Systems Integration. Technical report, Globus Project Technical Report, 2002. http: //www. globus. org/research/papers/ogsa. pdf.

[Franklin and Zdonik 1997] FranklinM, ZdonikS. A framework for scalable dissemination – based systems. In: Proceedings of the 12th ACM SIGPLAN conference on Object – oriented programming, systems, languages, and applications. New York: ACM Press, 1997. 94 – 105.

[Garlan et al. 2003] Garlan D, Khersonsky S, Kim JS. Model checking publish – subscribe systems. In: Ball T, RajamaniSK, eds. Proc. of the 10th SPIN Workshop: Model Checking Software. Heidelberg: Springer – Verlag, 2003. 166 – 180.

[Goh et al. 1999] Goh CH, Bressan S, Madnick S, and Siegel M. Context Inerchange: New Features and Formalisms for the Intelligent Integration of Information. ACM Transactions on Information Systems, 1999, 17 (3): 270 – 293.

[Gough and Smith 1995] Gough KJ, Smith G. Efficient recognition of events in distributed systems. In: Proc. of the 18th Australasian Computer Science Conference. Adelaide: IEEE Computer Society, 1995.

[Gruber 1995] GruberTR. Toward Principles for the Design of Ontologies Used for Knowledge Sharing. International Journal of Human – Computer Studies, 1995, 43 (6): 907 – 928.

[Guarinoet al. 1999] Guarino N, Masolo C, VetereG. OntoSeek: content – basedaccess to theWeb. IEEE Intell Sys, 1999, 14 (3): 70 – 80.

[Gupta et al. 2004] Gupta A, Sahin OD, Agrawal D, Abbadi AE. Meghdoot: Content – Based publish/subscribe over P2P networks. In: Jacobsen HA, ed. Proc. of the 5th ACM/IFIP/USENIX International Middleware Conference (Middleware 2004). LNCS 3231, Toroto: Springer – Verlag, 2004. 254 – 273.

[Haarslev and Moller 2003] HaarslevVand MollerR. Incremental QueryAnswering for Implementing Document RetrievalServices. In: Proceedings of the International Workshopon Description Logics, 2003.

［Halevy 2005］Halevy AY. Why Your Data Wont Mix：Semantic Heterogenei-ty. ACM Queue, 2005：3（8）.

［Hanson et al. 1990］Hanson EN, Chaabouni M, Kim CH, Wang YW. A predicate matching algorithm for database rule systems. In：Proc. of the ACM SIG-MOD. New York：ACM Press, 1990. 271 –280.

［Hanson et al. 1999］Hanson EN, Carnes C, Huang L, Konyala M, Noronha L, Parthasarathy S, Park JB, Vernon A. Scalable trigger processing. In：Proc. of the 15th IEEE Int' l Conf. of DatabaseEngineering. Washington：IEEE Computer Society Press, 1999. 266 –275.

［Heimbignerand McLeod1993］Hammer J, and McLeod D. An Approach to Resolving Semantic Heterogeneity in a Federation of Autonomous, Heterogeneous Da-tabase Systems. International Journal of Intelligent and Cooperative Information Sys-tems, 1993, 2（1）：51 –83.

［Hinton and Salakhutdinov 2006］Geoffrey E Hinton, R R Salakhutdi-nov. Reducing the dimensionality of data with neural networks . Science, 2006, 313：504 –507.

［Hinze and Voisard 2002］Hinze Aand VoisardA. A flexible parameter – de-pendent algebra for event notification services. Technical Report, tr – b – 02 – 10, FreieUniversitätBerlin, 2002. ftp：//ftp. inf. fu – berlin. de/pub/reports/tr – b – 02 – 10. pdf.

［Hinze 2003］HinzeA. A – MEDIAS：Concept and Design of an Adaptive In-tegrating Event Notification Service［PhD thesis］. Freie UniversityBerlin, 2003.

［IBM 1997］IBM Corp. Internet Application Development with MQSeries and Java. Palos Verdes：Vervante Corporate Publishing, 1997.

［Jagadish et al. 2014］Jagadish H, Gehrke J, Labrinidis A, Papakonstantinou Y, Patel JM, Ramakrishnan R, Shahabi C. Big data and its technical challen-ges. Communications of the ACM, 2014, 57（7）：86 –94.

［Jerzak and Fetzer］Jerzak Z, Fetzer C. Handling overload in publish/sub-scribe systems. In：Hinze A, Pereira J, eds. Proc. of the 26th IEEE Int' l Conf. on Distributed Computing Systems Workshops. Lisboa：ACM Press, 2006. 32 – 37.

［Joseph and Fellenstein 2005］Joseph J, Fellenstein C. Grid Computing（网格计算影印版），清华大学出版社 2005 年版。

［Karun and Chitharanjan 2013］Karun A K, Chitharanjan K. A review on hadoop—HDFS infrastructure extensions. In: Proc. of Information & Communication Technologies (ICT), 2013: 132 – 137.

[Katia et al. 2002] Katia S, Seth W, Matthias K, Lu JG. Larks: Dynamic Matchmaking AmongHeterogeneous Software Agents in Cyberspace. Autonomous A-gents and Multi – Agent Systems, 2002, 5 (2): 173 – 203.

[Krishnamurthy et al. 2001] KrishnamurthyB, Wills C, and Zhang Y. On the use and performance of content distribution networks. In: Proceedings of the 1st ACM SIGCOMM Workshop on InternetMeasurement (IMW 2001). New York: ACM Press, 2001. 169 – 182.

[Lakshmanan and Sailaja 2002] Lakshmanan LVS, Sailaja P. On efficient matching of streaming XML documents and queries. In: Proc. of the 8th Int' l Conf. on Extending Database Technology: Advances in Database Technology. London: Springer – Verlag, 2002. 142 – 160.

[Lassila and Swick 1999] Lassila O, Swick RR. Resource description frame-work (RDF) model and syntax specification. 1999. http: //www. w3. org/TR/1999/REC – rdf – syntax – 19990222/.

[Latifur et al. 2004] Latifur K, Dennis M, Eduard H. Retrieval effectiveness of an ontology – based model for information selection. The VLDB Journal, 2004, 13 (1): 71 – 85.

[Lee et al. 2005] Lee CS, Jian ZW, Huang LK. A fuzzy ontology and its appli-cation to news summarization. IEEE Trans. on Systems, Man and Cybernetics, Part B: Cybernetics, 2005, 35 (5): 859 – 880.

[Li and Mohapatra 2004] Li Z, Mohapatra P. QRON: QoS – Aware Routing in Overlay Networks. IEEE Journal on Selected Areas in Communications, 2004, 22 (1): 29 – 40.

[Li et al. 2005] Li G, Huo S, Jacobsen HA. A Unified Approach to Routing, Covering and Merging in Publish/Subscribe Systems based on Modified Binary Deci-sion Diagrams, the 25th International Conference on Distributed Computing Systems. Ohio, 2005.

[Liu and Plale 2003] Liu Yand PlaleB. Survey of Publish Subscribe Event Sys-tems. Technical Report, TR574, Computer Science Department, Indiana University, 2003.

[Liu and Jacobsen 2004a] Liu H, Jacobsen HA. A – ToPSS: A publish/subscribe system supporting imperfect information processing. In: Proc. of the 30th Int'l Conf. on Very Large Databases (VLDB 2004) . Toronto: Morgan Kaufmann Publishers, 2004. 1281 – 1284.

[Liu and Jacobsen 2004b] Liu H, Jacobsen HA. Modeling Uncertainties in Publish/Subscribe. In: Proceedings of 20th International Conference on Data Engineering (ICDE 2004) . Washington: IEEE Computer Society, 2004. 510 – 522.

[Lorenz and Orda 1998] Lorenz DH, OrdaA. QoS routing in networks with uncertain parameters. IEEE/ACM Trans on Networking. 1998, 6 (6): 768 – 778.

[Madnick 1999] Madnick SE. Metadata Jones and the tower of Babel: the challenge of large – scale semantic heterogeneity. IEEE Meta – data Conference, 1999.

[Ma et al. 2007] JianGang Ma, Tao Huang, Gang Xu, JinLing Wang, Dan Ye. A Timeliness Assurance Scheduling Algorithm for Distributed Publish/Subscribe System. Chinese Journal of Electronics. 2007, 16 (4): 603 – 607.

[McCarthy 1993] McCarthy J. Notes on Formalizing Contexts. In: Proc. of the Thirteenth International Joint Conference on Artifical Intelligence, 1993. 555 – 560.

[Mena et al. 2000] MenaE, IllarramendiA, KashyapV, and ShethAP. OBSERVER: An approach for query processing in global information systems based on interoperation across pre – existing ontologies. International Journal on Distributed and Parallel Databases, 2000, 8 (2): 223 – 271.

[Mena and Illarramendi 2001] Mena E and IllarramendiA. Ontology – based Query Processing For Global Information Systems. London: Kluwer Academic Publishers. 2001.

[Miklós 2002] Miklós Z. Towards an access control mechanism for wide – area publish/subscribe systems. In: Proc. of the 22nd Int'l Conf. on Distributed Computing SystemsWorkshops. Washington: IEEE Computer Society, 2002. 516 – 524.

[Miller et al. 1990] Miller GA, et al. Introduction to WordNet: An On – line Lexical Database. International Journal of Lexicography, 1990, 3 (4): 235 – 244.

[Milojicic et al. 2002] Milojicic DS, Kalogeraki V, Lukose R, Nagarja K, Pruyne J, Richard B, Rollins S, and Xu Z. Peer – to – peer computing. Technical Report, HPL – 2002 – 57, Palo Alto : HP Labs, 2002.

[Mühl 2002] G. Mühl. Large – Scale Content – Based Publish/Subscribe Systems [Ph. D. Thesis] . DarmstadtUniversity of Technology. 2002.

[OASIS 2004] OASIS. Web Services Notification. 2004. URL: http://docs. oasis – open. org/wsn/2004/06/wsn – WSBaseNotification – 1. 2 – draft – 03. pdf.

[Oki et al. 1993] Oki B, Pfluegl M, Siegel AD and Skeen. The Information Bus: An Architecture for Extensible Distributed Systems. ACM SIGOPS Operating-Systems Review, 1993, 27 (5): 58 – 68.

[OMG 2001] OMG. CORBA event service specification version 1. 1, 2001. URL. http://www. omg. org/technology/documents/formal/event_ service. htm.

[OMG2002a] OMG. CORBA notification service specification version 1. 0. 1. 2002. http://www. omg. org/corba.

[OMG 2002b] OMG. Data distribution service for real – time systems specification, 2002. http://www. omg. org/technology/documents/formal/data _ distribution. htm.

[Peng and Chawathe 2003] Peng F, Chawathe SS. XPath queries on streaming data. In: Proc. of the Int' l Conf. on Management of Data (SIGMOD 2003) . New York: ACM Press, 2003. 431 – 442.

[Pereira et al. 2001a] Pereira J, Fabret F, Llirbat F, Shasha D. Efficient matching for web – based publish/subscribe systems. In: Etzion O, ScheuermannP, eds. Proc. of the 7th Cooperative Information Systems. LNCS 1901, Eilat: Springer – Verlag, 2000. 162 – 173.

[Pereira et al. 2001b] Pereira J, Fabret F, Llirbat F, Jacobsen HA, Shasha D. WebFilter: A high throughput XML – based publish and subscribe system. In: Proc. of the 27th Int' l Conf. on Very Large Data Bases. Roma: Morgan Kaufmann Publishers, 2001. 721 – 724.

[Petrovic et al. 2003] Petrovic M, Burcea I, Jacobsen HA. S – ToPSS: Semantic Torontopublish/subscribe system. In: Proc. of the 29th Int' l Conf. on Very Large Databases (VLDB 2003) . Berlin: Morgan Kaufmann Publishers, 2003. 1101 – 1104.

[Petrovic et al. 2005] PetrovicM, LiuH, and JacobsenHA. G – Topss: fast filtering of graph – based metadata. In: Proceedings of the 14th international conference on World Wide Web (WWW 2005) . New York : ACM Press, 2005. 539 – 547.

[Pietzuch et al. 2004] Pietzuch PR. Hermes: A scalable event – based middleware [Ph. D. Thesis] . University of Cambridge, 2004.

[Podnar 2004] Podnar I. Service architecture for content dissemination to mobile users [Ph. D. Thesis] . University of Zagreb, 2004.

参考文献

[Ram and Park 2004] Ram S. and Park J. Semantic conflict resolution ontology (SCROL): An ontology for detecting and resolving data and schema level semantic conflicts. IEEE transaction on Knowledge and Data engineering, 2004, 16 (2): 189 – 202.

[Rasooli and Down 2014] Rasooli A, Down D G. Guidelines for selecting hadoop schedulers based on system heterogeneity. Journal of Grid Computing, 2014, 12 (3): 499 – 519.

[Riabovet al. 2002] Riabov A, Liu Z, Wolf J, Yu P and Zhang L. Clustering Algorithms for Content – Based Publication – Subscription Systems. In: Proceedings ofthe 22th International Conference on Distributed Computing Systems (ICDCS 2002). Washington: IEEE Computer Society, 2002. 133 – 142.

[Rosenblum and Wolf 1997] Rosenblum DS, Wolf AL. A design framework for Internet – Scale event observation and notification. ACM SIGSOFT Software Engineering Notes, 1997, 22 (6): 344 – 360.

[Rowstron et al. 2001] Rowstron A, Kermarrec AM, Castro M, Druschel P. SCRIBE: The design of a large – scale event notification infrastructure. In: Proc. of the 3rd Int' l Workshop on Networked Group Communication. London: Springer – Verlag, 2001. 30 – 43.

[Ryan 2003] RyanC. The Federated Event Service [Master Thesis]. University of Dublin. Dublin, 2003.

[Rumelhar et al. 1986] David E Rumelhart, Geoffrey E Hinton, Ronald J Williams. Leaming internal representations by error propagation. Nature, 1986, 323: 533 – 536.

[Schwiderski 1996] SchwiderskiS. Monitoring the behaviour of distributed systems [Ph. D. Thesis]. University of Cambridge, 1996.

[Sciore et al. 1994] Sciore E, Siegel M and Roseenthal A. Using semantic values to facilitate interoperability among heterogeneous information systems. ACM Transcations on Database systems. 1994, 19 (2): 254 – 290.

[Segall et al. 2000] Segall B, Arnold D, Boot J, Henderson M, Phelps T. Content based routing with elvin4. In: Proc. of the Australian UNIX and Open Systems User Group Conference (AUUG2K). Canberra, 2000. 25 – 30. http: // elvin. dstc. edu. au/doc/papers/auug2k/auug2k. pdf.

[Spiteri 2000] Spiteri MD. An Architexture for the Nofification, Storage and

Retrieval of Events [Ph. D. Thesis]. University of Cambridge, 2000.

[Stoilos et al. 2005] Stoilos G, Stamou G, Tzouvaras V, Pan JZ, Horrocks I. Fuzzy OWL: Uncertainty and the semantic Web. In: Cuenca – Grau B, Horrocks I, Parsia B, Patel – Schneider P, eds. Proc. of the Intl Workshop on OWL: Experience and Directions. Aachen: CEUR – WS. org Publishers, 2005. 80 – 89.

[Straccia 2006] StracciaU. A fuzzy description logic for the semantic Web. In: Sanchez E, ed. Proc. of the Capturing Intelligence: Fuzzy Logic and the Semantic Web. New York: Elsevier Science Publishers, 2006. 73 – 90.

[Stuckenschmidt and Harmelen 2005] Stuckenschmidt H and Harmelen-FV. Information sharing on the semantic web. Springer, 2005.

[Subramanian et al. 2004] Subramanian L, Stoica I, Balakrishnan H, Katz R. OverQoS: An overlay based architecture for enhancing Internet QoS. In: Proc. of the USENIX 1st Symp. on Networked System Design and Implementation. San Francisco: USENIX Press, 2004. 71 – 84.

[SUN 2002] Sun Microsystems Inc. JMS specification version 1.1. 2002. http: //java. sun. com/products/jms.

[Tam et al. 2003] Tam D, Azimi R, Jacobsen HA. Building content – based publish/subscribe systems with distributed hash tables. In: Proc. of the 1st Int' l Workshop On Databases, Information Systems and Peer – to – Peer Computing. Berlin: Springer – Verlag, 2003. 138 – 152.

[TIBCO 2001] TIBCO Corp. TIB/Rendezvous White Paper, 2000. URL. http: //www. tibco. com/software/enterprise_ backbone/rendezvous. jsp.

[Virgillito 2003] Virgillito A Publish/Subscribe Communication Systems: from models to applications. [Ph. D thesis], university of Roma La Sapienza. 2003.

[Wang et al. 2002] Wang C, Carzaniga A, Evans D, Wolf AL. Security issues and requirements for Internet – scale publish – subscribe systems. In: Proc. of the 35th Hawaii Int' l Conf. on System Sciences. Washington: IEEE Computer Society, 2002. 303 – 310.

[Wang et al. 2004] Wang JL, Jin BH, Li J. An ontology – based publish/subscribe system. In: Jacobsen HA, ed. Proc. of the 5th ACM/IFIP/USENIX International Middleware Conference (Middleware 2004). LNCS 3231, Toronto: Springer – Verlag, 2004. 232 – 253.

[W3C 1999] W3C Member. XML Path Language (XPath) 1.0. 1999.

[W3C 2004] W3C Member. Web Services Eventing (WS – Eventing). 2004. URL: http: //www. w3. org/Submission/WS – Eventing/.

[Wu et al. 2015] Wu L, Yuan L, You J. Survey of large – scale data management systems for big data applications. Journal of Computer Science and Technology, 2015, 30 (1): 163 – 183.

[Xianga et al. 2005] Y. Xianga, M. Chaub, H. Atabakhsha, H. Chen, Visualizing criminal relationships: comparison of a hyperbolic tree and a hierarchical list. Decision Support Systems . 2005: 69 – 83.

[Xu and Chen 2005a] Xu J J, Chen H. CrimeNet explorer: a framework for criminal network knowledge discovery. ACM Transactions on Information Systems (TOIS), 2005, 23 (2): 201 – 226.

[Xuet al. 2004] Xu J, Marshall B, Kaza S, et al. Analyzing and visualizing criminal network dynamics: A case study. Intelligence and security informatics. Springer Berlin Heidelberg, 2004: 359 – 377.

[Xu and Chen 2005b] Xu J, Chen H. Criminal network analysis and visualization. Communications of the ACM, 2005, 48 (6): 100 – 107.

[Yan andGarcia – Molina 1994] Yan TW, Garcia – Molina H. Index structures for selective dissemination of information under the Boolean model. ACM Trans. Database Syst. 1994, 19 (2): 332 – 334.

[Yan andGarcia – Molina 1999] Yan TW, Garcia – Molina H. The SIFT information dissemination system. ACM Trans. on Database Systems, 1999, 24 (4): 529 – 565.

[Yang and Chakravarthy 1999] Yang S and Chakravarthy S. Formal Semantics of Composite Events for Distributed Environments. In: proceedings of the 15th International Conference on Data Engineering (ICDE 1999) . Sydney: IEEE Computer Society Press, 1999. 400 – 407.

[Yoneki 2006] EikoYoneki. ECCO: Data centric asynchronous communication. Technical Report, UCAM – CL – TR – 677, University of Cambridge, 2006.

[Zhang and Ma. 2008] Weiwei Zhang, JianGang Ma, and Dan Ye. FOMatch: A Fuzzy Ontology – based Semantic Matching Algorithm of Publish/Subscribe Systems. International Conference on Innovation in Software Engineering (ISE 2008), 2008, December.

[Zhuang et al. 2001] Zhuang SQ, Zhao BY, Joseph AD, Katz RH, Kubiatowicz J. Bayeux: An architecture for scalable and fault – tolerant wide – area data dissemination. In: Proc. of the 11th International Workshop on Network and Operating System Support for Digital Audio and Video (NOSSDAV 2001). New York: ACM Press, 2001. 11 – 20.

[Zieba et al. 2005] Zieba B, van Sinderen M, Wegdam M. Quality – Constrained routing in publish/subscribe systems. In: Terzis S, Donsez D, eds. Proc. of the 3rd Int' l Workshop on Middleware for Pervasive and Ad – Hoc Computing. New York: ACM Press, 2005. 1 – 8.

[Zimmer and Unland 1999] Zimmer D and Unland R. On the Semantics of Complex Events in Active Database Management Systems. In: proceedings of the 15th International Conference on Data Engineering (ICDE 1999). Sydney: IEEE Computer Society Press, 1999. 392 – 399.

图书在版编目（CIP）数据

检察实务中的大数据/马建刚著 . —北京：中国检察出版社，
2017. 9
ISBN 978 - 7 - 5102 - 1930 - 6

Ⅰ . ①检⋯ Ⅱ . ①马⋯ Ⅲ . ①数据处理 - 应用 - 检察机关 -
工作 - 中国 Ⅳ . ①D926. 3 - 39

中国版本图书馆 CIP 数据核字（2017）第 178860 号

检察实务中的大数据

马建刚 著

出版发行：中国检察出版社
社　　址：北京市石景山区香山南路 109 号（100144）
网　　址：中国检察出版社（www. zgjccbs. com）
编辑电话：（010）86423704
发行电话：（010）86423726　86423727　86423728
　　　　　（010）86423730　68650016
经　　销：新华书店
印　　刷：河北省三河市燕山印刷有限公司
开　　本：A5
印　　张：11. 125
字　　数：306 千字
版　　次：2017 年 9 月第一版　2017 年 9 月第一次印刷
书　　号：ISBN 978 - 7 - 5102 - 1930 - 6
定　　价：48. 00 元